ODILE WEULERSSE

L'or blanc
de Louis XIV

POCKET JEUNESSE

Loi n° 49 956 du 16 juillet 1949 sur les publications
destinées à la jeunesse : mars 2010.

© 2010, éditions Pocket Jeunesse, département d'Univers Poche,
pour la présente édition.

ISBN : 978-2-266-20226-8

*Pour Joël Farges
et Olga Prud'homme-Farges*

La gloire n'est pas une maîtresse qu'on puisse jamais négliger, ni être digne de ses premières faveurs.

Louis XIV
Mémoires pour l'instruction du Dauphin.

Sire, c'est une chose bien téméraire à moi que de venir importuner un grand monarque au milieu de ses glorieuses conquêtes ; mais dans l'état où je me vois, où trouver, sire, une protection qu'au lieu où je viens la chercher ? Et qui puis-je solliciter contre l'autorité de la puissance qui m'accable que la source de la puissance et de l'autorité... le souverain juge et le maître de toutes choses ?

Molière
Placet présenté au roi en 1667
à propos de *Tartuffe*.

PROLOGUE

En 1660, le roi Louis XIV, âgé de vingt-deux ans, parcourt la France en grand équipage. Il attend que le cardinal Mazarin signe la paix avec le roi d'Espagne, après de longues années de guerre. Un mariage entre Louis XIV et Marie-Thérèse d'Autriche, la fille de Philippe IV, permettrait d'arrêter les hostilités et d'établir de bonnes relations entre les deux pays.

Pendant ce temps, à Paris, en l'absence du pouvoir, les contrebandiers et les profiteurs font des affaires...

1
LES PREMIERS JOURS D'UN CONDAMNÉ

Par la grille du soupirail, un rayon de soleil pénètre dans l'obscur cachot : un espace minuscule, au sol couvert de déjections à moitié desséchées. Une dizaine d'hommes assis contre les murs suintants, serrés les uns contre les autres, se heurtent et se fâchent au moindre mouvement. Un vieillard qui flotte dans une chemise rapiécée répète en boucle, d'une voix éraillée :

Il y a longtemps que je t'aime, jamais je ne t'oublierai.

— Arrête ta rengaine, ordonne une voix exaspérée. J'aime encore mieux entendre les couinements des rats.

— Patience, ricane un autre. Bientôt le vieux sera crevé. Il emportera sa musique en enfer.

Et, se tournant vers un jeune homme à la chevelure abondante et poussiéreuse, qui se tient debout, près du mur, l'homme ajoute :

— Qu'est-ce qu'il dit, l'innocent ? Il pense encore qu'on peut résister au malheur ?

Le jeune homme, dont le rai de lumière fait briller les yeux noirs, répond avec conviction :

— Oui. Avec l'aide de Dieu, on peut résister au malheur.

— Ah ! Dieu ! Il s'occupera de nous, plus tard. Monsieur le curé dit qu'Il sera très miséricordieux avec les malheureux comme nous. Nous deviendrons tous joyeux.

Un homme, furieux, s'indigne :

— Qu'est-ce qu'il en sait, monsieur le curé ? Il n'y a pas été voir !

Plusieurs voix commentent en même temps le savoir du curé et la vie au paradis dans un brouhaha violent et confus. Les vociférations sont interrompues par le grincement de verrous derrière la lourde porte de bois. Dans le cœur des prisonniers, malgré l'habitude des déceptions quotidiennes, se glisse, une fois encore, l'espoir d'être libérés. Un gros geôlier en sabots, tout de gris vêtu, le nez rouge couvert de petites verrues, lève sa lanterne et parcourt du regard les détenus. Sa présence ravive le chahut.

— Silence ! crie-t-il. Qui est Timoléon Batifort ?

— Moi ! répond l'adolescent aux yeux séduisants comme des diamants sombres.

— Alors suis-moi.

Le jeune prisonnier s'adresse à ses compagnons d'infortune :

— Je vous avais bien dit que j'étais innocent. Que j'étais là par erreur. J'avais raison d'avoir confiance dans la justice du roi.

— *Il y a longtemps que je t'aime, jamais je ne t'oublierai*, psalmodie le vieux chanteur, en soulevant légèrement la tête.

— Je ne vous oublierai pas, moi non plus, et vous enverrai du pain et une pinte de vin, déclare Timoléon.

Les premiers jours d'un condamné

L'épaisse porte se referme derrière lui, les verrous grincent à nouveau. Dans un couloir étroit, à la lumière vacillante de sa lanterne, le geôlier avance lourdement sur ses courtes jambes tandis que tintinnabulent les clefs attachées à sa ceinture. Derrière lui, Timoléon traîne ses fers aux pieds jusqu'à l'étroit escalier de pierre qui monte vers le ciel et la liberté.

Dans la cour de la prison du Châtelet, après des jours d'enfermement, Timoléon cligne des yeux, étourdi par le jour et le grand air.

— Mon chapeau ! Je ne peux pas rester sans chapeau ! s'exclame-t-il.

Dans la réserve des vieux vêtements, un garde prend un couvre-chef au hasard qu'il pose cérémonieusement sur la tête du jeune homme. La silhouette altière, le regard attentif et digne, celui-ci observe le va-et-vient des magistrats, greffiers, secrétaires et solliciteurs du tribunal, lorsqu'il reconnaît le lieutenant de robe courte[1] qui l'a faussement accusé. Près de lui, au pied de l'une des tours rondes du Châtelet, piaffe le cheval de la charrette des condamnés.

— Avance ! ordonne un garde, vêtu d'un bel uniforme bleu, bordé de galons d'or et d'argent, la bandoulière semée de fleurs de lys.

Timoléon fronce les sourcils d'étonnement. À contrecœur, il rejoint le lieutenant. D'une trentaine d'années, de petite taille, le front étroit, les joues longues et

---

1. Un lieutenant criminel de robe courte était chargé des crimes et délits qui se commettaient dans la ville.

molles, la moustache fièrement retroussée, il s'adresse à Timoléon dans un grand effet de manches.

— Dépêche-toi ! Monte ! dit-il en mettant machinalement la main sur le pommeau de son épée.

— Je ne suis pas libéré ? demande Timoléon, interloqué.

— Non, tu es condamné pour contrebande. Je te l'ai déjà dit.

Le jeune homme fixe durement son accusateur.

— Je suis innocent... et vous le savez très bien.

Sur les lèvres pincées du juge[1] passe un imperceptible sourire, comme s'il acquiesçait, malgré lui, aux propos de Timoléon, tandis que ses yeux fuient le regard du jeune homme. Il précise d'une voix lasse :

— Tu finiras par avouer et nommer tes complices. Un bref supplice t'y aidera.

— Je jure devant Dieu..., reprend le prisonnier, brusquement interrompu par deux gardes qui le poussent dans le véhicule.

Aussitôt, le convoi, bien encadré par un sergent et ses hommes, s'éloigne du château aux tours rondes qui sert de tribunal et de prison.

— Où m'emmenez-vous ? demande Timoléon.

— Tu le sauras assez tôt.

La charrette passe sous le porche du Châtelet et longe la tour Saint-Jacques-la-Boucherie, où l'on tue et désosse

---

1. À cette époque-là, l'aspect judiciaire et l'aspect militaire n'étaient pas séparés.

les bêtes, en répandant sang et puanteur alentour. L'aube est claire, le ciel dégagé, la rue bruyante et encombrée. À cette heure, les paysans des environs envahissent le centre de la capitale pour livrer leurs marchandises au grand marché des Halles : laitiers avec leurs bidons de fer-blanc, boulangers avec leurs piles de petits pains au lait et de gros pains de ménage, pâtissiers dont les pâtés de viande et d'anguille fleurent bon, poissonniers qui proposent leur pêche d'eau douce et d'eau de mer, maraîchers aux lourdes charrettes, dames à larges jupes, juchées sur des ânes, les paniers remplis de volailles, auxquels s'ajoutent quelques-uns des vingt mille porteurs d'eau de la capitale. Dans cet encombrement, chacun a le loisir d'examiner le condamné et de donner son avis.

— Il est temps qu'on débarrasse notre bonne ville de Paris de tous ces malfaiteurs ! Quand le roi reviendra, il fera nettoyer la capitale, grommelle un vitrier.

Trois adolescentes contemplent d'un air enamouré le condamné à la fière silhouette.

— Un garçon si séduisant ! Il a des cheveux aussi beaux que ceux du roi[1] ! dit la plus jeune.

— Qu'a-t-il fait ? demande sa compagne d'un air gourmand.

— Certainement une chose affreuse.
— Pourtant il n'a pas l'air méchant.
— Oh si !
Timoléon sourit aux demoiselles.

---

1. Louis XIV n'a porté perruque qu'à partir de 1673.

— Non, mesdemoiselles, je ne suis pas méchant, leur crie-t-il. Je suis là par erreur !

Toujours convaincu que son innocence éclatera au grand jour, il supporte avec patience le ridicule. Depuis le début, son arrestation lui paraît absurde et incompréhensible.

La semaine précédente, tandis qu'il travaillait comme apprenti barbier-chirurgien dans l'officine de son maître, et pratiquait une saignée sur une vieille femme enrhumée, deux gardes sont venus présenter une lettre fermée par le sceau du prévôt de Paris. Il y était ordonné que Timoléon Batifort soit emmené immédiatement au Grand Châtelet. Son patron, maître Gauthier, essaya en vain de discuter, d'expliquer que son apprenti était un garçon paisible et que cette accusation était invraisemblable, rien n'y fit. Timoléon dut partir, les mains attachées derrière le dos.

Au Grand Châtelet, où se croisent les différents agents de la justice, il fut jugé sommairement dans une salle d'audience par le lieutenant de robe courte qui l'accusa de voler du sel pour le revendre clandestinement sans que soit acquitté le lourd impôt de la gabelle. La stupeur de l'inculpé et ses dénégations ne servirent à rien. Il argumenta vainement qu'il ignorait la provenance de ces petits grains blancs qui servent à assaisonner les plats et à conserver la nourriture. Il ne connaissait que le grenier de Paris, où sa famille achetait la quantité de sel autorisée et imposée par l'État.

Certainement quelqu'un cherche à lui nuire par ces fausses accusations. Mais qui ? Pourquoi ? Il a beau examiner ses connaissances pour découvrir un jaloux, ou un mécontent, il ne se souvient que de clients et de compagnons cordiaux ou amicaux. Tout au plus se moque-t-on de lui, de temps à autre, quand il s'indigne avec trop de véhémence contre l'injustice.

Deux hommes à cheval dépassent le chariot.

— Mais c'est Timoléon Batifort ! s'exclame l'un d'eux. Mon barbier-chirurgien ! Celui qui a remis mon bras en place ! Qu'as-tu fait de mal, mon garçon ?

Timoléon tourne vers lui son regard fier.

— Rien.

Le cavalier fait une moue dubitative.

— C'est ce qu'on dit toujours ! répond-il avant de s'éloigner.

Timoléon sent la panique l'envahir. Jusqu'ici, la certitude de son innocence, sa foi inaltérable dans la justice du roi, avaient transformé en farce de carnaval son exposition dans la charrette des condamnés. Maintenant, il prend conscience que sa simple présence dans ce maudit convoi fait de lui un scélérat. Une invisible tunique de malfaiteur le recouvre désormais et modifie le regard des Parisiens qui se transforment en accusateurs. Pourtant il a toujours apprécié leur vie remuante et les a soignés le mieux possible. Tant de clients et d'amis le savent généreux et bienfaisant. Il espère que, parmi eux, certains devineront que la justice s'égare et jette sans scrupule un honnête citadin dans le déshonneur. Le déshonneur ! Le plus grand des malheurs, celui qui sépare de Dieu, du roi et des hommes.

La charrette quitte la rue Saint-Antoine pour la rue Saint-Denis, en cahotant sur les pavés. Les apprentis ont déjà ouvert les volets des boutiques, et une cohorte de badauds, ayant lu l'annonce du châtiment sur le mur de la maison du commissaire, entoure Timoléon pour se réjouir de son supplice. Dans leurs regards soupçonneux, cruels et ravis, le jeune homme voit la confirmation de ses craintes. Pour tous, il est coupable et certainement dangereux.

Arrivé à la pointe de l'église Saint-Eustache, Timoléon sent sa gorge se nouer. Au centre du grand carrefour des Halles, éclairé par les rayons du soleil, s'élève le pilori, tour octogonale surmontée d'une plate-forme. À mi-hauteur, une épaisse roue horizontale est percée d'orifices prêts à enserrer le cou des malfaiteurs. Assis sur les toits, des archers, tricorne sur la tête, tiennent leur mousquet braqué pour arrêter l'éventuelle fuite du condamné.

On croirait que j'ai assassiné le roi, songe Timoléon, abasourdi.

La charrette s'arrête au pied de la tour. Avant de descendre, Timoléon s'adresse à la foule impatiente.

— Bonnes gens de Paris, qui venez ici pour rire, sachez que vous rirez d'un innocent. C'est à tort qu'on m'accuse, pendant que le vrai coupable s'amuse peut-être parmi vous. Je n'ai rien fait de mal. Je le prouverai un jour. Priez pour moi en attendant que Dieu fasse triompher la justice.

Des commentaires fusent aussitôt. Le peuple est content. Le prisonnier fait bien son travail de victime.

— Ils se proclament toujours innocents, crie un gros homme.

— Tous des menteurs ! ajoute une grand-mère. Croyez-moi, je n'ai jamais raté un pilori ! Si on les écoutait, on donnerait à chacun le bon Dieu sans confession.

— Celui-là a de la fierté, commente avec étonnement un riche marchand. Il y a parfois de la noblesse chez les malfaiteurs.

— Et du malfaiteur chez les nobles, ajoute un voisin à l'esprit caustique.

Du rez-de-chaussée du pilori sort le bourreau de la prévôté de Paris, dont la charge se transmet de père en fils. Son apparence fait honneur à son métier : sa large carrure est revêtue d'un maillot et de chausses couleur sang de bœuf, sur sa poitrine les armes de la ville étincellent. D'une voix fluette, inattendue chez ce géant, il s'étonne :

— Pour une surprise, c'est une surprise ! Batifort, que fais-tu dans cette charrette ?

— Je suis innocent.

— C'est possible. Ce sont des choses qui arrivent. J'en suis désolé pour toi. J'aime mieux te prévenir : ce sera pénible, là-haut. Tu vas y rester une bonne trentaine d'heures.

Tous deux gravissent le petit escalier qui monte au premier étage. Là, le bourreau coince le cou de Timoléon dans la roue de bois, et dispose ses bras dans des orifices plus petits. La tête ainsi offerte au public évoque les museaux d'animaux que les chasseurs exposent avec fierté dans leurs belles demeures. Le bourreau fait un signe à un apprenti qui accroche une pancarte avec le motif de l'accusation : « *Contrebande du sel.* »

L'or blanc de Louis XIV

Le motif du châtiment exaspère la foule. Encore un faux saunier qui fait fortune grâce au sel, tandis que les habitants paient l'exorbitant impôt de la gabelle. Encore un fraudeur de cet impôt détesté qui revend clandestinement la marchandise à moindre coût. Rendus hargneux par la présence du supposé contrebandier, plusieurs hommes et quelques femmes lui lancent toutes sortes de projectiles à la tête : fruits pourris, œufs, cadavres de rats d'égout, crottes de chien durcies. Atteindre le prisonnier nécessite de l'adresse et de la force, et les hommes comparent les succès de leurs tirs. Certains font des paris : c'est à qui touchera le premier le nez, la bouche, le front du condamné. Celui-ci, incapable de bouger, ferme les paupières pour protéger ses yeux et ne plus voir à ses pieds les regards emplis de haine dans les visages déformés par la colère.

Au bout d'une demi-heure, le bourreau déplace la roue d'un quart de tour, pour que le condamné puisse être vu et sali des différents côtés de la place.

À l'humiliation s'ajoutent bientôt les douleurs physiques : tension du cou étiré, comprimé dans l'épaisseur du bois, difficulté de respirer, courbatures dans le dos et les bras, piqûres et écorchures dues aux saletés répandues sur la figure.

Vers midi, les clients du marché se dispersent, les curieux retournent dîner[1]. Lorsque les commerçants commencent à rentrer leurs étals, le bourreau, accom-

---

1. Le dîner, au XVIIe siècle, correspond à notre déjeuner, le souper à notre dîner. Le déjeuner, rupture du jeûne, est le repas du matin, notre petit déjeuner.

pagné de son apprenti, passe de marchand en marchand, pour prélever des légumes, des grains, un poisson, en vertu d'un droit de havage[1] dont l'origine s'est perdue. Bientôt, de l'agitation du matin, il ne reste qu'une odeur fétide de déchets et de chairs sanguinolentes que chats, chiens errants et mendiants se disputent âprement.

Les archers quittent les toits, les gardes somnolent au pied du pilori. Le bourreau s'installe pour dîner dans son logement du rez-de-chaussée, lorsqu'une jeune fille de seize ans arrive en courant, tout essoufflée, les joues rosies par l'effort. Elle a un profil parfait, le même nez droit que son frère, la peau fine très blanche et des yeux verts qui jettent des éclats de lumière. D'abondantes bouclettes blondes nuancent de fantaisie sa beauté. Elle découvre, consternée, Timoléon dont le visage, sous le soleil de juin, a pris une teinte vermillon, maculée d'ordures dont se repaissent les mouches.

Un adolescent du même âge la rejoint : mince et long, les yeux gris clair comme les nuages de printemps, la tignasse ondulée et en désordre. Il interpelle le prisonnier d'une voix forte et moqueuse :

— Timoléon, je n'ai jamais vu une aussi belle tête sur un pilori ! Tu vas briser les cœurs !

Il lève son chapeau en faisant une révérence. La jeune fille, Armande, lui jette un regard noir.

---

1. À Paris, la place du pilori est située au cœur des Halles. Par le droit de havage, le bourreau loue de petites boutiques et ponctionne tous les commerçants.

— Comment oses-tu plaisanter en ce moment !

Fleuridor, dont le sourire charme tous ses interlocuteurs, s'explique :

— J'essaie de le divertir, de lui rappeler que la vie continue. Contrebande du sel ! Quelle ânerie ! Ton frère n'a jamais été au bord de la mer et il croit que le sel pousse dans les greniers. Ne te fais pas de souci, c'est une erreur.

— Mais qu'est-ce que nous allons devenir ?

Armande, à l'esprit clair et précis, prévoit déjà les conséquences de cette arrestation : le déshonneur familial, la disparition de la clientèle, la ruine et la vente de l'atelier de couture. Cet atelier, à l'enseigne *Aux Doigts de fée*, si difficilement acquis dans la rue Saint-Denis, la plus luxueuse de Paris, où s'élèvent les magasins de draps d'or à côté des tisserands de soie et des brodeurs de brocart. Atelier de couturières toujours menacé par les perfidies des tailleurs qui veulent garder pour eux seuls le droit d'habiller la population. Ils ont la loi pour eux, mais les femmes ont le talent et la ténacité. Elles sont déjà nombreuses à travailler avec succès plus ou moins clandestinement. Un succès relatif, car les clientes profitent de leur situation illégale pour diminuer leur salaire.

— Je vais me renseigner, déclare Fleuridor, en se dirigeant vers les gardes.

Armande sourit à son frère, pour l'assurer de son soutien, de sa confiance, quoique le doute assaille son cœur. Son frère, son grand frère tant admiré, tant aimé, se livre-t-il secrètement à la contrebande ? Lui qui l'aidait pour la lecture, pour l'écriture, qui lui faisait réciter ses prières en latin, lui aurait-il caché des affaires malhonnêtes ? À moins qu'il ne soit accusé injustement. Par qui ? Pourquoi ? Se peut-il que la justice du roi soit si incertaine ?

Fleuridor la rejoint, préoccupé, accompagné de l'apprenti bourreau qui porte une cruche d'eau.

— Qu'as-tu appris ? s'inquiète Armande.

— Il restera au pilori jusqu'à demain après-midi.

— Et après…

Fleuridor se tait. L'apprenti bourreau répond à sa place :

— Après il partira pour les galères qui manquent de bras ! C'est la loi pour les faux sauniers. C'est la justice.

— Et toi, tu crois qu'en ce moment tu fais respecter la justice ? questionne Armande d'un ton agressif.

— Oui. Je sais faire parler les malfaiteurs. Je sais leur percer la langue et arracher leurs oreilles, explique fièrement le jeune homme. Plus tard, j'apprendrai à noyer et à torturer. C'est un bon métier que celui de bourreau. On est bien payé et on a beaucoup d'avantages.

La voix de son maître crie :

— Hé, petit ! Tu traînes ! Apporte-moi la cruche rapidement ! Je meurs de soif !

Avant de rejoindre le pilori, l'apprenti déclare :

— Il est fort, votre ami. Il tiendra quelques mois sur les bateaux.

Après un moment de silence consterné, Armande dit :
— Je m'en vais. Je dois retourner chez ma cliente, la femme du cravatier, pour finir sa robe. Elle la veut pour demain matin. Tu me raconteras comment s'est déroulé l'après-midi.
Puis elle saisit la main de Fleuridor et le regarde longuement.
— Je compte sur toi pour que Timoléon ne parte pas aux galères.
— J'essaierai, répond le jeune homme. Rien que pour te voir sourire et ramener la gaieté dans ton cœur.
— Je t'en serai reconnaissante pour toujours.
Le jeune homme suit d'un air admiratif sa « promise » qui s'éloigne en direction de la Seine. Qu'elle est belle, songe-t-il, en admirant la taille fine dans le corsage bustier, les hanches étroites sous la longue jupe. Qu'elle ne se fasse pas de souci ! Je ne la laisserai pas souffrir, mon ange, ma joie, l'arc-en-ciel de mon âme.
Et tout en longeant les piliers des Halles, et les « maisons-boutiques » où les marchands logent dans les étages et entassent leurs marchandises sous les arcades, il réfléchit au moyen de satisfaire Armande. Que penserait-elle de lui s'il laissait son frère partir sur une galère, y mourir d'épuisement et être jeté par-dessus bord pour nourrir les poissons ? Elle lui a été promise, il y a plusieurs années, par Mme Batifort et son oncle Pierrot, et depuis il n'a cessé de l'aimer chaque jour davantage.

La tête du condamné est maintenant tournée vers le nord, protégée du soleil. Les éclaboussures de tomates et de fruits ont séché. Le condamné arrive à ouvrir les paupières. Fleuridor s'approche de lui et déclare :

— Demain, tu rejoindras les galériens qui partent pour le port de La Rochelle. Fais bien attention. Je m'occupe de tout, comme d'habitude.

Le bourreau attrape Fleuridor par le bras.

— Qu'est-ce que tu mijotes à traîner par ici ? Je me méfie de tes extravagances et de ton habitude de railler le pauvre monde.

Fleuridor se moque :

— Il ne te suffit pas d'avoir étranglé mon ami là-haut ! Tu voudrais que je devienne muet comme une carpe ?

— Que lui disais-tu ? s'enquiert le bourreau, sur ses gardes.

— Je lui annonçais qu'il trouverait dans la charrette du Châtelet qui viendra le chercher de quoi bien manger et bien boire. Sans oublier une chaise percée, pour lui permettre de déféquer proprement, comme l'ordonne la loi. Tu ferais bien d'en faire autant. Regarde, là, le tas d'excréments qui grossit. C'est toi qu'on devrait arrêter pour ne pas obéir à l'ordonnance du Conseil du roi. Tu sais au moins ce qu'elle dit, cette ordonnance ? On doit décharger ses saletés hors les murs. Tu entends ! Hors les murs !

— Insolent ! Tout juste bon à faire enrager le monde. Va-t'en ! Fiche le camp d'ici !

— À demain ! crie Fleuridor à Timoléon.

Et il se dirige vers la pointe Saint-Eustache.

En parcourant les rues et ruelles du quartier du Marais où s'élèvent, entre les nombreux hôtels avec jardin, les ateliers et les boutiques au rez-de-chaussée des maisons, le jeune homme s'arrête de-ci, de-là, et chuchote aux apprentis et jeunes compagnons :

— Ce soir, on se retrouve chez Pierrot.

Tous connaissent le cabaret de Pierrot, à l'angle de la rue Saint-Antoine et de la rue du Petit-Musc, vieille maison à colombage, avec des fenêtres à petits carreaux et des rideaux blancs en dentelle. La salle du rez-de-chaussée, aux poutres de bois, contient trois tables rondes en noyer, une cheminée et un grand baquet pour la vaisselle. Ses murs sont décorés de pancartes peintes vantant la vigne et les vaches dans les prés. Ici, on propose des repas honnêtes. L'enseigne, qui pend au milieu de la rue, annonce *Au Juste Prix*. Le nom est mérité, car pour cinq sous, on mange de la soupe, de la viande, du pain et on boit de la bière à suffisance.

Pierrot, à la silhouette trapue, aux cheveux coupés court sur son front étroit, au visage légèrement coloré par l'amour du bon vin, déborde de chaleur et de générosité. Il a recueilli son neveu lorsqu'il est devenu orphelin, à la suite d'une épidémie de rougeole qui a emporté ses parents. Depuis, Fleuridor aide au service pendant les repas, et le reste du temps, dès le petit matin, il arpente la rive droite de la capitale pour vendre de l'eau-de-vie. Il a été élu responsable des adolescents du quartier[1], pour sa bonne humeur et son imagination.

Apprentis et jeunes compagnons se réunissent pour un conciliabule important. Aussi ferme-t-on les

---

1. À l'époque, Paris est divisé en seize quartiers, avant de l'être en vingt au début du XVIIIe siècle.

fenêtres, malgré la douceur estivale : trop d'oreilles curieuses traînent partout. Les petits enfants en robe, qui courent et jouent au cerceau et à la marelle sur la chaussée, viennent faire des grimaces et des simagrées derrière les vitres sans arriver à distraire les comploteurs. À la tombée de la nuit, ceux-ci partent en silence et se hâtent dans les rues désertes...

Armande quitte tardivement la maison du cravatier après avoir terminé la robe de la patronne. Certes, comme les autres couturières, elle est habituée à rentrer tard chez elle, mais ce soir-là, elle se sent épuisée, tant elle redoute l'avenir. Elle est accueillie par un violent bruit de ferraille : un tailleur de la rue Saint-Denis et son compagnon lancent des pierres sur l'enseigne *Aux Doigts de fée*.

— Pendards ! Coquins ! Imposteurs ! Que le diable vous étouffe ! Vous n'avez pas le droit ! Je vais prévenir le commissaire, leur crie Armande.

Le tailleur, un petit homme rond aux yeux sournois, ricane :

— Va le voir, le commissaire ! Il te répétera que les femmes n'ont pas le droit de tailler et de coudre des vêtements, ni pour les femmes ni pour les hommes. Nous autres tailleurs sommes les seuls autorisés à vêtir la population. Tu le sais bien. Ne prends pas tes grands airs. Tu n'as plus ton frère pour te défendre.

— Et toi, imbécile, regarde un peu ce qui se passe autour de toi : les couturières ont des commandes de plus en plus nombreuses. Un jour nous obtiendrons le droit d'être en corporation.

— Tu me fais mourir de rire avec ta corporation de couturières, répond le tailleur en lançant une nouvelle pierre sur l'enseigne dont tombent les derniers morceaux.

Le compagnon, un homme de vingt-cinq ans aux larges épaules, s'interpose, le sourire conquérant :

— Moi je peux t'aider si tu veux bien être gentille avec moi.

Armande crache par terre.

— Plutôt me nourrir de mulots crevés !

Et elle pénètre furibonde dans l'atelier, en parlant toute seule.

— Je ne les laisserai pas nous écraser. Je m'occuperai du statut des couturières et j'obtiendrai une corporation. Alors, ces satanés tailleurs verront bien où ira la clientèle ! Ils en perdront plus de la moitié.

Elle aperçoit brusquement sa mère. Assise dans l'unique fauteuil de bois de l'atelier, l'expression contrariée, le dos soutenu par deux gros oreillers de plume, le long cou fripé dissimulé sous une écharpe, Mme Batifort gémit :

— Mon fils au pilori ! Qu'est-ce que dirait son père s'il voyait cela ! Lui qui a versé son sang pour le roi. De quoi l'accuse-t-on ?

— D'être faux saunier ! De faire la contrebande du sel.

— Qu'a-t-il encore inventé ? gémit Mme Batifort. Je n'ai jamais rien compris à ce garçon. Il va, il vient, bavarde avec tous, se met en colère contre des tas de choses qu'on ne peut pas changer et que Dieu veut ainsi.

Les premiers jours d'un condamné

Puis, après un moment de silence, elle fait le signe de croix :

— Seigneur, pourquoi me punissez-vous ? J'ai été à la messe tous les dimanches et les jours de fête, j'ai envoyé mes deux enfants aux petites écoles pour qu'ils apprennent à lire, à écrire et à connaître les prières. Maintenant, mon fils se comporte en criminel.

— Tu le condamnes déjà ! s'indigne Armande.

— Toi aussi tu as de l'orgueil, vous avez trop d'orgueil tous les deux ! Le ciel vous punit ! Qui acceptera maintenant de t'épouser ! Une fille dont la famille est déshonorée ! Une famille de galérien !

— Fleuridor m'épousera !

— Un paresseux qui n'aime que s'amuser et causer ! Ah ça ! Pour parler, raconter, se moquer, il vaut les meilleurs comédiens, mais pour avoir un métier solide et régulier, c'est une autre chose. Je ne te laisserai pas épouser un gazouilleur, tant qu'il ne gagnera pas bien sa vie. S'il devient compagnon, ou titulaire d'un office[1], je lui donnerai volontiers ta main, mais pas avant.

Puis, après un lourd silence, elle ajoute, non sans amertume :

— Quand il aura un vrai métier, voudra-t-il encore de toi ?

---

1. Le détenteur d'un office possède un statut de fonctionnaire. On peut avoir un office, c'est-à-dire être fonctionnaire, dans les métiers les plus prestigieux comme les plus ordinaires. Un office s'achète.

2
LA COUR DES MIRACLES

Alors que le ciel se couvre d'une brillante écharpe d'étoiles, Timoléon ne songe qu'à ses souffrances : crampes dans le dos et la nuque, visage brûlant. La nuit lui paraît sans fin jusqu'à ce que toutes les cloches des églises et des couvents carillonnent à la première lueur du jour. La cacophonie des animaux et des humains lui réchauffe alors le cœur, tant la solitude nocturne ressemblait à un linceul. Les badauds, la surprise passée, sont moins nombreux que la veille à l'insulter et à le mitrailler d'ordures. Puis monte le brûlant soleil et reviennent les rotations de la roue jusqu'au relatif silence de midi. Alors commence le temps de l'impatience. Que lui réserve l'après-midi ? Fleuridor, si fantasque, si versatile, se souvient-il de sa promesse ? A-t-il eu la patience d'organiser un piège pour le délivrer ? Armande, la seule passion constante de Fleuridor, a-t-elle insisté pour qu'il sauve son frère ? Timoléon va d'espoirs en découragements jusqu'à ce qu'il entende les roues d'une charrette grincer au pied du pilori.

La cour des miracles

— Je vous l'amène, crie la voix fluette du bourreau en montant au premier étage.

Puis, s'adressant au prisonnier :

— C'est fini, pour toi, ici.

Sans délicatesse, il libère les mains et la tête du jeune homme. Celui-ci vacille avant de retrouver l'équilibre.

— Tiens-toi droit ! Ne m'attire pas d'ennuis. Je suis responsable de mes clients jusqu'à ce qu'ils quittent le pilori. Si tu t'évanouis, je te donnerai une gifle qui te fera sauter en l'air jusqu'à la girouette de Saint-Eustache.

Et, se penchant vers la place, il hèle son apprenti.

— Hé, petit, apporte vite de l'eau !

— Essuie ma figure, supplie Timoléon. Surtout mes paupières.

Rudement nettoyé et désaltéré, le jeune homme rejoint les hommes du Châtelet.

— Où m'emmènes-tu ? demande Timoléon au sergent, espérant contre toute vraisemblance que sa peine aura changé.

— Tu le sais bien. Tu es destiné aux galères. En attendant, prends ça.

Il lui tend du pain et du fromage.

— De la part de ta sœur. Elle dit que tu auras certainement faim et soif. Elle avait trop de travail pour venir te voir ce matin. Elle te souhaite une bonne traversée de Paris. Comme si c'était pour toi un plaisir de rejoindre le Châtelet. Elle est bizarre, ta sœur, mais elle est belle, très belle.

Le prisonnier comprend que ce langage codé signifie que Fleuridor tentera de le sauver pendant son transfert vers la prison. En chemin, il mobilise toute l'attention et l'intelligence dont il est capable pour scruter ce qui l'entoure. Le salut peut surgir d'un fiacre, d'un carrosse, d'une chaise à porteurs, d'une cour d'hôtel, d'un minuscule passage, d'un soupirail de cave, et, pourquoi pas, d'un enterrement.

Bientôt une occasion magnifique se présente. Un prêtre en surplis blanc sur sa soutane noire, escorté d'enfants de chœur en robe rouge qui agitent frénétiquement leur clochette, se fraie un passage sur la chaussée encombrée. Fleuridor profitera peut-être de cet embarras pour le délivrer. Timoléon se prépare à sauter lorsque le prêtre disparaît dans une cour d'hôtel pour donner l'extrême-onction à un mourant. Et le convoi de police reprend sa marche régulière.

La déception réveille ses angoisses à la perspective des galères. Il se rappelle les dessins montrant des rameurs squelettiques lacérés par le fouet. Et des galériens, trop épuisés, inutiles, que l'on balance vivants par-dessus le bastingage pour nourrir les habitants de la mer. Que ressent un noyé ? Après la mort, que se passe-t-il ?

Un violent cahot l'arrache à ses sombres méditations. Avec terreur, il se rend compte que la charrette a parcouru les trois quarts du chemin. La prison où attendent les futurs galériens est maintenant proche. La peur dessèche sa gorge et il avale nerveusement sa salive. Bientôt il partira pour La Rochelle. Il mourra sans sacrements, sans enterrement en terre chrétienne, sans personne pour prier sur sa tombe. Dieu seul, ce Dieu aux voies impénétrables, reconnaîtra la bonté de son cœur et la rigueur de son destin.

Le convoi s'immobilise à nouveau. Dans une rue fort étroite, une carriole fraîchement peinte en jaune bloque la circulation. Le cocher du Châtelet s'époumone :

— Laissez passer ! Service du roi ! Laissez passer ! Police du Châtelet !

L'encombrant véhicule ne bougeant pas, le sergent s'en approche et ordonne :

— Descendez et dégagez votre carriole !

Celle-ci est chargée de six vieillards, dans de grandes capes sombres et poussiéreuses, dont la capuche pointue retombe sur les visages mal rasés.

— Nous, pas comprendre. À Paris, rues très mauvaises. Please, que faire ? demande l'un d'eux avec un fort accent d'outre-Manche.

Et l'Anglais descend pour montrer, dans la rue de terre battue, la fondrière où s'est enlisée une roue.

— Vous, nous aider ? implore-t-il.

Le sergent, exaspéré, n'a pas d'autre choix que d'appeler ses gardes au secours des étrangers.

— Venez dégager cette roue, crie-t-il. Montrons à ces assassins de roi[1] que Paris est une ville accueillante.

Quatre gardes rejoignent la carriole à moitié renversée et s'accroupissent pour la redresser.

— Descendez ! ordonne le sergent aux vieillards. Vous pesez trop lourd.

Les « Anglais » ouvrent alors leurs capes, en sortent

---

1. Charles Ier, roi d'Angleterre et d'Irlande, fut condamné à l'échafaud en janvier 1649.

de lourds gourdins avec lesquels ils frappent le crâne et les épaules des gardes. Étourdis, ceux-ci dégainent pourtant leurs épées et s'apprêtent à pourfendre ces ennemis inattendus, lorsque les agresseurs sortent d'une malle d'osier des chats squelettiques. Ils les jettent à la tête des gardes, qui, occupés à se débarrasser des griffes acérées des matous, laissent tomber leurs armes.

— Salauds d'Anglais ! s'exclame l'un. Traîtres ! Infâmes ! Perfides !

Pour parfaire le travail, un Anglais jette au milieu des vaincus à terre une ruche cachée dans un sac, laissant les abeilles assouvir leur colère. Fleuridor court délivrer Timoléon. Celui-ci crie rapidement avant de s'enfuir :

— Je suis innocent. Dis-le à tout le monde.

Quand les représentants de la force publique parviennent à se libérer des abeilles et des chats, ils aperçoivent des silhouettes qui disparaissent dans des ruelles.

Le sergent, furieux d'avoir été berné, retourne piteusement vers son véhicule désormais vide, en se promettant de ne plus jamais rendre service à personne. Tandis qu'il cherche une excuse à présenter à son supérieur qui le sanctionnera certainement, un homme très alerte malgré son ventre bedonnant surgit du bout de la rue.

— Rendez-moi mon âne et ma carriole ! Des mécréants viennent de me les voler !

Le sergent se redresse et, du ton impérieux qu'impose sa fonction, ordonne :

— Suis-nous ! Nous t'interrogerons au Châtelet.

Le gros homme ouvre des yeux ahuris.

— Qu'ai-je fait ?

— Tu as prêté ta carriole à des malfaiteurs. Tu es arrêté pour complicité d'enlèvement.

Le malheureux lève les bras au ciel et interpelle les passants :

— Bonnes gens, c'est moi qu'on vole et c'est moi qu'on arrête !

— Tu expliqueras cela devant un juge !

Et les gardes, aussitôt, entourent l'honnête homme.

*
* *

Lorsqu'il se croit suffisamment éloigné du danger, Timoléon ralentit sa course. Essoufflé, il s'arrête sous un porche à moitié écroulé dans une ruelle sombre. Où peut-il se cacher ? Condamné officiellement, exposé devant de nombreux Parisiens, maintenant fugitif recherché, il n'a guère de choix. La maison de sa mère, celle de son maître barbier seront rapidement surveillées, si elles ne le sont pas déjà. Les seuls endroits où la police ne pénètre pas sont les cours des miracles, où se réfugient tous ceux qui craignent une arrestation pour une raison ou pour une autre… La plus proche est la cour Neuve-Saint-Sauveur[1] où habite, si sa mémoire est bonne,

---

1. Il existe à cette époque douze cours des miracles à Paris où sont réfugiés entre 30 000 et 50 000 personnes, presque un dixième de la population de la capitale, qui s'élève, approximativement, à 500 000 personnes. On en trouve, entre autres, rue Saint-Honoré, faubourg Saint-Marcel, faubourg Saint-Germain, butte Saint-Roch, près de l'église Saint-Martin-des-Champs. Ce sont des zones de non-droit.

L'or blanc de Louis XIV

le poète du Pont-Neuf. Il se souvient de l'avoir plusieurs fois soigné bénévolement car secourir les pauvres fait partie des attributions des barbiers-chirurgiens. Il essaiera de le retrouver.

S'engageant dans des ruelles à peine plus larges que son corps, il monte vers un des quartiers les plus déshérités de la capitale. Se succèdent des terrains vagues sur lesquels se dressent quelques cabanes aux murs branlants, des tas d'ordures que fouillent des chiens. Soudain un homme surgit on ne sait d'où et le suit. Timoléon s'inquiète à l'idée d'être reconnu. La nouvelle de son évasion a-t-elle déjà atteint ces endroits mal famés ? Son comportement permet-il de l'identifier aussitôt comme un malfaiteur en fuite ? Devra-t-il assommer ce témoin gênant ? Pour en avoir le cœur net, il prend le risque de se retourner et de demander sans détour :

— Je cherche la rue Neuve-Saint-Sauveur.

L'homme, un petit vieux tout édenté, au regard pétillant, bredouille de bonheur à l'idée d'avoir une petite conversation.

— La police te poursuit ! Je m'en doutais à ta façon hésitante de te retourner sans cesse. Je n'aime pas la police. Elle m'a longtemps recherché, et puis elle m'a oublié. Alors j'aide ceux qu'elle traque, par solidarité. Pour rejoindre la cour des miracles, prends un peu plus loin à gauche, un chemin qui descend en face d'un pin foudroyé. Dépêche-toi, et arrive là-bas avant la nuit si tu veux voir briller le soleil demain matin.

— Merci, et que Dieu te garde !

En effet, un peu plus loin, à gauche, un chemin tortueux, creusé de fondrières, couvert d'orties et de

La cour des miracles

linges répugnants, contourne des immondices. Lorsque Timoléon arrive près d'une maison de boue à demi enterrée il comprend que là commence le territoire où ni gardes, ni lieutenants, ni soldats ne s'aventurent tant ils craignent pour leur vie. Il est aussitôt repéré. Des silhouettes fantomatiques surgissent de plusieurs côtés. Adultes et enfants, habillés de guenilles, examinent le nouveau venu, l'air menaçant.

— Je ne suis pas de la police, s'empresse d'expliquer le jeune barbier. C'est elle qui me poursuit.

Ces propos ne convainquent personne.

— Tu ne viendrais pas plutôt espionner ? demande une gamine insolente.

— Je me suis enfui après avoir été exposé au pilori.

Une femme aux courtes nattes vient soulever les cheveux bouclés pour examiner les marques du bois sur le cou.

— Il dit vrai.

Et en connaisseuse, elle précise :

— Il y est resté un peu plus d'une journée. Ça ne saigne pas encore mais la peau est bien râpée.

— Notre sang, c'est tout ce que, là-haut, ils demandent, ricane un vieillard. Nous voir crever comme des mulots !

Timoléon, pour adoucir son auditoire, explique :

— Je connais le poète qui vit ici et qu'on appelle le Rimailleur. Je l'ai soigné pour sa jambe malade.

Le vieillard ricane à nouveau :

— À force de faire semblant de boiter, il a fini par boiter réellement ! Dieu est juste.

La femme aux nattes précise :

— Ton Rimailleur vit tout au bout dans le quartier

des faux estropiés, en bas, à gauche. Il appelle sa cabane *Mon rêve*. C'est un poète.

— Je vous remercie, dit chaleureusement Timoléon.

Il s'éloigne à travers un amoncellement de masures faites de planches de bois, de boue séchée, de vieux rideaux, dans lesquelles s'entassent enfants, hommes et femmes de tous âges. Il lutte contre la nausée que provoque ce grouillement d'individus aux corps abîmés, aux regards accablés ou agressifs. Entouré, surveillé, escorté parfois par des mendiants et des voleurs qui le lorgnent avec méfiance, il se sent très mal à l'aise. Il sourit, à tout hasard, espérant ainsi désarmer la fureur d'un colérique, la folie d'un malade, la violence d'une femme.

La traversée de la cour lui paraît interminable. Enfin il arrive chez les estropiés, le quartier des miraculés. Ainsi sont nommés les boiteux, manchots, gangréneux, aveugles qui tendent la main dans la capitale pour quelques sous ou quelques morceaux de pain, et retrouvent, en rejoignant la cour Saint-Sauveur, leurs bras, jambes, yeux et peau, avec le bénéfice d'un peu d'argent ou de nourriture. La générosité des Parisiens aide ces estropiés maudits par Dieu.

Mon rêve est une cabane de planches de toutes tailles et de toutes couleurs, devant laquelle, assis par terre, une dizaine de pauvres hères mâchonnent du pain noir avec des œufs cuits dans la cendre tiède.

— Tu viens me faire la barbe à domicile ! s'exclame un grand escogriffe qui ressemble à un épouvantail.

Une longue veste déboutonnée et rapiécée dissimule mal sa peau nue et un caleçon crasseux. Sa bouche charnue et ses yeux ronds toujours vifs lui donnent une expression de jeunesse.

La cour des miracles

— J'ai appris qu'on avait exposé ta tête, comme celle d'un vulgaire sanglier, dit-il d'une voix puissante.

Aussitôt, il déclame :

> *Sur la tête si belle*
> *S'amoncellent*
> *En ribambelles*
> *Des sauterelles*
> *Cruelles.*

Puis se tournant vers une femme d'une quarantaine d'années :

— Timoléon, je te présente ma femme, la Marquise.

— Je le connais, dit la femme. Je lui ai déjà dit la bonne aventure. Je me souviens de lui avoir annoncé que nous nous retrouverions. C'est fait. Je me trompe rarement.

La femme est encore belle malgré son âge et la pauvreté de sa mise. Ses cheveux ramassés en chignon dégagent un beau front et de grands yeux doux. Des rides de sourire entourent sa petite bouche. Elle doit son surnom à une toilette qu'elle a hardiment volée dans un fiacre, au Cours-la-Reine, pendant que la propriétaire, penchée à sa fenêtre, donnait un rendez-vous secret à un cavalier. Ainsi vêtue, la jeune femme était alors magnifique. Envoyée à l'Hôpital général[1] pour

---

1. L'Hôpital général, géré par le Parlement et par l'archevêché, fondé en 1656 dans le but d'enfermer les mendiants, les fous, les vagabonds et les délinquants, comprenait cinq établissements hospitaliers.

vagabondage, elle s'enfuit et rencontra le Rimailleur. Ils ne se sont plus quittés.

— Je me demande quel crime tu as commis, dit un jeune homme au visage pustuleux.

— Gaston, tais-toi, dit la Marquise. Les questions indiscrètes sont interdites. Chacun a des raisons personnelles et respectables de venir ici.

Et se tournant vers Timoléon :

— Gaston est empli d'amertume car son frère l'a ruiné. Cela lui a pourri le cœur. Heureusement, on ne t'a pas trop abîmé la figure. Avec tes cheveux bouclés, tu ressembles à un ange. Installe-toi bien, mon chérubin, là, confortablement.

La Marquise jette l'une sur l'autre trois peaux de renard sur lesquelles Timoléon s'étend.

— Elles sentent encore fort les bêtes. Un chasseur imbécile a tué ces renardeaux ces jours-ci, derrière les murs du bois de Boulogne. Un maladroit qui les a tirés trop jeunes.

Le Rimailleur se demande comment un barbier-chirurgien chez le respecté maître Gauthier se retrouve à la cour des miracles. Sans vouloir se montrer indiscret, il examine attentivement le nouveau venu.

— On m'accuse de contrebande, d'être faux saunier, explique aussitôt le jeune homme qui devine la pensée du poète. Je suis innocent.

— Qui t'a accusé ?

— Je l'ignore, malheureusement.

Un silence navré suit cet aveu.

— Cherche bien ! dit le Rimailleur. Ne te sou-

La cour des miracles

viens-tu pas d'un homme bizarre, un personnage qui aurait des raisons de te haïr ?

Timoléon n'a aucune idée. Il a toujours été convaincu d'être aimé de tout le monde, à cause de son joli visage et de ses bonnes manières. Les habitants de *Mon rêve* laissent libre cours à leur imagination pour lui inventer des ennemis : un homme du guet saoul, un écrivain qui ne croit pas en Dieu, un évêque qu'il n'aurait pas salué, un client qu'il aurait rasé un dimanche, jour du Seigneur, un autre qu'il aurait blessé par maladresse. Mais tous ces dénonciateurs éventuels n'évoquent rien au jeune homme.

Quand la nuit tombe, la Marquise déclare :

— C'est l'heure de dormir. Nous allons te faire une place, Timoléon.

Ils sont une dizaine à s'installer dans la cabane, allongés côte à côte sur de vieilles couvertures. La Marquise et le Rimailleur dorment sur une paillasse dans les bras l'un de l'autre.

Ils sont heureux, songe Timoléon. On peut être gueux et heureux.

À côté, se serrent Gaston, une femme avec son petit garçon et quelques malheureux. Timoléon, lui, préfère dormir dehors par ce beau temps.

Les peaux de renard sous la tête, il s'abandonne à ses pensées. Condamné, exposé, ballotté de la stupeur à la souffrance, de la souffrance à la honte, il ressent un grand désarroi. En si peu de temps, lui, l'apprenti barbier-chirurgien estimé et joyeux, se retrouve caché au milieu de cette pègre. Qu'a-t-il fait pour mériter un tel châtiment ? A-t-il été trop orgueilleux ? Par vanité ou par sottise, il ne s'est pas aperçu que quelqu'un le haïssait et avait intérêt à le voir disparaître. Il ne perd rien pour attendre, celui-là, car il se vengera. Qu'imagine-t-il, son dénonciateur ? Que lui, Timoléon, le laissera vivre tranquille et heureux ? Sait-il qu'un citoyen du royaume de France, un fervent catholique, ne renoncera jamais à recouvrer son honneur ? La perspective de la vengeance lui redonne un peu de fierté. Puis reviennent la honte et l'inquiétude d'avoir à mener une vie de condamné en fuite. Un nouveau Timoléon méfiant, menteur, parfois cruel pour rester en vie. Un double qui ne lui ressemblera en rien. Une sorte d'étranger qu'il haïra sans doute, mais avec qui il cohabitera et qui le transformera en fils du diable.

Il revient à ses problèmes immédiats. Pendant qu'on le recherchera dans la capitale, il restera ici, dans cette cour des miracles. Quand on l'aura quelque peu oublié, il trouvera, comme d'autres pitoyables clandestins, du travail à la journée. Et il cherchera à démasquer son accusateur. Celui-là devra connaître à son tour le bourreau de Paris et les instruments qui délient les langues. Et la justice sera enfin rétablie. Oui, il doit croire en la justice pour survivre.

3
VISITES IMPRÉVUES

Au cabaret de son oncle, Fleuridor finit de laver, dans une bassine d'eau fumante, la vaisselle des clients du dîner. En apercevant Armande, dans une jupe verte et un corsage rouge piqué de fleurs, il l'accueille avec un irrésistible sourire.

— Que le rouge te va bien ! J'ai bientôt fini.

Dans l'embrasure de la porte, Armande demande d'un ton inquiet :

— Où se cache Timoléon ?

— Je n'en sais rien !

— Comment, tu n'en sais rien ! C'est bien toi qui l'as délivré ?

— Oui !

— Et tu ne sais pas où il se trouve !

— Justement non. Laisse-moi passer, dit-il en portant la lourde bassine.

Après avoir vidé l'eau sale sur la chaussée, il rit :

— Tu aurais préféré que je coure derrière lui avec des grelots pour attirer toute la maréchaussée ?

Les yeux d'Armande virent à l'orage.

L'or blanc de Louis XIV

— Tu n'es pas drôle. Comment saura-t-on s'il est vivant ou mort ?

Fleuridor s'essuie les mains dans un torchon.

— Tu dramatises toujours ! Je pense que Timoléon est vivant, bien caché dans un endroit inconnu, et qu'il aurait tort de se montrer maintenant.

— Tu oublies qu'on assassine tous les jours à Paris et que si on l'avait tué, nous ne le saurions même pas.

Fleuridor, habitué à l'exaltation de sa promise, se moque :

— Tu serais plus rassurée de le savoir au Châtelet ! Là, bien gardé, bien encadré sur la route qui conduit aux galères, il ne risquerait pas d'être assassiné ! Parfois, tu es stupide. Je ne cherche pas ton frère, car ce n'est pas le moment d'attirer l'attention sur lui. Plus on l'oubliera, mieux cela vaudra.

— J'ai compris. Tu t'en fiches ! Ne reviens me voir que lorsque tu auras de ses nouvelles, lui assène-t-elle avant de tourner les talons.

Fleuridor sourit d'attendrissement.

— Quel caractère ! Quelle fierté ! Je ne sais pas si je l'admire plus que je ne l'aime, ou si je l'aime plus que je ne l'admire.

Puis il accroche à son cou un petit panier d'osier, sorte de cabaret portatif, avec bouteilles d'alcool, verres et mesures. Il sort sur la chaussée en criant : « Eau-de-vie ! Eau de la vie ! Bonheur garanti ! »

Par ce beau temps, les passants sont nombreux et de bonne humeur. À chaque acheteur, Fleuridor fait la conversation dans l'espoir d'apprendre où se trouve son ami.

Visites imprévues

— C'est bien calme, aujourd'hui. Ce n'est pas comme l'autre jour.
— Quel autre jour ?
— Lorsque le fils Batifort, qui était sur le pilori, s'est échappé. Sait-on ce qu'il est devenu ?

Qu'ils se montrent indifférents ou curieux, les clients n'ont pas de réponse, mais se lancent dans de longs et ennuyeux commentaires sur les dangers de la capitale, l'inefficacité de la police et l'attente du retour du roi.

Après avoir déambulé le long de la rue Saint-Antoine, Fleuridor rejoint le Pont-Neuf. Une magnifique réussite, cette construction qui relie les deux rives de la Seine, par la pointe de l'île de la Cité. L'ouvrage est tout en pierre, bien pavé, fort large, et si commode que tous les véhicules de la ville semblent s'y donner rendez-vous, tant il y a de chevaux, d'ânes, de carrosses, de fiacres, de piétons, de cochers qui s'égosillent : « Gare ! Gare ! Place ! Place ! »

À la différence des autres ponts de la ville, aucune maison ne se dresse sur les côtés, mais de grands trottoirs surélevés de quatre marches. Là sont installées toutes sortes de boutiques et de spectacles pour divertir les passants. Une longue file attend, devant le château de la Samaritaine, pour remplir les cruches d'eau qu'une pompe remonte de la Seine. Un petit garçon sans scrupule profite de la distraction des dames pour couper la bourse qui pend à leur ceinture.

Près de la petite foule regroupée autour d'un dentiste qui arrache une dent, Fleuridor aperçoit enfin la haute et maigre silhouette du Rimailleur. Ce connaisseur des

secrets de la ville se tient près de la statue d'Henri IV, dont la plate-forme sert de décharge aux habitants.
Semblable à une marionnette agitant son bâton, l'homme déclame :

> *Je suis l'Illustre Rimailleur*
> *Qui ne connaît point d'heure*
> *Pour l'amour et le bonheur.*
> *Achetez, bonnes gens, achetez*
> *Les mots qui font trembler les cœurs.*

Puis il enchaîne, avec l'autorité d'un bateleur :
— Achetez, bonnes gens, achetez les inventions de l'Illustre Rimailleur !
Par terre, à ses côtés, sont déposés quelques feuillets qu'une pierre empêche de s'envoler. Une femme vient acheter trois poèmes.
— C'est bien beau, monsieur, ce que vous écrivez. Vous avez dû beaucoup souffrir et beaucoup aimer pour parler si bien de nos cœurs.
— Vous l'avez deviné, ma petite dame, ma vie a connu toutes les extases et tous les désespoirs que l'homme peut ressentir et dont Dieu a eu la bonté de le gratifier.
Le coup de sabot d'un cheval rapide éparpille les feuillets alentour. Fleuridor les ramasse aussitôt et les tend au Rimailleur.
— Je te cherchais.
Le Rimailleur sourit.
— Bonjour, mon garçon. Je ne te vois plus depuis quelques jours.

— J'étais très occupé. Tu veux un peu d'eau-de-vie ? propose Fleuridor.
— Ce n'est pas de refus !

L'alcool bu d'une seule traite, le poète demande avec humour :

— Tu voudrais peut-être savoir où se trouve ton ami Batifort ?
— J'allais te le demander. Alors ?
— Hum... hum...
— Hum... ?
— Hum... hum, hum.

Fleuridor soupire de soulagement.

— Alors il va bien. Il est chez vous.
— Avec toutes ses dents, ses boucles, son air d'intelligence...
— ... et son cœur doux comme une colombe, poursuit Fleuridor.

Le Rimailleur se fâche :

— Mon petit, tu ne vas pas faire le poète à ma place. Allez, donne-moi un autre verre !

L'alcool lui fait fermer les yeux de plaisir.

— Timoléon restera un certain temps à la cour Saint-Sauveur, dit-il. Il m'a demandé de te prévenir et de te remercier. Mais, surtout, garde le secret. Sa mère est trop bavarde et sa sœur trop imprévisible. Elle serait capable de venir à Saint-Sauveur pour le voir et faire tout un esclandre. Tu la connais !
— Ne dis pas de mal de ma promise. Dès que j'obtiendrai un office, nous nous marierons.
— L'office est l'escabeau du mariage, c'est bien connu, dit en riant le Rimailleur.

L'or blanc de Louis XIV

Du ministre au balayeur,
Assurés
De manger et de dormir
Rassurés
À leur fiancée osent dire
Épousez.

Dans le cœur de Fleuridor resurgit son principal souci : comment trouver un office pour se marier avec Armande ? Aussi, sur le chemin du retour, pour confier à Dieu son inquiétude, il pénètre sous la haute façade à trois étages de l'église Saint-Louis-des-Jésuites[1]. La décoration est magnifique, riche en guirlandes, sculptures et écussons. Dans la relative pénombre, le vendeur d'eau-de-vie ne s'intéresse pas au grand retable qui éclate de couleurs fraîches[2] entre les colonnes de marbre noir, mais au cœur de Louis XIII. Enchâssé dans un boîtier en or en forme de cœur, il est soutenu par deux anges d'argent rehaussés de vermeil. La présence du roi défunt, si courageux à la guerre et hardi à la chasse, le réconforte. Fleuridor lui fait part de ses préoccupations concernant Armande. Il aime la jeune fille depuis toujours, mais la connaît-il bien ? Parfois ses réactions l'étonnent, tant elles sont inattendues. Pourquoi se fâche-t-elle de temps en temps ? Garde-t-elle des pensées secrètes ? Chère promise qu'il ira

---

1. Actuellement l'église Saint-Paul dans le IVe arrondissement de Paris.
2. Deux grandes toiles superposées de Simon Vouet le composent : *La Présentation au Temple* et *Saint Louis montant au ciel.*

rassurer sur le sort de son frère, sans lui dire l'endroit où il se trouve.

Il se dirige vers les *Doigts de fée*, au rez-de-chaussée d'une étroite maison, enclavée entre deux autres parfaitement semblables. La façade est enduite de plâtre, percée de deux fenêtres à chacun des deux étages. L'entrée donne sur un étroit couloir qui se prolonge par un escalier. À gauche, une porte s'ouvre sur l'atelier. Sur la table traînent les morceaux d'une cotonnade tombés pendant la coupe et que la couturière doit rendre à ses propriétaires. La pièce est encombrée : un coffre pour ranger les tissus, un meuble à petits tiroirs pour les boutons, aiguilles et le nécessaire à couture. Sur le sol carrelé, des coussins ronds très rembourrés servent de siège aux jeunes jumelles assises en tailleur et penchées sur leurs ourlets. Un vieux fauteuil tapissé entre deux chaises et un guéridon attendent les clientes. Une cheminée de brique fait face à l'entrée. Du côté de la cour sont aménagées une étroite cuisine et une réserve de tissu.

Mme Batifort, appuyée contre le dossier de son fauteuil en bois, le visage marqué par les déceptions, malgré de gentils yeux clairs, s'alarme en l'apercevant :

— Ah ! As-tu des nouvelles ?

— Il est vivant, répond prudemment Fleuridor.

— Où ?

— Je l'ignore.

Mme Batifort prend alors un ton dramatique :

— Sais-tu que depuis l'exposition au pilori, personne

L'or blanc de Louis XIV

n'est venu commander un vêtement ? Nous perdons toutes nos clientes. Bientôt nous serons ruinées.
Fleuridor ne sait que répondre. Chacun médite en silence lorsque surgit la solide silhouette du patron de Timoléon. Mme Batifort, qui vit dans la crainte d'être interrogée sur son fils, pâlit et fait signe à Fleuridor de déguerpir.
Maître Gauthier, barbier-chirurgien demeurant sur le Pont-au-Change, est un homme respecté et respectueux des lois. Âgé de quarante ans, visage débonnaire et regard perspicace sous une courte perruque brune, il a engagé Timoléon comme apprenti pour cinq ans, en promettant de lui fournir les vivres, le feu, le lit et la lumière. Mme Batifort, de son côté, reste responsable de son linge et de ses chaussons.
— Je vous donne le bonjour, dame Batifort, dit-il en soulevant son chapeau. Qui vous a abîmé votre enseigne ?
— Des malfaisants, des jaloux, les tailleurs ! Ils profitent de l'absence de mon garçon. J'espère que vous ne venez pas m'annoncer de mauvaises nouvelles !
Maître Gauthier a le sourire franc et réconfortant.
— Ne craignez rien ! Je viens vous en demander plutôt. Où se trouve votre fils ? Va-t-il revenir bientôt ? Tant de sots bavardages courent à son sujet.
Mme Batifort baisse la tête.
— Je vous le dis honnêtement, je ne sais rien. Je suis anéantie par l'incertitude.
— Croyez bien que je compatis à votre peine.
Puis, après une profonde respiration, il ajoute :
— À parler franchement, je viens vous demander

Visites imprévues

si Timoléon reviendra cette semaine. Sinon, je serai obligé de rompre le contrat que nous avons signé devant notaire. J'ai déjà eu la gentillesse, étant donné votre veuvage, de ne point exiger une redevance pour son apprentissage, mais je ne vais pas continuer à payer l'hôtel et la nourriture en son absence.

— Vous pouvez attendre encore un peu !

— Justement non. Je ne peux pas assurer seul, avec un unique compagnon, le travail dans ma boutique : raser les visages, soigner et réparer les blessures. J'ai besoin d'un apprenti pour satisfaire mes nombreux clients.

Mme Batifort tripote autour de son cou l'écharpe de soie violette et gémit :

— N'ajoutez pas à notre chagrin, maître Gauthier. Soyez patient. Dieu vous le revaudra.

— Dieu comprend certainement que je ne puisse entretenir quelqu'un qui ne travaille pas.

— Vous ne lui paierez rien pour cette semaine d'absence !

— Dieu merci ! S'il fallait payer aux apprentis et aux compagnons les cinquante-deux dimanches, la demi-journée du samedi qui les précède, les trente-deux jours de fête, nous fermerions boutique[1].

Mme Batifort ne s'avoue pas vaincue.

— Voyez la situation d'une pauvre veuve, dit-elle d'un ton pathétique. Je perds le sommeil, le boire et

---

1. Louis XIV trouvait que les jours de fête étaient trop nombreux. Ils ont été réduits à trente-deux, par une ordonnance de 1666. Auparavant, il y avait vingt jours de fête supplémentaires.

le manger, comme après la mort de mon mari. Savez-vous que mon époux fut tué le jour où on signa le traité de Westphalie ! Se faire tuer à la guerre un jour de paix, n'y a-t-il pas là une malignité du destin ?

— Dieu est le maître de la vie et de la mort, dame Batifort, rappelle sévèrement maître Gauthier.

La dame continue ses plaintes :

— Je vous en supplie, attendez encore quelque temps. Mon fils va revenir et prouver son innocence. J'en suis certaine. Je le connais : il est turbulent, mais d'une honnêteté parfaite.

— J'attendrai encore un peu pour ne pas ajouter à votre peine, car Timoléon est un bon garçon, apprécié par la clientèle. Mais s'il est envoyé aux galères, comme on le murmure, le contrat sera annulé immédiatement. Nous le saurons bientôt. Que Dieu vous garde, madame Batifort.

Et il repasse le seuil sous l'œil combatif de la veuve.

*
* *

Un visiteur inattendu se présente dans l'atelier, le neuvième jour du mois de juin. Toutes les cloches des églises de France carillonnent pour annoncer le mariage de Louis XIV avec Marie-Thérèse d'Autriche, fille du roi d'Espagne, tous deux âgés de vingt-deux ans[1]. Une semaine de fête étant accordée à tous les habitants du

---

1. Le mariage par procuration eut lieu à Fontarabie (Espagne), le 3 juin 1660. Le Premier ministre de Philippe IV d'Espagne, Luis de Haro, tenait la place du roi de France. Le mariage religieux eut lieu le 9 juin à l'église de Saint-Jean-de-Luz.

pays, les petites aides et Armande sont parties se divertir. Mme Batifort, restée seule, déplace sur la table les jetons qui permettent de compter rapidement recettes et dépenses.

Le nouveau venu est un homme d'une cinquantaine d'années, portant l'habit noir des notaires, avec une collerette blanche, des lunettes d'acier sur le nez, et des yeux scrutateurs enfoncés dans leurs orbites. D'un air hautain, il s'incline devant la maîtresse du lieu.

— Je vous donne mon bonjour, dame Batifort, et suis heureux de vous trouver seule.

— Monsieur... ?

— Comte de Maronville.

Mme Batifort s'empresse de se lever pour avancer une chaise.

— Prenez place, monsieur le comte. Que puis-je faire pour vous ? Une chemise à recoudre, une dentelle à réparer ? Même un jour chômé, je peux rendre service, le Seigneur me le pardonnera.

Le nouveau venu sourit rapidement, un bizarre sourire qui monte vers l'oreille droite et que, visiblement, il tente de réprimer.

— Je ne viens pas voir la couturière mais la mère.

Mme Batifort se rembrunit.

— Ah ! vous venez au sujet de Timoléon ! Vous étiez un de ses clients peut-être ! Il n'avait que des amis. Et cette accusation injuste...

— Très injuste...

— ... me pousserait au désespoir s'il n'y avait le secours de Dieu.

Mme Batifort reste un moment recueillie après cette pieuse évocation et poursuit :

— Il paraît qu'il serait vivant. Mais j'ignore où il se trouve.

— Ah, vivant ! dit le comte, avec un nouveau rictus vers la joue droite. Vous en êtes certaine ?

Mme Batifort en déduit que cette nouvelle réjouit son visiteur.

— Cela vous fait plaisir. Qui est l'ami de mon garçon est l'ami de toute la famille, dit-elle avec une expression espiègle qui éclaire son visage austère.

Le visiteur s'empresse de confirmer.

— Je me réjouis en effet qu'il ne soit rien arrivé de grave à votre fils.

Après une brève hésitation, il ajoute :

— Je viens surtout pour votre fille.

— Armande ! La malheureuse. Elle a perdu son frère et presque son travail. Elle adore coudre, voyez-vous, mais les tailleurs, profitant de notre faiblesse, nous cherchent toutes sortes de noises.

— J'ai vu en effet que votre enseigne a été arrachée. Si vous le souhaitez, j'en ferai fabriquer une autre. Je connais le meilleur artisan du quartier.

— S'il n'y avait que cela. Ils volent le tissu qu'apportent les clientes, nous accusent de garder pour nous les rognures – c'est ainsi que nous appelons, dans notre métier, les chutes de tissu qui restent après la coupe. Ils menacent les boutiquiers qui nous vendent les aiguilles, les fils et les ciseaux.

Le comte de Maronville interrompt cette longue plainte :

— Madame Batifort, si vous acceptez ma demande, tout cela peut changer.

La mère jette alors sur le nouveau venu un regard calculateur.

— À quoi pensez-vous, monsieur le comte ?

— À rien de mal, rassurez-vous. Molière parlerait de l'« effronterie de sa beauté qui a blessé mes yeux », dit-il d'un ton galant.

— Certainement, répond prudemment la couturière pour qui le nom de Molière n'évoque rien.

— Depuis peu je suis installé rue Saint-Antoine où j'ai plusieurs fois eu l'occasion de croiser votre fille. La franchise de son regard, sa bonne santé, sa beauté m'ont ému. Je n'osais vous en parler, étant sensiblement plus âgé qu'elle, mais vous voyant dans la peine, avec l'espoir de vous être utile, je vous demande sa main.

Mme Batifort s'efforce de garder son calme.

— Vous voulez dire...

— Que je souhaite l'épouser.

Mme Batifort n'avait pas prévu une demande aussi rapide, et surtout aussi prestigieuse, mais en bonne commerçante, elle ne laisse pas passer l'occasion de parler argent.

— Je ne m'attendais pas... Enfin... je suis une pauvre veuve. Mon cher mari a été tué à la guerre. Dieu a voulu que ce soit le jour même où l'on a signé la paix, en Westphalie. Mourir un jour de joie !

— Dieu décide, intervient le comte d'un ton pénétré.

Mme Batifort n'abandonne pas son objectif.

— Depuis la disparition de Timoléon, nous sommes

obligées de vivre très modestement, presque dans la gêne.

Le comte de Maronville l'interrompt aussitôt :

— Je suis au courant de vos difficultés. J'épouserai votre fille sans dot.

La mère s'assure d'avoir bien compris.

— Vous accepteriez un mariage... sans dot ?

— Je viens de vous le dire, reprend le notaire. Sans dot.

Étonnée que la chance s'arrête devant sa porte, décontenancée par cette proposition complètement imprévue, la mère, qui ne veut pas perdre sa fille dans l'atelier, ajoute :

— Enfin... je dois vous avouer que ma fille aime beaucoup son travail. Elle a des ambitions dans ce domaine.

— J'aime les personnes ambitieuses et actives, répond le comte au courant des subtilités juridiques régentant les corporations. D'ailleurs je voyage souvent, et une épouse s'ennuierait peut-être dans ma demeure si elle n'avait rien à faire. Bien entendu, elle n'ira plus coudre chez ces dames du peuple, et s'occupera seulement de sa garde-robe personnelle.

Mme Batifort aimerait bien connaître le passé conjugal de son éventuel gendre, mais elle n'a pas besoin de l'interroger. Le notaire la devance :

— Je suis un vieux célibataire, pas très amusant. Avec l'âge, j'ai envie de jeunesse et de gaieté autour de moi. Votre fille me rendra peut-être plus aimable. Et la vie dans mon hôtel est confortable.

Visites imprévues

Mme Batifort ne retient que le mot magique : hôtel.
— Un hôtel ? Où se trouve-t-il donc ?
— Près d'ici. Je viens d'acheter celui de la famille Bourdeloux qui a fait naufrage en mer.
— Celui qui se dresse à l'extrémité de la rue Saint-Antoine, près des remparts ?
— Exactement.

Le sieur de Maronville, convaincu que cette acquisition emportera la décision de la mère, se lève, s'incline, soulève son chapeau, sourit ou plutôt grimace à nouveau.

— Chère dame, ce fut un plaisir de faire votre connaissance. Je vous laisse réfléchir à ma proposition et je vous prie de la transmettre à mademoiselle votre fille. Votre consentement me rendrait très heureux.

Puis, après un moment d'hésitation, il précise :

— J'ajoute que mon métier de notaire me permettra de vous aider à défendre votre fils et à prouver son innocence. Je ferai dire des messes pour sa libération.

Après le départ du comte, Mme Batifort médite sur l'extrême fantaisie de la Providence. Alors que la condamnation de Timoléon a presque anéanti les efforts de toute une vie de travail et de respectabilité, le mariage de sa fille apportera fortune et prestige. Quant à Armande, elle obéira. Certes, elle l'avait promise à Fleuridor, mais le garçon a la tête légère et le caractère trop fantasque. D'ailleurs, se dit-elle pour chasser tout remords, Armande ne l'aurait pas épousé avant qu'il n'obtienne un vrai métier. Et il n'en prend guère le chemin.

Toute contente, elle enfile son manteau vert pour se rendre au jardin des Tuileries que des écrivains fréquentent, dit-on. Elle se renseignera sur ce Molière que son futur gendre a évoqué. Tandis qu'elle ajuste son chapeau devant un petit miroir posé sur le manteau de la cheminée, Armande entre, la mine furieuse.

— J'ai été insultée au bal. Quatre jeunes gens ont fait une ronde autour de moi en chantant : « *On aimerait bien la saler, la sœur du contrebandier.* »

Mme Batifort lui annonce aussitôt la nouvelle.

— Ma fille, cela n'arrivera plus. Nos malheurs sont en partie terminés. Un noble veut t'épouser.

— Ah ! celui que je viens de croiser dans la rue et qui m'a saluée profondément. Il ne m'a pas fait bonne impression.

Mme Batifort a un haut-le-cœur.

— Pffft ! « Il ne m'a pas fait bonne impression ! » Ma fille, réfléchis ! Une impression, c'est fugace, c'est voyageur comme le vent. Il s'agit au contraire d'un homme solide qui offre des biens incontestables : de l'argent, une position sociale, et peut-être le salut de Timoléon. Retrouver son fils, pour une mère, c'est un précipice de joie.

— Ce noble a les yeux fuyants.

— Tu dis n'importe quoi.

— Des yeux qui se retirent vers des pensées intérieures, secrètes, imprévisibles.

Mme Batifort reste un instant médusée.

— Je ne m'attendais pas à ta réaction ! « Des yeux fuyants » ! Tu parleras de ces subtilités avec Molière, qui est un de ses amis.

Visites imprévues

— Et Fleuridor ? Qu'en fais-tu ? Il m'aime !
— Épouser par amour est une sottise. Tout le monde le sait. Fleuridor fera des discours, comme d'habitude, se plaindra, ameutera le quartier, en appellera au Ciel, mais il survivra, ne te fais pas de souci à son sujet.

Mme Batifort s'installe dans son fauteuil, froisse d'agacement son écharpe violette et décide :

— Tu m'obéiras ! Tu épouseras le comte ! Quelqu'un qui sauvera ton frère, protégera l'atelier contre les jaloux et te préparera un avenir confortable ne se refuse pas.

4
UN CHARIVARI VIOLENT

Devant le mur du commissariat du quartier, Fleuridor a la sensation qu'un poignard lui transperce le dos. Il lit et relit l'avis : *Le comte Ignace de Maronville épouse Mlle Armande Batifort le 15 juillet au matin en l'église Saint-Louis.*
Le jeune homme tente de lutter pour ne pas être emporté par l'ouragan des émotions. Sa promise, l'arc-en-ciel de son âme, l'abandonne et le plonge dans la jalousie la plus amère et l'humiliation la plus inhumaine. Tout ce qu'il a d'esprit et d'amour est piétiné pour de l'argent et un titre de noblesse. Un titre qui, par les temps qui courent, ne récompense même plus une action d'éclat.
Depuis quand ce projet absurde existe-t-il ? Pourquoi n'en a-t-il rien su ? Peut-être est-ce une farce montée par quelques plaisantins. Pourtant le sceau du commissaire, qui n'est pas un farceur, en garantit la validité. À moins qu'on lui ait volé son cachet ?
Petit espoir que cette farce, espoir qu'il sait invraisemblable, mais auquel il s'accroche jusqu'au cabaret *Au Juste Prix.*

Un charivari violent

— Pierrot ! crie-t-il. Je viens de lire qu'Armande va se marier. C'est une blague ?

Pierrot cesse de balayer les beaux carreaux brun doré du rez-de-chaussée et regarde son neveu avec attendrissement.

— Je le savais. Je n'osais pas...
— C'est une folie !
— Comprends-la. Après la condamnation de Timoléon, c'est, sinon la meilleure, au moins une bonne solution. Plus de problèmes d'argent, un homme qui la protège, et un notaire compétent qui l'aidera à délivrer son frère.

Fleuridor s'entête dans son illusion.

— Non, non, c'est une folie : il faut que je la prévienne. Ce projet imbécile vient certainement de la vieille, la mère Batifort, qui sait compter ses sous.

Pierrot soupire et reprend son balai, en jetant des regards inquiets sur son neveu.

— Armande doit redescendre sur terre, continue Fleuridor en se parlant à lui-même. Il lui faut un choc salvateur qui l'amusera pour qu'elle renoue avec le bon sens. Les jeunes filles aiment rire. Je serai surprenant et drôle, ce sera le meilleur moyen de la reconquérir.

Les étoiles brillent encore dans le ciel lorsque Fleuridor s'arrête sous l'enseigne toute neuve et scintillante des *Doigts de fée*. D'humeur optimiste, il frappe, en rythme, avec un marteau sur une casserole.

Armande ne tarde pas à se pencher à la fenêtre du premier étage.

— C'est toi ! As-tu perdu l'esprit ?

— J'ai à te parler !
— À cette heure-ci !
— C'est urgent. J'ai appris qu'un comte te demande en mariage.
— C'est la vérité. Nous en parlerons plus tard. Arrête ce tintamarre ! Tout le monde dort.

Et elle referme violemment la croisée.

Fleuridor comprend que la plaisanterie n'a pas obtenu le résultat escompté. Pour tenter une deuxième fois sa chance, impatient de savoir quel bonheur ou quel malheur l'attend, il frappe à nouveau sur son tambour improvisé. De part et d'autre de la rue, exaspérés, les voisins montrent des visages furieux sous leurs bonnets de nuit.

— Qu'est-ce qui se passe ? La guerre ? demande une vieille femme qui, du deuxième étage, voit mal dans la rue sombre.

— C'est le vendeur d'eau-de-vie. Il a trop bu, lui répond le savetier de la maison voisine.

— Et les hommes du guet, qu'est-ce qu'ils font ? rouspète le tailleur. Ils ne sont jamais là quand on a besoin d'eux.

Une jeune fille crie « Gare, l'eau ! » et jette du troisième étage un pot d'urine.

— Que le diable t'emporte ! s'écrie Fleuridor à demi trempé.

— Quand on traîne la nuit, on se crotte, à Paris, répond la jeune fille avec un petit rire aigu.

Armande réapparaît à la porte du rez-de-chaussée, vêtue d'un manteau de nuit assorti à sa coiffe, bien décidée à faire taire le gêneur.

Un charivari violent

— Qu'est-ce qui te prend ?
— On dit que tu vas accepter ce mariage avec un noble. J'en ai le cœur tout barbouillé. Dis-moi que ce sont des mensonges ! Que tu vas refuser ! Vas-tu refuser ?
Comme Armande ne répond rien, il demande d'une voix timide :
— Vas-tu le repousser, prétextant que tu as réfléchi ?
— Non. Je vais l'épouser.
Fleuridor sent son cœur s'alourdir et descendre dans ses pieds. Il s'efforce de conserver un calme apparent.
— Il s'agit bien du comte de Maronville ? Un monsieur de cinquante ans passés !
— C'est bien lui.
— Et tu serais assez folle pour épouser cet individu ?
— De quoi te mêles-tu ?
— Je t'aime.
Armande répète les propos de sa mère :
— C'est ridicule de se marier par amour. Et déraisonnable. Tout le monde le sait.
Fleuridor se raccroche à tous les arguments possibles.
— Tu m'étais promise.
— Je t'étais promise, c'est sûr. Mais ce mariage est une chance pour moi. Le comte est généreux : il me prend sans dot et me présentera à la Cour.
Et pour ne pas vexer le garçon, elle parle affaires.
— Tu sais que mon rêve est d'obtenir les mêmes droits que les tailleurs. J'ai tant de dessins dans la tête, tant de belles couleurs que je voudrais voir porter. Si je réussis, les couturières s'organiseront en corporation.
Elle ajoute pour se justifier :
— Surtout, le comte m'a promis de s'occuper du

dossier de Timoléon, de faire en sorte que son innocence soit reconnue.

— Heureusement que je ne t'ai pas dit où ton frère se trouve. On ne peut avoir aucune confiance en toi. Tu serais capable d'en informer ton vieillard.

Avec un gentil sourire, Armande ignore la pique et reprend :

— Et quand je connaîtrai des femmes nobles, je t'aiderai à acheter un office.

Fleuridor répond sèchement :

— Je me passerai de tes services.

Il commence à s'éloigner puis revient brusquement sur ses pas et explose de colère :

— Tu as déjà rencontré ce vieux baveux ? Tu as vu sa figure de travers, son crâne aux trois quarts chauve, sa peau grise, ses jambes torses, sa bouche pendante dont l'haleine fait fuir les oiseaux ?

— Va au diable !

Fleuridor, un peu calmé, n'en a pourtant pas fini :

— Que sais-tu de cet homme ? Comment est-il devenu riche ? Je n'ai jamais entendu parler de lui avant qu'il achète son hôtel. Pourquoi veut-il t'épouser ?

— Parce que...

Armande reste muette d'étonnement, tant elle est convaincue de ses nombreuses qualités. Sa jeunesse, sa beauté, sa bonne humeur, sa vivacité et son sens des réalités. Elle ne sait lesquelles choisir lorsque Fleuridor ajoute :

— Quand tu trouveras la réponse, tu seras désespérée. J'insiste : désespérée. Refuse cette union.

Un charivari violent

Et fièrement, les larmes aux yeux, il frappe sur sa casserole en criant :
— Eau-de-vie ! Eau-de-vie du matin, chagrin !
Et tout en s'éloignant, il cherche à se réconforter.
— J'obtiendrai un office avant qu'elle soit devenue une grande couturière. Et c'est moi qui lui rendrai service.

*
* *

Une semaine plus tard, à l'heure du dîner, le cabaret *Au Juste Prix* est bondé. Les artisans et ouvriers ont une heure de libre pour se nourrir à la mi-journée. Autour des tables rondes, achetées à un monastère, ils sont serrés sur les tabourets devant une assiette, une cuiller et une fourchette à deux dents. Ce jour-là, Pierrot et sa femme Pierrette proposent morue salée, lentilles et, pour le dessert, des fraises. Chacun sort de sa poche son couteau pour couper du pain. Fleuridor sert la bière lorsqu'une marchande déclare :
— Armande Batifort épouse le comte de Maronville, le 15 juillet prochain. Les bans sont affichés à l'église.
— Qui est-ce ?
— Il s'agit du vieux qui a acheté l'hôtel des Bourdeloux.
— Je le connais ! s'exclame un artisan. La différence d'âge est considérable. Cette union mérite un charivari.
Après un moment de méditation collective, un rubanier déclare :
— Je suis pour. Si les vieux prennent nos jeunes

filles, avec qui nous marierons-nous ? Elles courent toutes après l'argent.

— Il nous restera des veuves, toutes plissées, bien édentées, bien branlantes.

— Si elles sont riches..., plaisante un commis.

— Faudrait être certain qu'elles meurent rapidement. Il y en a qui, cabossées comme de vieux pots d'étain, vivent si longtemps qu'elles vous enterrent.

À nouveau, chacun se concentre sur son assiette. Enfin, un compagnon propose :

— Peut-être qu'Armande accepte ce mari pour aider son frère. On ne sait toujours pas où l'apprenti barbier-chirurgien se cache.

— Je ne vois pas le rapport, intervient la marchande. Autant dire que les cloches de Notre-Dame empêchent la Seine de geler en hiver.

L'étudiant intervient.

— Il faut raisonner avec méthode, comme le conseille M. Descartes.

— Qui est-ce, celui-là ? demande un vitrier.

— Un grand esprit. Un philosophe.

La conversation diverge sur l'importance du bon usage de la raison, jusqu'à ce que Fleuridor monte sur un banc et apostrophe l'assistance :

— Mes amis, revenons à notre premier débat. Comme vous le savez, Armande m'était promise et je suis très malheureux de ce mariage. Aussi suis-je mal placé pour approuver un charivari, car mes raisons sont trop personnelles. Donc c'est à vous de décider si un mariage si déséquilibré mérite une punition. Cela me sera dou-

Un charivari violent

loureux de faire de la peine à Armande, mais d'un autre côté, il y a des usages à respecter dans la société.

— Un charivari ! Un charivari ! demandent en chœur et en riant les clients.

Dans cette perspective amusante, chacun propose ses talents. Instruments de musique, animaux bruyants, bombardements d'ordures.

— J'irai discuter avec le comte, dit un coutelier, pour qu'il nous donne de l'argent. S'il est généreux, nous nous contenterons d'un bref attroupement.

Quand les clients sont repartis, Pierrot demande à son neveu avec un ton de reproche :

— Pourquoi as-tu organisé cela ?
— Quoi, cela ?
— Tu le sais bien. Pour le mariage d'Armande.
— Cela m'est venu à l'esprit quand ils en ont parlé.

Étonné lui-même de sa réaction, il bredouille :

— Il faut bien de temps en temps punir, sinon tout ira à... à... Et puis cela fera un exemple... Enfin... Je suis comme ça... ce n'est pas une lubie, c'est une nécessité... enfin...

— Enfin, dit Pierrette en lui tendant un broc, va chercher de l'eau à la fontaine.

Et lorsque le neveu a disparu, elle précise le fond de sa pensée :

— Je ne comprends pas sa façon de décider de tout, au hasard. Il aurait pu tout aussi bien refuser le charivari.

— Il est malheureux.

— Cela ne l'empêchera pas d'être content de gâcher les épousailles de la petite. Une gentille fille qui croit bien faire pour sa famille et pour l'atelier.

— Peut-être, mais elle est cruelle avec notre Fleuridor.

*
* *

La veille du mariage, dame Batifort loue une baignoire de bois au tonnelier. Avec l'aide de sa fille, elle la remplit d'eau chaude, puis hésite à l'utiliser. C'est la première fois qu'elle se laverait des pieds à la tête.

— J'ai peur que ce bain soit dangereux pour ma gorge. On dit que la peau lavée est plus sensible aux maladies. Commence, toi.

Armande, au contraire, trouve l'expérience fort plaisante. Elle sent son corps se détendre et des frissons de plaisir la parcourir de la pointe des pieds à la racine des cheveux.

— J'espère que le comte en possède une, dit-elle. Je prendrai un bain toutes les semaines. Que fait le roi ? Se baigne-t-il souvent ?

Mme Batifort ne désarme pas.

— Je ne m'habitue pas à l'idée que tu seras comtesse. Je me demande vraiment ce qui pousse le comte à t'épouser.

— Arrêtez avec vos questions ! s'exclame Armande. Tu parles comme Fleuridor ! Je suis jolie, jeune et point sotte ! Le comte considère que, par mon charme, je l'aiderai à la Cour. Une femme, dit-il, est très utile à son mari dans la bonne société.

— Peut-être, dit la mère.

Un charivari violent

Armande s'énerve :
— Tu as accepté ce mariage. Je ne comprends pas tes soudaines réticences.
— Je suis très contente pour toi. Simplement, parfois, je m'interroge.
— Tu as toujours eu l'art de te compliquer la vie. Pense que je serai comtesse, que j'irai au bal du roi, que je me promènerai en carrosse sur le Cours-la-Reine et me ferai de beaux habits dont les dames nobles seront jalouses. Je deviendrai une célébrité.
— On verra, ma fille, on verra.
— Après un bain je crois qu'à la Cour on se parfume. J'irai acheter de l'iris de Florence.
— Je sais juste que tous ces nobles ne se lavent presque jamais. L'autre jour, au jardin des Tuileries, j'en ai remarqué qui avaient les ongles noirs comme le fond d'une mare. Sans compter les taches sur leurs vêtements.

Armande écoute distraitement sa mère et, en s'ébrouant dans son bain, sourit, confiante.

*
* *

La nuit est longue avant le mariage qui a lieu au lever du jour. Dans une robe rouge légèrement décolletée et un tablier blanc, les yeux brillants d'excitation, Armande arpente l'atelier en attendant l'arrivée du carrosse. Sa mère arbore un chapeau rose, et ses doigts font et défont nerveusement le nœud de son foulard de soie. Elle soupire :
— Quel dommage que Timoléon ne soit pas là ! Il aurait été si content !

Par la porte ouverte, un garçon d'une dizaine d'années tend à la future mariée un petit papier plié en deux et s'enfuit aussitôt. Armande l'ouvre et lit : « Il a refusé de payer. Fleuridor. »

— Qu'est-ce que c'est ? demande la mère.
— Des vœux de bonheur.
— De qui ?
— Je ne sais pas.
— Montre-moi.
— Ce n'est pas la peine, dit Armande en déchirant le papier.

Aussitôt, la mère prend la mouche.

— J'ai compris. Maintenant je n'ai plus aucun pouvoir. Dès qu'on se marie, on jette sa mère comme un vieux chiffon, on la secoue comme la poussière de son manteau. Sache que tu n'as rien à craindre de ta mère. Elle t'a toujours entourée d'un dévouement absolu. Si tu souhaites qu'elle soit muette comme un pot de fleurs, elle se comportera en pot de fleurs.

— Maman, je t'en prie, tais-toi, dit Armande, préoccupée par le message du billet.

Que prépare Fleuridor ? Elle doit bien s'attendre à ce qu'il manifeste encore sa jalousie. Mais comment ?

*
* *

Averti par le Rimailleur de la date du mariage, Timoléon, curieux de connaître l'époux de sa sœur, sort de la cour des miracles déguisé en bohémienne, le visage noirci avec du charbon de bois, les yeux entourés de poussière verte et les cheveux tressés en petites nattes. Une longue jupe sombre tombe jusqu'à ses pieds, un morceau de rideau lui sert de châle et couvre ses épaules.

À l'entrée de l'église Saint-Louis, il aperçoit le comte. Entouré par ses deux témoins, il est fort élégant dans son pourpoint en beau drap de Hollande, sa cravate et ses poignets agrémentés d'un grand flot de dentelles, les joues bien poudrées, un chapeau à plume parme à la main. Le cœur de Timoléon tressaille. Il a déjà vu cet homme, mais où ? Impossible d'oublier le regard dur derrière les lunettes d'acier et la bizarrerie du sourire qui semble se moquer de son interlocuteur. Il se souvient que son propriétaire mettait et enlevait sans cesse ses lunettes. Un client sans doute, chez maître Gauthier, mais pas un habitué. L'homme lui laisse, sans qu'il sache pourquoi, un déplaisant souvenir.

Bientôt, quelques voisins venus entourer la fille Batifort se massent face à l'église en commentant sa bonne fortune :

— Dire qu'on l'a vue toute petite !

— Elle se marie bien jeune !

— Le roi a demandé qu'on n'attende plus d'avoir vingt ou vingt-cinq ans pour épouser. Il y a eu trop de morts en France l'année dernière et il faut vite faire des enfants.

On s'étonne du sort particulier de la famille Batifort : le père tué un jour de paix, le fils au pilori et la fille comtesse ! Ce comte doit être bien riche pour la prendre sans dot.

Bientôt arrive le carrosse aux roues vermillon, tiré par deux chevaux joliment harnachés. Le véhicule est à la dernière mode, avec vitres aux fenêtres et petites roues de devant qui permettent de tourner commodément dans les rues étroites de Paris. L'intérieur est doublé de velours rouge à ramages. Les laquais ont des pourpoints écarlates. À côté d'Armande se tient maître Gauthier. Le barbier-chirurgien a accepté de remplacer le père mort et le frère disparu pour conduire la mariée à l'autel.

Futurs mariés et amis pénètrent dans l'église dont on entend le son de l'orgue. Timoléon remarque deux gardes en patrouille qui s'approchent de lui, agressifs. Par prudence, pour éviter un interrogatoire, il disparaît dans la rue déjà encombrée par les charrettes des marchands et rejoint la rue Saint-Sauveur.

Pendant la cérémonie, devant le portail de l'église, arrivent une douzaine de jeunes gens portant des masques et des instruments de musique. Le son de la trompette éclate, bientôt accompagné par les timbres gracieux des cloches, et les bruits discordants des tambours, pincettes, chaudrons, cris d'animaux et violons grinçants. Deux jeunes déversent sur la chaussée une marmite de pourritures humides et graisseuses.

À la fin de la messe, vraisemblablement abrégée par le chahut ambiant, les portes s'ouvrent, l'organiste termine héroïquement son final, et le couple sort sur le

Un charivari violent

parvis. Armande est blanche comme la farine, le comte arbore un air furibond. Les chahuteurs, avec empressement, écartent les laquais en livrée pour ouvrir eux-mêmes les portes du carrosse puis poussent brutalement à l'intérieur les nouveaux époux. Les chevaux, rendus nerveux par le vacarme, bondissent au premier coup de fouet. Mais très vite, ils patinent sur la chaussée recouverte par le liquide visqueux.

— Prenez un autre chemin, ordonne le comte au cocher.

En tirant les chevaux par la bride, le cocher et un laquais les conduisent jusqu'à la première rue à gauche. Malheureusement, un peu plus loin, le passage est bloqué par de gros sacs de cailloux et un cochon mort. Deux hommes du guet tentent de dégager la voie, lorsqu'une dizaine de chahuteurs, profitant de l'immobilité du carrosse, détachent les chevaux et enlèvent les roues de devant. Le véhicule bascule, les mariés sont projetés tête la première. Le sieur de Maronville se redresse avec dignité, s'extirpe du véhicule, saisit un des chevaux, saute à cru et crie à sa femme :

— Prenez un fiacre et rentrez à l'hôtel. Dites au conducteur de venir demain toucher l'argent de la course.

Fleuridor, dissimulé sous un masque de hibou, murmure d'une voix douce à la jolie mariée :

— Il t'abandonne. Je t'accompagne.

— Je ne te pardonnerai jamais.

Fleuridor prend doucement le bras de son ancienne promise. Elle se dégage violemment.

— Ne me touche pas. Tu m'as rendue ridicule.

— Pas du tout. Les gens se seront bien amusés au contraire et garderont un bon souvenir de ton mariage. Ils aiment tellement le malheur des gens heureux, cela les console de leurs tracas. Une vie noble et riche mérite des sacrifices. D'ailleurs je te l'ai annoncé : un jour, tu seras désespérée.

— Va-t'en !

La mariée, dans sa robe rouge déchirée, court à la recherche d'un fiacre.

— Qu'on enferme cette folle ! crie un cavalier dont la monture se cabre pour éviter Armande.

La jeune mariée trouve enfin une vinaigrette libre, petite chaise sur deux roues, tirée par un homme, poussée par un autre. Le véhicule est lent et laisse à Armande le temps de réfléchir.

Sa colère se déchaîne contre Fleuridor. Comment a-t-il osé bafouer une cérémonie religieuse ? Qu'espérait-il ? Qu'à la première cacophonie, elle s'échapperait de l'église et tomberait dans ses bras en disant : « Je renonce à la noblesse par amour pour toi » ? Elle méconnaissait son ancien promis, le croyait incapable de tant de méchanceté et de bêtise conjuguées. Heureusement qu'elle ne l'a pas épousé. Quant à son mari qui l'abandonne en plein désastre pour sauver sa fierté, il s'est révélé affreusement égoïste. Le vieil homme attendri et protecteur s'est mué en un ambitieux qui poursuivra toujours ses intérêts. Elle ne se laissera pas anéantir. Elle ne renoncera à aucun de ses projets : exiger que son mari aide Timoléon et réussir à la Cour. Le salut de son frère et la célébrité, fût-elle modeste, valent bien quelques avanies. D'ailleurs, il est inutile de ressasser le passé. Seul compte l'avenir.

Son mari, qui l'attend sur le perron de l'hôtel, traverse la cour et l'accueille d'un ton humoristique.

— Je suppose que ce charivari est organisé par vos amoureux déçus. Ils ont de détestables manières. Votre robe a subi des dommages, mais moins que moi. Vos soupirants me coûtent un carrosse.

— Ils se sont vengés de votre avarice. Ils vous ont demandé de l'argent pour faire un discret charivari et vous avez refusé.

Le comte, avec un petit ricanement sec, rétorque :

— Je ne traite jamais avec la canaille.

— Sans songer à l'humiliation de votre femme !

— N'exagérez rien. Vous êtes habituée à ces mœurs populaires. Dorénavant vous cesserez de fréquenter ces misérables.

Surpris de voir les yeux verts et joyeux de son épouse s'assombrir comme un ciel d'orage, il devient plus aimable.

— J'espère que l'hôtel vous plaira.

Et il lui prend le bras pour la conduire à l'intérieur où huit serviteurs, debout, attendent l'arrivée de la comtesse.

— Paulinette sera votre femme de chambre. À ses côtés se tiennent mon valet de chambre Paul, le portier, le cuisinier, deux laquais et deux valets. Le personnel est suffisant car je ne reçois jamais. Paulinette vous fera visiter votre appartement. Je vous retrouverai pour le dîner.

L'or blanc de Louis XIV

Et il ajoute, ironique :
— J'espère que vous trouverez cette maison digne de vous.

Le ressentiment d'Armande devant la conduite de son époux s'évanouit lorsqu'elle visite sa nouvelle demeure. Un bel escalier de pierre blanche, sous un plafond peint, conduit au premier étage qui s'ouvre sur la chambre de parade. Un éblouissement. Tout n'est qu'or, peintures, moulures, sculptures, angelots, guirlandes, têtes de bélier, pattes de lion sous un plafond de poutres peintes. Pas un espace qui n'ait été décoré par un artiste. Par une des trois fenêtres restée ouverte, monte du jardin une odeur d'orangers. Dans la chambre à coucher, à la décoration plus florale, les poutres sont ornées de ravissantes roses en farandole. Paulinette entre dans l'alcôve où trône le lit à colonnes. Elle ouvre les rideaux qui, la nuit, protègent du froid. Ils sont en drap bleu céleste doublé de taffetas blanc et recouverts de volants de damas garnis de crépines d'or. La courtepointe bleue est en satin de Chine.

Maintenant je me sens vraiment comtesse, se dit Armande en découvrant son petit boudoir[1].

Cependant, elle ne doit pas manifester ouvertement son enchantement comme une modeste ouvrière. Dorénavant, elle se conduira en comtesse, et le comte, son

---

1. Dans les appartements de cette époque, il n'existe ni couloir, ni salon, ni salle à manger, ni salle de bains. Le cabinet de bains, à Versailles, a été rarement utilisé. On reçoit dans la chambre.

Un charivari violent

mari, ne la traitera plus avec un mépris si mal dissimulé. Jamais plus elle ne se laissera humilier comme aujourd'hui. Elle se plaindra du boudoir, dont les tissus sont identiques à ceux de l'alcôve, ce qui respire l'ennui. Elle fera retapisser les sièges. S'il veut la guerre, il l'aura, se dit-elle.

5
TRAVAIL AU NOIR

Timoléon ne supporte plus de rester enfermé dans la cour Saint-Sauveur dont il n'ose franchir le périmètre par crainte d'encourir les rigueurs de la loi. Tous les matins, il voit les voleurs, les épileptiques, les déserteurs partir en longue file à l'assaut des habitants de la capitale. Chez les estropiés, chacun prépare sa malformation : un bandeau sur l'œil, un emplâtre au bras, des taches rouges ou noires sur le visage, des cannes et des béquilles. Il ne reste plus à *Mon rêve* qu'un garçon béat qui se fait épouiller entre les genoux de sa mère et un vieil homme qui ne peut plus marcher. Au début, le barbier-chirurgien a tenté de soigner bébés et enfants, mourants et impotents, mais la totale absence d'herbes médicinales, de crèmes, d'hygiène, de bonne nourriture a rendu ses efforts vains.

— Je n'en peux plus ! s'exclame-t-il un soir. J'ai la tête qui bout comme un chaudron surchauffé.

— Eh bien, va-t'en, répond Gaston, jaloux du séduisant barbier. Tu n'as qu'à rejoindre l'armée, personne ne te posera de questions. D'ailleurs, nous en avons assez de te nourrir. Pendant qu'on mendie, assis entre les crottes et la poussière, tu te reposes paisiblement.

Se sentant insulté, Timoléon bondit mais la Marquise le retient par la culotte.

— Assieds-toi ! Tu deviens trop irritable.

— Il a peur de sortir d'ici et de se faire repérer, explique Gaston. C'est un lâche.

Le Rimailleur intervient sévèrement :

— Ça suffit, Gaston.

Et se tournant vers Timoléon :

— Maintenant plus personne ne parle de toi et de ton exposition au pilori. Tu peux chercher du travail et enquêter discrètement sur ton accusateur.

— Sois prudent, car la justice, elle, ne t'a certainement pas oublié, ajoute la Marquise.

L'exaspération continue à tambouriner dans l'esprit du barbier.

— Quand je découvrirai la fripouille qui m'a dénoncé, je lui écraserai la cervelle avec mes doigts et...

— On sait tout ça, interrompt le Rimailleur pour le calmer. Un jour, tu retrouveras ton honneur. Demain, il te faudra une perruque, des fards et une nouvelle chemise pour chercher du travail.

— Je m'en occupe, dit la Marquise, convaincue qu'il est temps que le chérubin prenne l'air de la ville.

Le soir suivant, dans ses vieilles chaussures rouges, un voile sur la tête et une jupe à carreaux de couleur balayant les ordures qui jonchent le sol, la Marquise revient en titubant.

— Ah, que je suis fatiguée ! J'ai eu bien du mal à te trouver une perruque, mon garçon. J'ai traîné près du palais du Louvre, dans l'espoir de dénicher une chevelure abandonnée, mais les nobles partis avec le roi ont tout emporté, et les serviteurs se contentent de leurs cheveux. Ils seraient ruinés s'ils achetaient ceux des autres.

Elle se laisse tomber lourdement sur une peau de renard.

— Alors j'ai été chez un perruquier pour lui dire la bonne aventure. Je lui ai annoncé que la semaine prochaine le feu prendrait dans sa boutique s'il ne se débarrassait pas de ses vieilles perruques. Et il m'a donné celle-là.

Elle montre à Timoléon des cheveux à la couleur incertaine, tirant sur le roux, fort raides, et descendant jusqu'au cou.

Le petit garçon aux poux les lui enfonce sur la tête en rigolant :

— Tu ressembles à un comédien qui fait l'imbécile.

— Il faudra te raser le crâne. Tes boucles dépassent de tous les côtés, remarque la Marquise.

À l'idée de perdre ses cheveux, dernier vestige de son identité, fierté de sa personne, reste encore visible de son ancienne séduction, Timoléon fait la grimace. Après avoir perdu son travail, son honneur et sa liberté, l'abandon de sa chevelure lui paraît un sacrifice insupportable.

— Tu ne me raseras pas complètement. Tu les couperas seulement très court[1], demande-t-il.

---

1. Ce fut aussi la demande de Louis XIV quand il commença à porter perruque.

— Je ferai au mieux. Avec un peu de poudre, trois dents noires et un gros bouton sur la joue, tu seras méconnaissable.

— J'emporterai tes boucles de cheveux, dit Gaston, et les revendrai chez un perruquier.

Que ce garçon qui le déteste profite de sa chevelure rend furieux Timoléon. La Marquise, prévoyant une nouvelle querelle, s'empresse de dire :

— C'est moi qui irai les vendre. Malheureusement les cheveux châtains valent moins cher que les blonds et les blancs. Enfin, je ferai monter le prix en disant qu'ils viennent de France et pas du bout du monde. Et qu'ils appartenaient à un être vivant, pas à un mort.

Elle se relève péniblement et entre dans leur taudis.

— Ah, que je suis fatiguée, murmure-t-elle pour elle-même, en s'allongeant sur son grabat.

Timoléon contemple ce visage aux émouvants restes de beauté. Dire que, depuis des années, cette femme intelligente et courageuse vit dans la pitoyable cour des miracles sans arriver à en sortir. Cette pensée lui fait froid dans le dos. Il ne faut pas traîner longtemps chez les compagnons de la misère, sinon la misère ne vous lâche plus. Dès demain, il ira chercher du travail.

Aux premières lueurs du jour, les dents noircies, un gros bouton fait de salive, de poussière et de sang collé sur la joue gauche, la barbe non taillée, le tout surmonté de la perruque rousse et d'un chapeau délavé, Timoléon se dirige vers la ville. Se retrouver dans les rues familières, au milieu des Parisiens et des chevaux, l'emplit de joie. Renouer avec Paris lui donne l'impression de vivre comme avant, entouré de la bienveillance que les habitants portent aux barbiers-chirurgiens. D'église en église, les cloches se répondent tandis que, d'un pas allègre, il rejoint l'Hôtel de Ville. Ce bâtiment, où siège le prévôt des marchands[1], présente sept fenêtres au premier étage, surplombées par de hauts pignons d'ardoise, qu'égaient un campanile avec horloge et deux pavillons d'angle. Devant s'étend la place de Grève, au sol sablonneux, qui descend doucement vers la Seine. Des magistrats vont et viennent, un pendu se balance au gibet, des charrettes remplies de céréales, en provenance du port au blé tout proche, avancent lentement.

Une vingtaine d'hommes de tous âges, reconnaissables à leurs vêtements élimés et à leurs chaussures éculées et rafistolées, l'orbite des yeux creusée par la faim ou la fatigue, attendent de trouver un travail. En les dévisageant, Timoléon blêmit. Dans son accoutrement, il ressemble maintenant à ces individus pitoyables et se présente aux yeux de tous comme un vagabond, une épave de la société. Ceux qui le croisent ne voient plus un beau jeune homme dans l'éclat de ses vingt ans, mais un visage très laid et des habits de misère. Pour les autres, Timoléon n'est plus ce qu'il était : une âme fière, voire ombrageuse mais bienveillante envers son prochain. Dans la cour des miracles, clandestin comme les autres, il n'a pas à subir de mépris, seulement la

---

1. Le prévôt des marchands, élu pour deux ans, gère l'administration royale.

violence larvée de cet entassement d'exclus. Mais, place de Grève, hommes de robe, marchands, femmes et demoiselles courant vers leur labeur lui jettent un regard dédaigneux, parfois même dégoûté, qui le repousse hors de la société des citadins ordinaires.

D'ailleurs, lorsqu'il s'approche des miséreux, ceux-ci le reconnaissent aussitôt comme un des leurs, un rival car tous ne seront pas choisis.

Le recruteur arrive enfin. Il descend d'un de ces carrosses à cinq sous qui desservent depuis peu certaines rues de Paris[1]. L'homme lit aussitôt un papier :

— On a besoin de trois livreurs de tonneaux à charger dans le port de la halle aux vins.

Un petit maigre aux joues creuses bouscule tout le monde et s'écrie :

— C'est pour moi !

Le recruteur le toise des pieds à la tête.

— Non, tu ne feras pas l'affaire. Tu es trop malingre.

— Je suis très fort, insiste l'adolescent.

Autour du malheureux, les autres malheureux rigolent.

— C'est plutôt le tonneau qui le porterait ! se moque l'un.

Le petit maigre retrousse ses manches et exhibe ses muscles.

— Tu veux te battre ? demande-t-il à l'insolent.

Le recruteur crie :

— Silence ! Vous vous battrez plus tard. Puisqu'il y tient, je l'embauche.

---

1. Les lignes de transport public ont été inspirées par Blaise Pascal. Elles n'ont duré que quelques années.

Timoléon ne veut pas s'éloigner du centre de Paris et laisse deux autres journaliers se présenter à leur tour avec succès. Le recruteur fait une deuxième proposition :

— Pour paver le quai sur la rive gauche près du Pont-Neuf, on a besoin d'un homme pour décharger les pierres en provenance de Fontainebleau. Elles arrivent par le fleuve.

Il jette un coup d'œil perçant sur les demandeurs et choisit Timoléon.

— Toi, tu es en bonne santé, ça ira.

Et se tournant vers les autres :

— C'est tout pour aujourd'hui. Vous pouvez partir.

Les hommes hésitent à s'en aller, espérant encore une offre de dernier moment. Le recruteur les chasse d'un geste de la main et précise aux quatre journaliers choisis :

— Vous recevrez huit sous par jour.

Timoléon, déjà ulcéré d'être choisi comme un animal sur un marché, explose d'indignation.

— Huit sous, c'est se moquer ! Le salaire à Paris est d'au moins quinze sous par jour !

Le recruteur ne se laisse pas impressionner.

— Pour un manœuvre, c'est seulement huit, dit-il sèchement.

— Cela vous est trop facile de profiter de la détresse des gens, rétorque immédiatement l'ancien apprenti barbier-chirurgien.

— Si tu n'es pas content, tu peux t'en aller tout de suite, répond le recruteur. Il y en a d'autres qui attendent.

Travail au noir

Et comme Timoléon continue à lui jeter des regards indignés, il ajoute :

— Tu peux aussi te plaindre à l'Hôtel de Ville, là, à côté. On te demandera d'où tu viens et pourquoi tu traînes dans Paris.

Brusquement rappelé à sa situation, Timoléon fait de la main un signe d'apaisement. Pourtant le tarif de la paie lui gonfle le cœur de colère. Même en province, songe-t-il, on est payé douze sous la journée. Mais ses compagnons de misère, paysans sans travail réfugiés à Paris dans l'espoir de survivre, sont prêts à tout accepter.

— En cette saison, le travail commence à 6 heures, précise le recruteur, et se termine à la fin du jour. Vous avez une demi-heure pour déjeuner, une heure de 11 heures à midi pour le dîner, et une demi-heure l'après-midi pour la collation.

Les horaires sont ceux de tout le monde et Timoléon les connaît déjà.

Heureusement, l'accueil des paveurs qui dallent le quai, de l'autre côté du Pont-Neuf, est plus chaleureux. Les compagnons le saluent d'une chanson :

> *Sitôt qu'un camarade vient travailler ici,*
> *Il doit payer rasade à ses nouveaux amis.*
> *Sinon ce sera un rat, un rat, un rapiapia*
> *Un rat, rapiapia.*

*
* *

L'or blanc de Louis XIV

Après quinze jours passés à décharger des pierres, Timoléon se joint à la ferveur populaire.

Le roi et la nouvelle reine se rapprochent de la capitale et les Parisiens leur préparent une entrée triomphale. Pour profiter d'un événement aussi exceptionnel[1], des centaines d'étrangers et de provinciaux envahissent la ville. Comme leurs visages inconnus rendent impossible le travail de la police, Timoléon, sous sa perruque rousse, ne risque pas d'être repéré. Profitant de cette liberté, l'ancien apprenti barbier-chirurgien se mêle aux artisans chargés de l'accueil du couple royal. De l'entrée dans Paris jusqu'au palais du Louvre, le parcours doit être décoré d'œuvres éphémères. Depuis la porte Saint-Antoine se succèdent une quantité d'arcs de triomphe, des plus somptueux jusqu'aux plus modestes. Qu'ils soient en bois, en toiles peintes ou qu'ils imitent la pierre, ils glorifient Louis XIV et son épouse Marie-Thérèse d'Autriche. Pour évoquer leur magnificence, on fait appel à des personnages légendaires : Apollon, Jupiter, Minerve, Vénus, les Muses prennent les traits du couple royal. Quant aux splendeurs de l'univers, le Soleil, la Lune, les étoiles, elles manifestent la toute-puissance et la séduction de Leurs Majestés. Timoléon travaille pour quelques sous à l'arc décoré par Charles Lebrun. Il aide à monter les cadres, à porter les pots de peinture, à déplacer les escabeaux pour édifier la construction la plus monumentale : dans une nature luxuriante où foisonnent arbres et fleurs, sont repré-

---

1. Il n'y eut plus d'entrée royale à Paris après celle de Louis XIV.

sentés les principaux héros et héroïnes d'Égypte, de Grèce, de Rome et d'Italie, modèles des Élus de Dieu. D'autres constructions, d'inspiration plus chrétienne, représentent des allégories de la Fidélité, de la Concorde, de la Constance, de la Paix.

Plus la date du 26 août se rapproche, plus les visiteurs de l'Europe entière s'entassent dans les chambres, les greniers, les remises et même les écuries où ils déposent leurs sacs et leurs couvertures. Les plus démunis trouvent refuge dans des barques sur les bords de Seine ou derrière les murets de pierre des bois de Vincennes et de Boulogne.

Le grand jour arrive enfin. Dans la nuit du 25 au 26 août, avant que s'installe le cordon de gardes et de soldats de chaque côté de la chaussée, Timoléon et Fleuridor grimpent sur le mur qui longe le fossé de la Bastille, un des meilleurs points de vue sur le cortège. Ils hissent le Rimailleur et la Marquise qui peinent à les rejoindre. À leurs pieds, le long du parcours, les badauds s'amassent peu à peu devant la porte des ateliers et les portes cochères. Les plus jeunes sautent par-dessus les clôtures des jardins et des couvents pour grimper dans les arbres. À l'aube, balcons et fenêtres sont pris d'assaut par ceux qui ont retenu ou payé leur place à l'avance.

La cérémonie se déroule en deux temps : le matin, les délégations de la ville vont accueillir le roi à l'extérieur des murs et l'assurer de leur soumission. Aux premières lueurs du jour, donc, commence le défilé des grandes institutions du pays : pendant des heures, dans leur tenue d'apparat, les représentants de l'Église, de l'Hôtel de Ville, de l'Université, du Châtelet, du Parlement, de la faculté de médecine, des six corps des marchands et des tailleurs franchissent la porte Saint-Antoine et empruntent le faubourg jusqu'à la place ronde[1]. Une estrade est installée à dix-huit marches de hauteur, sur laquelle est dressé un trône de brocart d'or. Là se tient le couple royal devant lequel s'agenouillent les principaux officiels de la ville. Les uns après les autres, ils prononcent leurs discours de déférence et d'obéissance. Enfin, le prévôt des marchands, pour clore ces hommages, remet solennellement à Louis XIV les clés de Paris et le sceau de l'État.

La cérémonie du matin se termine par des lâchers de colombes, nuages blancs qui virevoltent de toit en toit, de cheminée en cheminée. Pendant ce temps, le peuple dîne. On s'agite, on crie en direction des porteurs d'eau et des vendeurs itinérants de pains, de pâtés et de fruits. Fleuridor fait circuler l'eau-de-vie autour de lui.

— J'ai besoin de bouger, s'exclame Timoléon.

— Si tu t'en vas, tu ne retrouveras plus ta place.

— Alors je vais pisser dans le fossé.

L'exemple est vite suivi et les femmes n'hésitent pas à montrer leur derrière blanc aux gardes et aux soldats qui suivent le déroulement de la fête du haut des huit tours de la Bastille.

— Il me tarde de voir le roi, s'impatiente la Marquise. Je l'ai aperçu avec son frère, sur le Cours-la-Reine, quand il avait dix ans. Il était timide et lent,

---

1. La place fut appelée pour cette raison place du Trône. Elle s'appelle de nos jours place de la Nation.

pas bien débrouillé on peut dire, et ses camarades se moquaient de lui. On racontait que son précepteur, quand il travaillait mal, lui faisait recopier cinquante fois : « L'hommage est dû aux rois, ils font ce qui leur plaît. » Dire que maintenant Dieu a fait de lui notre souverain...

— Moi, je l'ai rencontré à cheval, avec une nièce du Cardinal, Marie Mancini. Ils s'aimaient d'un grand amour, ajoute le Rimailleur. Mazarin les a séparés.

Quand le Cardinal s'en mêle,
C'est une averse de grêle,
Pour tous ceux qui sont frêles...

Les rimes sont violemment interrompues par les canons de la forteresse qui annoncent l'arrivée du roi dans Paris. S'avancent, en premier lieu, les soixante-douze mules, toutes splendidement harnachées, qui tirent la litière du cardinal Mazarin.

— Sa litière est vide ! s'exclame Fleuridor. Le vieux rusé a dû se cacher sur un balcon.

Sous les applaudissements, suivent, magnifiquement vêtus, les pages, les gouverneurs, les mousquetaires, les Cent-Suisses, les hérauts d'armes et autres grands serviteurs qui rivalisent de couleurs, de plumes et d'or. Puis, dans un silence impressionnant, seul, sur un cheval couvert de pierreries, Louis XIV entre dans sa capitale. Le roi de France est vêtu de soie rouge et argent, coiffé d'un chapeau aux plumes frémissantes. Il est jeune, beau, fier, heureux. « Vive le roi ! Vive Louis le Quatorzième ! Que Dieu Le protège et Le garde longtemps sur le trône ! » Les larmes montent aux yeux des femmes, le désir de servir gagne le cœur des hommes. Louis est le roi de la paix, après de trop longues guerres, le roi de la concorde après les violences de la Fronde, celui qui instaurera un règne de gloire et de bonheur pour tous.

À quoi ressemble la reine d'un si prestigieux monarque ? Huit chevaux tirent sa calèche. Elle disparaît presque sous les diamants, perles et ors qui l'habillent. Ses yeux sont bleus, ses cheveux blonds, sa silhouette est un peu épaisse et elle paraît douce.

— Elle a l'air très timide, déclare le Rimailleur.

— Évidemment, dit une voisine en haussant les épaules. Toute son enfance, elle n'a appris que les préceptes de la religion. Elle est certainement abasourdie par cette foule !

— Dommage que son teint ait la couleur des olives, ajoute une autre.

Fleuridor donne un coup de coude à Timoléon.

— Regarde ta sœur, sur son balcon.

— Où ?

— Dans la maison qui fait l'angle, en face, au premier étage. Elle est belle dans cette robe !

— Oui, oui, elle est belle, répond distraitement le jeune homme, préoccupé par l'attitude du couple.

Car le mari et la femme se parlent d'un air furieux. Le comte lève, par saccades, une main vindicative, Armande se ramasse sur elle-même pour se défendre et répondre.

— Ils se disputent, remarque Fleuridor. Je la connais

par cœur. Elle fait le gros dos du chat en colère. Ils se disputent à cause de toi.
— De moi ? s'étonne Timoléon. Comment le sais-tu ?
— Je le sais d'instinct. Elle doit lui demander de t'innocenter, et lui... Je ne sais pas ce qu'il veut, le voleur de jeune fille, le détestable Maronville. Mais il veut quelque chose. Peut-être te sauver, si cela le gêne d'avoir un beau-frère galérien. Peut-être le contraire.
Timoléon réfléchit un instant.
— J'ai besoin de discuter avec ma sœur. Fais-lui savoir que je l'attendrai place Royale[1], le deuxième dimanche de septembre après les vêpres.

---

1. La place Royale fut commencée sous Henri IV et terminée sous Louis XIII. Elle se nomme de nos jours place des Vosges.

6
DÉCEPTIONS

Le cœur de Paris bat plus vite depuis le retour du roi. Cavaliers et cavalières sur leurs chevaux splendides parcourent les rues, suivent Sa Majesté à la chasse, en promenade, au théâtre et au bal. De nombreux curieux viennent prendre l'air de la Cour, guetter le passage d'un prince ou d'une princesse, saisir des bribes de conversations supposées importantes, voler quelques bourses ou bijoux. Des racontars sur la vie du couple royal circulent de bouche en bouche. On dit que la reine parle à peine le français, qu'elle est très pieuse, assiste à la messe tous les jours avec son époux et qu'elle bat des mains quand son mari l'a honorée, la nuit, de son plaisir.

Armande s'intéresse peu à tous ces commérages. Son principal souci concerne la rencontre avec son frère : dans quel état physique et mental le trouvera-t-elle ? Comment l'aider à sortir blanchi de cette accusation injuste ? Son mari pourra-t-il le sauver ? Avec appréhension et impatience, le deuxième dimanche de septembre, vêtue discrètement d'une cape grise et d'un chapeau sombre, elle emprunte le passage qui s'ouvre sous les arcades du

Déceptions

Pavillon royal. Autour du petit jardin où se dresse la statue de Louis XIII en empereur romain, la foule est considérable. Un endroit parfait pour se dissimuler. La place, blanche et rose, est entourée d'arcades qui soutiennent trente-sept pavillons identiques en pierre et brique surmontés de toits d'ardoises bleues.

Sous les voûtes et sur la chaussée, toute une population laborieuse déambule au milieu des robes noires ou rouges des magistrats, des pourpoints élégants des nobles et des riches bourgeois.

Armande, sans cesse bousculée par les promeneurs, marche lentement pour reconnaître les yeux noirs et les jolies boucles châtaines. Soudain, elle entend :

— Armande !

Elle tourne la tête sans apercevoir Timoléon.

— Armande !

— Ah !

Ce qu'elle découvre la laisse sans voix. Son frère, son frère tant aimé, est assis par terre parmi des mendiants, aussi sale qu'eux, le visage amaigri, une lueur provocante et amère dans le regard. En voyant l'expression surprise de sa sœur, il ricane nerveusement.

— Tu ne t'attendais pas à me trouver dans cet état ! Je te dégoûte. Tu voudrais t'en aller.

Armande s'efforce de sourire.

— Tu es vivant. C'est la seule chose qui compte.

— Vivant et... innocent ! Sache-le ! Dis-le à ton mari. Dis-lui qu'il n'a pas à souffrir d'avoir un beau-frère contrebandier.

— Oui, oui, bien sûr, dit Armande, gênée. Le comte

dit seulement qu'il y a eu vol de sel et qu'il faut bien trouver un responsable. Mais certainement pas toi !

Et, en signe d'affection, elle avance sa main gantée pour lui toucher le bras.

— Ton mari travaille bien au Châtelet ? demande Timoléon d'une voix moins acerbe.

— Oui.

— Il peut facilement voir mon dossier.

— Ton dossier est suivi maintenant par un certain Goussard qui demande sans cesse à Ignace — Ignace est mon époux — s'il a de tes nouvelles. Il voudrait t'interroger.

— Pourquoi ? J'ai déjà dit que j'étais innocent. S'ils ne veulent pas me croire, ils ont certainement de bonnes raisons, bien cachées et illégales. Pour le moment, ne parle de moi à personne. Ne dis surtout pas que je suis à Paris et que tu m'as parlé. Mieux vaut que ton mari et ce Goussard me croient mort. Par contre, il y a une chose que je veux savoir : le nom de celui ou de ceux qui m'ont accusé. Ce Goussard les connaît certainement. Essaie de le rencontrer et de l'interroger.

— Où habites-tu ?

— Je ne te le dirai pas. Moins tu en sais, moins tu risques de parler si on t'oblige à le faire. Pense à Goussard.

— Peut-être le verrai-je au Louvre.

Coquette, elle précise :

— Nous irons la semaine prochaine pour un grand bal qu'organise le roi. J'en suis tellement heureuse.

Timoléon, indifférent à ce bonheur, demande brusquement :

— Ton mari, d'où vient-il ?

Déceptions

— De la Saintonge. Toi aussi tu veux savoir d'où il tire sa richesse ? Je ne comprends pas pourquoi tant de gens s'interrogent sur sa fortune. C'est simple : il possède des rentes. Quand on a prêté de l'argent à des nobles, à des marchands, à des financiers, ou même au roi, ces débiteurs vous paient un intérêt, ce sont les rentes. C'est une vieille tradition dans sa famille. Voilà pourquoi le comte est riche. Je ne sais pas grand-chose d'autre car il est très secret.

— Il m'avait fait, sans doute chez maître Gauthier, une fâcheuse impression. Il ne te rend pas malheureuse, au moins ?

— Il est méprisant et égoïste. Mais la vie de comtesse est agréable. Enfin... pas toujours... De te voir dans cet état me fend le cœur. Je peux rassurer notre mère et lui dire que tu es vivant ?

Timoléon se fâche :

— Non ! Je t'ai dit : à personne ! Tu es devenue idiote ! N'as-tu pas compris que je suis recherché par la police ?

Puis il se calme :

— Retrouve-moi dans quinze jours, à la même heure. Pardonne-moi, je ne sais plus qui je suis. Mon cœur ressemble à mon apparence. Sinistre et pitoyable.

Armande sent les larmes lui monter aux yeux.

— Que Dieu te garde ! murmure-t-elle en s'éloignant rapidement.

Elle emprunte l'étroite ruelle du Pas-de-la-Mule pour cacher les sanglots qui se bousculent dans sa gorge. Mon Dieu, qu'a-t-on fait de son frère ? Elle doit absolument venir à son secours.

Le bal au Louvre exige une délicate préparation, car il lui faut plaire. Plaire à Goussard pour qu'il donne les renseignements permettant d'innocenter Timoléon, plaire aux dames de la Cour pour défendre les droits des couturières, plaire au roi, pour tout obtenir à la fois, avec en prime les délices de la faveur. De surcroît, la notoriété lui donnera plus d'autorité face à son époux.

Pleine d'espoir, elle apporte des changements à la toilette traditionnelle. Elle garde, bien sûr, le corset, corps de robe rigide qui serre la poitrine et la taille, mais elle dégage les épaules et laisse la dentelle de chemise dépasser le décolleté. La chemise devient visible sous les manches qui sont courtes et fendues. La jupe de dessous, ou jupon, en taffetas rose, apparaît dans l'échancrure de la robe en velours vert. Le manteau est, plus banalement, brodé de fil d'argent.

En attendant la soirée, elle s'abandonne aux rêveries les plus gratifiantes : Louis arrête sur elle son royal regard, lui tend la main pour l'attirer sur la piste de danse. Tout autour, les femmes de la noblesse papotent entre elles, curieuses de la nouvelle venue, jalouses déjà. Le roi la présente à Marie-Thérèse et à sa mère Anne d'Autriche, qui lui dit :

— Cette tenue originale et élégante convient bien à votre jeune beauté.

Tout sera si merveilleux !

Le soir du bal arrive enfin. Dans le carrosse qui l'emmène au palais, l'excitation fait trembler la jeune femme. Ses rêves deviendront-ils réalité, comme dans les contes de fées ? Elle donnera un écu d'or à la paroisse pour remercier le Ciel en cas de succès. Bien sûr, elle n'a guère de bijoux. Seulement un petit diamant au cou et la bague de son mariage, un beau rubis, mais par rapport aux parures des grandes dames, elle aura l'air d'une pauvresse. Pourvu que sa robe plaise ! Elle a pris un risque en décolletant le buste. Sa mère n'était pas d'accord, mais il faut bien oser pour se faire remarquer. Elle s'est donné tant de mal.

Le comte interrompt le cours de ses pensées.

— Vous vous êtes inondée de parfum ! Vous me ruinez, ma chère.

— Pour le roi, rien n'est trop beau.

— Le roi a tout l'argent qu'il désire. S'il en manque, il en emprunte. Je ne peux faire de même.

— Mais vous avez des rentes !

Le comte émet un petit rire goguenard :

— Je vous en prie, ne commencez pas à réfléchir.

Après un silence tendu, Armande demande :

— Il y aura M. Goussard ?

— Certainement.

— Vous me le présenterez. J'ai des questions à lui poser au sujet de mon frère.

— C'est plutôt lui qui vous en posera. Il me presse de lui donner des nouvelles de Timoléon pour l'interroger. Moi, je suis prêt à aider et à défendre votre frère, mais il faudrait qu'il se montre. Pourquoi se cache-t-il, s'il est innocent ? Je suis certain que vous savez où il se trouve.

Armande pousse un soupir excédé.

— Vous me dites toujours la même chose. Je ne sais rien. D'ailleurs la fumée de votre pipe m'indispose.

Le carrosse s'arrête brusquement. Changeant de ton, le comte s'adresse au cocher :

— Que se passe-t-il ?

— On ne peut plus avancer, monsieur le comte.

Se penchant par la fenêtre, le comte aperçoit un grand embarras de chevaux, de fiacres, de piétons. Les carrosses se pressent portière contre portière.

— Qu'est-ce qui provoque ce rassemblement ?

— Le bal, monsieur le comte, le bal du roi. Et les travaux. On détruit tous les beaux hôtels de la rue d'Autriche pour terminer la cour que Sa Majesté veut carrée. Les quais et la rue Saint-Honoré sont obstrués. Au dernier bal, un cocher a mis six heures pour atteindre le palais. Ses maîtres sont arrivés à 2 heures du matin.

— Il faut dire que le roi laisse entrer n'importe qui au Louvre, se plaint Maronville.

Le cocher lève son fouet et le fait retomber en signe d'impuissance.

— Oh ! Le roi ! Il ne songe qu'à s'amuser ! C'est le vieux cardinal qui décide de tout.

— Allons-y à pied, propose Armande. Ce n'est plus très loin.

— Si vous insistez, soupire son mari. Vous y tenez vraiment ?

— Plus que tout.

— Regardez bien où vous marcherez, conseille le cocher. Il y a partout des pierres et des clous autour du château. Sans compter les crottes.

Déceptions

Au milieu de cris, de hennissements, de cornets acoustiques, le couple se faufile entre les flancs des chevaux, les roues malpropres des véhicules et les porteurs de chaises. Armande avance prudemment pour ne pas salir son manteau.

— Rentrons, dit le comte, exaspéré.
— Non, non, je veux absolument voir le roi.

À l'entrée du Louvre, on fait la queue devant les décrotteurs. Ils sont une quinzaine, assis près des chaises basses avec repose-pieds, sur lesquels s'installent bottes et souliers. L'habileté des décrotteurs est admirable : la lame de fer du décrottoir ôte la boue des semelles, le chiffon enlève ce qui reste, un polissoir étend la cire et une brosse douce nettoie les bas maculés. Ensuite, les invités empruntent le grand escalier de pierre aux voûtes sculptées. Malgré sa largeur, on avance en piétinant et les fourreaux d'épée chatouillent les jambes des femmes. Armande se sent anonyme dans cette foule excitée. Devant, derrière, à côté d'elle, sous des chapeaux emplumés, on se salue, on rit, on a l'air de s'amuser énormément. Alors elle examine l'assistance. Les barbes qui triomphaient au début du siècle ont disparu. Quelques fines moustaches agrémentent encore les visages bien rasés. Certains invités, hommes ou femmes, ont les mains sales et des vêtements à la fois luxueux et couverts de taches. Des bouches proches d'elle émanent souvent des haleines pénibles que n'effacent pas les parfums répandus sur les convives des deux sexes. Elle aimerait participer aux conversations mais elle semble transparente. Les regards la traversent sans la voir et personne ne remarque sa toilette. Maronville salue des robes noires ou rouges avec un rabat blanc, et quelques nobles aux vêtements particulièrement chamarrés. De temps à autre, brièvement, il présente sa femme. Armande, mal à son aise, ne dit mot.

Il ne suffit pas d'être comtesse pour compter à la Cour, songe-t-elle, très dépitée.

Au milieu du grand escalier, elle entend enfin la musique à trois temps du menuet. Le roi n'est plus très loin.

— Avez-vous croisé Goussard ? demande-t-elle à son mari.

— Oui.

— Vous ne me l'avez pas présenté. Je vous l'avais demandé, pourtant, se fâche Armande. Il s'agit de mon frère !

— Je vous répète, une fois encore, répond le comte, excédé, que je m'occupe de son sort. Il est inutile que je vous présente à tout le monde. La plupart sont des bavards ennuyeux. D'ailleurs Goussard est parti très vite, tant la foule l'indispose.

Dans l'escalier, la confusion est à son comble. La cohue est si compacte qu'il devient impossible d'avancer. Les plus fatigués s'asseyent sur les marches en attendant que le flot se remette en branle vers le premier étage. Enfin, Armande atteint la grande salle au plafond de bois où se déroule la fête. Deux cents flambeaux l'illuminent. Au fond, sur une estrade, les luths et les violons de la Musique du roi jouent un air de Lully. Au centre, un espace carré destiné à la danse est entouré par de petites barrières de bois. Tout autour s'agglutinent les invités avides d'apercevoir le roi et ses familiers. Armande, même sur la pointe des pieds, ne voit rien du spectacle. Tout au plus un bouquet de plumes rouges, plus hautes que les autres, qu'elle attribue aussitôt à Sa Majesté. Elle veut le voir. Absolument. Il faut qu'au moins cette soirée lui réserve ce bonheur, qu'elle ne soit pas un échec total. Abandonnant son époux, elle se faufile avec une farouche énergie jusqu'au premier rang. Oui, les plumes rouges parent effectivement la belle coiffure royale. Louis est toujours aussi fier et élégant. Il porte, comme tous les danseurs, un rabat orné de dentelles, un pourpoint court qui laisse voir sa luxueuse chemise, et une rhingrave, sorte de jupe courte, sous laquelle s'évasent des bouquets de dentelles ornant les hauts-de-chausses. L'ensemble ruisselle de rubans et de diamants. Seules, ses chaussures à talons se contentent d'un simple nœud aux ailes de papillon.

Armande veut voir, mais surtout être vue. Le roi la remarquera-t-il seulement ? Hélas, il ne songe qu'à prendre la main de l'une, puis de l'autre danseuse, de telle sorte que les changements de partenaires forment des motifs qui sont de véritables tableaux vivants.

Bousculée, elle retrouve son époux.

— Voilà Colbert, chuchote-t-il, en s'approchant d'un homme de belle taille, en habit noir, aux sourcils épais, au regard impérieux. Un homme de Mazarin.

La foule l'ayant projeté devant lui, le comte s'incline :

— Comte de Maronville.

Colbert plisse ses gros sourcils.

— Maronville... Maronville... je ne me souviens pas... De quelle province venez-vous ?

L'or blanc de Louis XIV

Une nouvelle poussée des invités emporte le comte loin de Colbert. Il saisit alors le bras de sa femme :
— Nous rentrons !
— Comment ça, nous rentrons ? Je veux rester, moi.
— Ne discutez pas, dit-il en lui serrant le bras.
Déçue, fatiguée, Armande retient ses larmes. Tandis qu'elle descend l'escalier, elle entend une voix derrière elle :
— Quelle jolie robe a cette jeune femme ! C'est si original ! Qui est-elle ?
Armande se retourne avec son plus beau sourire et découvre, dans un pourpoint bien fermé sur une chemise au coton élimé... Fleuridor.
De dépit, elle répond :
— On a raison de dire que n'importe qui entre dans ce palais, vous ne trouvez pas ?
Le retour se passe en silence. Armande a le cœur gros. Tout ce succès espéré pour rien ! C'est affreux de se sentir tenue à distance par l'indifférence générale, alors que, autour de soi, les gens se connaissent et se divertissent. Affreux que d'autres femmes dansent avec le roi, des femmes ni plus jeunes, ni plus belles qu'elle.
— Êtes-vous fatiguée, ma chère, pour rester ainsi silencieuse ?
— Un peu. Je regrette surtout de n'avoir pu parler à M. Goussard, dit-elle pour cacher sa véritable déception.
— Je vous le présenterai une prochaine fois.
Tous deux restent côte à côte, muets, presque hostiles, leurs visages dissimulés par l'ombre de la nuit.

*
* *

Déceptions

Les mois qui suivent le retour du roi sont extrêmement froids[1]. La Seine gèle, les bateaux n'apportent plus de marchandises et chacun se replie, les riches dans le confort de leurs demeures chauffées, les pauvres dans leur détresse. Aussi l'arrivée du printemps et du soleil soulage la vie des Parisiens.

Dans la cour des miracles, on fait sécher les vieux vêtements, les sabots et le bois. Des querelles, des amours, des vengeances gelées par l'hiver éclatent en pleurs, en chansons, en combats, en morts violentes ou paisibles, qui n'attendaient que le changement de saison pour advenir.

La première semaine de mars, Timoléon entrevoit la fin de ses malheurs. Le Rimailleur déboule joyeusement en faisant tourner sa canne.

— J'ai une grande nouvelle à vous apprendre !

— Tu nous l'as déjà donnée hier, dit le petit garçon aux cheveux remplis de poux. Mazarin est mort, la Cour est en deuil[2]. Le roi a beaucoup pleuré. Tu as même ajouté que Dieu doit beaucoup aimer Louis XIV pour lui avoir accordé le don des larmes. Tu vois que je t'ai bien écouté.

— Depuis, j'ai rimé :

---

1. Le règne de Louis XIV correspond à la plus grande intensité du « petit âge glaciaire », qui va de la fin du XIVe siècle jusqu'en 1860. Il entraîna des hivers particulièrement rigoureux avec disette et famine. Pendant cette période, les glaciers se sont considérablement étendus. Toutefois, il y eut aussi des étés très secs et très chauds.

2. Mazarin est mort le 9 mars 1661 vers 2 heures du matin.

*Français, que dirons-nous de ce grand personnage ?
Enfin le Cardinal a terminé son sort.
Il a fait la paix, il est mort.
Il ne pouvait pour nous rien faire davantage.*

— Quelle autre nouvelle que la rime ? demande Timoléon gaiement.
— Le Cardinal laisse une fortune aussi considérable que la banque d'Amsterdam. Quel voleur ! Mais voilà la nouvelle la plus inattendue, la plus étonnante que vous puissiez entendre : le roi a décidé de gouverner lui-même.
— Lui-même ?
— À vingt-trois ans !
— En dansant !
— En chassant le cerf !
— Eh bien, oui ! reprend le Rimailleur avec emphase. Il gouvernera. Il dirigera tout, dans tous les domaines. On ne décidera rien, on ne signera rien, sans son accord. Conseil du roi presque tous les matins et de nombreux après-midi, et suppression du poste de Premier ministre.
— Quel plaisir un jeune homme peut-il trouver à s'imposer tant d'efforts et de contraintes ? s'étonne la Marquise.
— Pour la gloire, répond le Rimailleur. Je vous prédis que la gloire sera sa maîtresse.
Tandis qu'on commente l'exigeante maîtresse, Timoléon songe à une rencontre avec Sa Majesté. Si Elle s'occupe de tout, Elle s'occupera aussi de la justice. Nul

doute que le roi, Élu de Dieu, sache distinguer l'innocent du coupable.

— Vive le roi ! s'écrie-t-il, à l'étonnement général.

Et devant l'air surpris de ses amis, il explique :

— Je demanderai au roi d'annuler mon jugement.

Après un moment de silence où chacun réfléchit à cette audacieuse hypothèse, le Rimailleur propose :

— Pour solliciter une faveur du roi, il faut lui écrire un placet.

— Qu'est-ce qu'un placet ?

— C'est une requête écrite, pour demander justice, ou une faveur, selon le bon plaisir de Sa Majesté.

— Comment la rédigerai-je ?

— C'est facile, déclare le Rimailleur, expert en langage.

À Sa Majesté, le roi de France et de Navarre,

Moi, sieur Timoléon Batifort, accusé injustement de contrebande du sel, obligé de se cacher pour ne pas être envoyé aux galères, sollicite du roi que le jugement soit réexaminé pour que son innocence soit enfin démontrée et la justice enfin rendue.

— Il faudra donner une adresse pour la réponse, note la Marquise. Celle de ta mère ?

— Oh, non ! J'aurais à subir un flot de plaintes et de reproches. Je demanderai à Pierrot de réceptionner la réponse. Il n'aime pas se mêler des affaires de l'État, mais je pense qu'il acceptera.

Ce placet engendre une grande espérance. Fleuridor se renseigne sur l'emploi du temps du roi. Louis, après la messe, préside le Conseil d'en haut de 9 heures à 11 heures les mercredi, jeudi et dimanche, le Conseil royal des finances l'après-midi trois fois par semaine, et, surtout, reçoit lui-même les requêtes de ses sujets, les placets, les lundi et vendredi après-midi[1].

Comme il n'est pas envisageable de se présenter avec la vieille perruque rousse, Armande apporte à son frère une ancienne perruque de son époux et des habits convenables.

Un vendredi donc, Timoléon, portant bottes, chapeau et pourpoint, traverse le chantier de la cour Carrée. Au pied du grand escalier, il entre sur la gauche dans une longue salle, au plafond voûté et aux piliers presque adossés aux murs. Là se tiennent les suisses, la garde personnelle du roi. Au fond s'élève la tribune des musiciens, en pierre, soutenue par quatre cariatides, statues de femmes aux cheveux frisés, drapées dans une tunique attachée par un gros nœud sur le ventre. Au-delà, Timoléon accède à l'antichambre du roi où, en file, des solliciteurs attendent leur tour. Des vagues d'espoir et d'inquiétude alternent dans le cœur de l'apprenti barbier-chirurgien. Optimiste, il imagine le roi lisant et relisant son placet, étonné qu'une telle injustice ait pu se produire dans son royaume. Sa Majesté lèverait alors la tête avec un regard confiant, l'assurerait de son regret qu'une telle erreur ait été commise, et s'engagerait à réexaminer son dossier dans les plus brefs délais. Peut-être même lui demanderait-elle des détails concernant

---

1. Cet emploi du temps est celui qui fut mis en place après l'arrestation du surintendant Fouquet, le 5 septembre 1661.

l'affaire. Une fois sa liberté reconquise, Sa Majesté lui proposerait de rendre des services à la Couronne.

Cependant, il n'est pas le seul à déposer un placet. La queue est si importante que le roi pourrait quitter son cabinet avant d'avoir rencontré tous les solliciteurs. Afin de calmer son impatience, Timoléon compte et recompte les quémandeurs qui le précèdent. Par chance, leur affaire doit être facile à régler car la file avance rapidement.

Enfin, un garde lui permet de s'approcher du seuil de la double porte du Grand Cabinet. La pièce le stupéfie par sa richesse : peintures, tapisseries, sculptures couvrent murs et plafond. Louis XIV, assis dans un fauteuil au tissu de brocart, entouré d'hommes de loi, dégage un air de jeunesse et de majesté qui charme. Derrière la table couverte d'un tapis de velours frangé d'or, son regard est à la fois doux, attentif et secret. « Je verrai », répond-il au précédent solliciteur. Puis il se tourne vers Timoléon pour l'engager à s'approcher. Le jeune homme rougit d'émotion, s'incline et dépose son placet. Louis le lit avec soin, puis déclare : « Je verrai. »

Et il confie la demande à un maître des requêtes, debout, tête nue, à ses côtés.

C'est tout ! songe Timoléon, désemparé.

Dans la cour, Fleuridor l'attend.

— Alors ? Qu'a dit Sa Majesté ?

— Sa Majesté verra. Sa Majesté verra au moins une centaine de placets aujourd'hui, et une autre centaine lundi prochain, et la même chose les semaines suivantes. En réalité, Sa Majesté ne verra rien. Elle donnera tous ces papiers à des magistrats indifférents qui les feront circuler de main en main, et le mien arrivera dans celles de Goussard, qui en fera de la purée de papier.

— Qu'est-ce qui te prend ? demande Fleuridor, interloqué.

Timoléon continue de plus en plus fort :

— Il me prend que j'en ai assez d'être un condamné clandestin, que cela fait plusieurs mois que je demeure dans un endroit maudit du Ciel, que je travaille pour un salaire de misère, que je me fais peur quand, par hasard, je me vois dans le reflet d'une vitre, et que tout le monde me traite comme le gueux que je suis devenu.

— Ne crie pas si fort, il y a des gardes partout.

— Je leur expliquerai qu'on a le droit d'être en colère, quand tous les autres droits vous sont enlevés. Tu sais ce qu'est la colère ? C'est une fureur qui rougit les os, la chair, la peau, sans jamais te quitter, sans que tu puisses t'en débarrasser, sauf à te jeter dans la Seine, ce que Dieu ne pardonne pas.

Fleuridor regarde autour de lui avec inquiétude. Mais tous les passants vaquent à leurs tâches ou sont absorbés dans des conversations. Timoléon grimace :

— Ne t'inquiète pas, mon ami. Si les gardes m'emmènent et me pendent en place de Grève, je ne perdrai pas grand-chose. La vie que je mène ne vaut pas la peine d'être vécue.

Fleuridor le prend par le bras et fait de l'humour.

— Tu seras certainement un pendu content. La foule porte aux suppliciés un regard amusé qui leur donne un dernier bonheur. Viens, on va s'asseoir dans cette gargote. Je vais te donner un peu d'eau-de-vie, cela te fera du bien.

Décidé à parler sans cesse pour empêcher son ami de crier, Fleuridor se lance dans le récit d'anecdotes parisiennes.

— Imagine-toi qu'un noble de la rue Pavée refuse de payer ses domestiques et leur demande de se débrouiller en coupant la bourse des passants. N'est-ce pas absolument stupéfiant ?

Devant l'air absent de son ami, le bavard fait une autre tentative.

— Veux-tu savoir où et comment la présidente Aubry, par mépris pour son époux, pisse dans les bouillons qu'elle lui sert ?

Timoléon répond d'une voix sinistre :

— La méchanceté et la bêtise des hommes ne m'amusent plus depuis longtemps. Je les côtoie tous les jours que Dieu fait.

Fleuridor ne se laisse pas désarçonner :

— Tu connais cette jeune fille, Françoise d'Aubigné[1], qui, à quinze ans, a épousé le vieux Scarron, de vingt-six ans son aîné, tordu, contrefait, bancal, rivé à son fauteuil de malade, mais l'esprit pétillant. On appelait sa maison « l'hôtel de l'impécuniosité » car on apportait son repas si on voulait souper. On dit que Françoise a les plus beaux yeux du monde, passionnés et pleins d'esprit, et qu'elle se réjouissait chaque jour de contempler un tableau que son vieux mari avait réussi, non sans mal, à se faire offrir par Poussin,

---

1. La future Mme de Maintenon, épouse secrète de Louis XIV.

Le Ravissement de saint Paul[1]. Après la mort du vieil époux, l'an passé, le tableau fut acheté par le duc de Richelieu. Aussi Mme Scarron se rend-elle assidûment place Royale, chez le duc, pour contempler son tableau. Elle continue ainsi à fréquenter le beau monde, tout en vivant dans un couvent. Sais-tu que le duc a retrouvé la santé en tétant deux grandes femmes bien faites ?

Timoléon écoute à peine les rumeurs du Marais, le plus élégant quartier de Paris, et affiche toujours l'air dépité que lui cause sa brève entrevue avec Sa Majesté. Fleuridor a pitié de lui :

— Tu n'as vraiment rien lu sur le visage du roi ? Dans ses yeux ? Un roi est aussi un homme, et ses pensées et ses émotions peuvent se deviner sur sa physionomie.

— Impossible de savoir ce qu'il pense. Pour chacun la même attention courtoise, et le même masque sur ses intentions secrètes.

Son ami le rassure.

— Ne t'en fais pas. Je vais me renseigner et m'occuper de tout, comme d'habitude.

---

1. Actuellement au musée du Louvre

7

FLEURIDOR S'OCCUPE DE TOUT

Comment s'occuper de tout ? Tout en déambulant dans le quartier du Marais, Fleuridor entre dans l'église Saint-Louis, et s'agenouille à sa place préférée sous le cœur du roi Louis XIII.

— Dieu tout-puissant, jette sur moi un regard bienveillant car j'ai une lourde responsabilité sur les épaules : le sort de Timoléon. Pour que je lui vienne en aide, je te prie, je te supplie, de faire passer près de moi la chance aux ailes de sauterelle. Je saurai l'attraper avec la rapidité d'un vautour. Encore faut-il que la Providence m'envoie un signe d'espoir. Si je réussis à sauver mon ami, je donnerai, tous les ans, aux jésuites de cette église de belles robes noires car les leurs sont bien usées.

Puis il récite trois Notre Père, et sort.

Tout en réfléchissant à la manière de s'introduire dans l'entourage du roi, il aperçoit Armande qui trottine d'un bon pas rue Saint-Antoine et dont le visage l'éclabousse de lumière. Il l'accoste en s'efforçant de prendre un ton joyeux.

— La comtesse est sortie sans chapeau ! Elle doit être très perturbée !

Armande fait deux pas sur le côté pour éviter son ancien promis, mais Fleuridor, marchant à reculons, lui barre l'accès à l'étroit bord de la chaussée où se risquent les piétons.

— Fleuridor ! Je t'ai déjà dit que je ne veux plus te parler.

— Renoncer à un vieil ami comme moi, si amusant !

— Le charivari ne m'a pas amusée. Je suis pressée, j'ai rendez-vous avec mon frère pour connaître la réponse du roi.

— Je la connais déjà. Le roi verra.

Armande s'arrête.

— Il verra quoi ?

— Il verra... Le jugement, la justice, la liberté, enfin tout.

— Tout, c'est vague. Il n'a rien dit d'autre ?

— Non. Il fait à tous la même réponse.

Armande se tait, déçue et triste.

— Ne t'inquiète pas, dit Fleuridor. Je vais m'introduire dans l'entourage du roi, obtenir un office pour dénouer cette affaire.

— Cela m'étonnerait. Le roi s'en va bientôt pour Fontainebleau. Nous l'accompagnerons. Adieu.

À la nouvelle de ce départ, Fleuridor sent un pincement au cœur. Et tout en admirant la charmante silhouette qui s'éloigne dans sa robe bleue assortie à ses bottines, il murmure :

— Non pas adieu, joie de mon âme, à bientôt... à Fontainebleau.

Si préoccupée que soit Armande de l'avenir de son frère, elle n'oublie pas son ambition. À Fontainebleau justement, elle veut surprendre par l'originalité de sa garde-robe. Tandis qu'elle examine dans son boudoir des dessins de siècles passés, un valet introduit deux jeunes filles, fort élégamment vêtues.

— Nous vous dérangeons, ma chère, en plein travail. Nous sommes les filles de la duchesse de Monterai et vous avons remarquée aux bals du roi. Nous trouvons vos tenues si originales que nous souhaiterions connaître votre tailleur. Il n'est pas de Paris, de Londres sans doute ?

— C'est moi-même qui dessine mes robes. Elles sont ensuite coupées et assemblées chez ma mère, à l'enseigne *Aux Doigts de fée* lorsque j'ai choisi les tissus et la silhouette. Il est temps que les femmes s'occupent des femmes, ne trouvez-vous pas ? Nous connaissons mieux les courbes du corps qu'il faut dégager, celles qu'on doit dissimuler. Un vêtement, c'est une sculpture.

— L'idée est charmante, et si nouvelle. Vous avez raison. Une femme comprend mieux ce qui nous embellit. Accepteriez-vous de nous sculpter, toutes les deux ? demande l'aînée.

— Dans peu de temps, le roi partira pour Fontainebleau, précise la cadette, et là-bas nous voudrions étonner...

— ... et séduire !

Armande dissimule sa trop grande joie et répond d'un ton respectueux :

L'or blanc de Louis XIV

— C'est un immense honneur que vous me faites. Parlons tout de suite de ce qui vous plairait. Pour quelle situation voulez-vous une toilette : un bal, une promenade, une chasse ?

Deux heures plus tard, les dames discutent encore, lorsque retentit la voix grave de Maronville.

Aussitôt, une des demoiselles se lève :

— C'est monsieur votre mari. Nous vous avons retenue trop longtemps ! Nous reviendrons lundi prochain. Pensez bien à nous d'ici là.

Et elles s'envolent comme pétales au vent.

Armande sourit intérieurement. Ses efforts commencent à porter leurs fruits. Les demoiselles de Monterai, elle le pressent, lui ouvrent le chemin de la réussite. Catherine, l'aînée, a juste le même âge qu'elle, Thérèse est plus jeune d'un an, et leur famille prestigieuse.

Le comte rejoint sa femme. Il semble tendu. Son sourire en biais tressaute à une rapidité inaccoutumée.

— Que veulent ces jeunes filles ?

— Que je leur propose des tenues pour se rendre à Fontainebleau. Elles appartiennent à la famille Monterai.

Devant le visage rembruni de son époux, elle s'étonne :

— Cette opportunité n'a pas l'air de vous plaire. C'est pourtant une occasion de nouer des liens plus étroits avec la noblesse.

Après trois sourires successifs, le comte répond d'un ton sec :

— Je tiens à savoir qui ma femme fréquente. Vous

me rendrez compte, là-bas, de toutes vos rencontres, et m'en demanderez l'autorisation.

Armande demande :

— Vous n'avez pas confiance en moi ?

Il ajoute avec un rire bref :

— Où alliez-vous cet après-midi ? Vous êtes sortie sans chapeau.

Armande sursaute d'indignation :

— Vous m'espionnez !

— Mon valet de chambre m'en a informé. Rassurez-vous, les domestiques se réjouissent de votre présence ici et même de vos extravagances. Ils considèrent que l'hôtel est devenu plus gai depuis que vous y demeurez. Il n'empêche : on n'oublie son chapeau que sous le coup d'une émotion violente.

Puis il baise la main de sa femme.

— À ce soir, ma chère.

Qu'est-ce qui lui prend ? pense Armande. Le vieux grincheux serait-il jaloux ? L'idée en est divertissante.

Le roi part. Armande le suit. La Providence montre le chemin à suivre. Dès que le voyage de la Cour est confirmé, Fleuridor se rend au palais. Le désordre est à son comble. Pour meubler le château de Fontainebleau, qui est entièrement vide, on déménage le Louvre. Dans les cours, s'agite une fourmilière de valets, femmes de chambre, serviteurs de la Maison du roi, qui déposent des lits, des coffres, des tapisseries, des batteries de cuisine, des piles d'archives. Comme un chien flaire la piste d'un cerf dans le foisonnement d'un sous-bois,

L'or blanc de Louis XIV

Fleuridor hume ici un avenir prometteur. Au milieu de ce tourbillon, certain de faire recette, il s'époumone :
— Eau-de-vie ! Eau de la vie ! Buvez à la fin des soucis !
Une petite brunette au nez en trompette, chargée d'un lourd rideau, commente :
— Tu parles d'un souci ! Déménager par cette chaleur ! Ma chemise est déjà trempée de sueur. Une petite gorgée me fera du bien.
Ils sont vite nombreux à demander un verre d'alcool.
— Vous partez pour Fontainebleau ? demande Fleuridor d'un air innocent.
— Oui. Là-bas, il fera plus frais.
— Il y fera plus frais, mais le service y sera plus difficile, remarque un valet. Le château est tellement inconfortable. Le roi a fait aménager de petits logements pour les nobles, mais rien pour nous.
— Je n'ai jamais connu une telle canicule à la fin du mois d'avril ! grommelle un vieux serviteur au dos courbé. L'hiver est de plus en plus glacial, et brusquement arrive cette chaleur hors de saison.
Dès que son tonnelet est vide, Fleuridor court le remplir à l'auberge, et annonce à Pierrot son probable départ pour Fontainebleau.
— J'ignore encore comment, mais je partirai... pour faire avancer le dossier de Timoléon.
Pierrot, qui est en train de gratter des poireaux, lui jette un regard incrédule.
— Je suppose que les Maronville, comte et comtesse, suivent aussi le roi ?

Fleuridor s'occupe de tout

Fleuridor fait semblant de ne pas comprendre l'allusion et répond prudemment :

— Comment pourraient-ils faire autrement ?

— Dis plutôt que tu vas là-bas pour voir Armande. Cette passion te brouille la cervelle. Mets-toi une fois pour toutes dans la tête qu'elle est mariée et qu'elle n'est plus pour toi.

Puis, en égouttant les poireaux, il ajoute :

— Pendant ce temps, qui m'aidera au cabaret ?

— Jules, le fils du rempailleur, me remplacera volontiers pour gagner quelques sous. Il vendra l'eau-de-vie. Je reviendrai dès que j'aurai parlé au roi.

Pierrot quitte sa bonhomie ordinaire.

— Autant dire que tu ne reviendras pas de sitôt. Tu crois peut-être que Louis XIV t'attend. Si tu n'étais pas mon neveu, je te jetterais dehors avec un bon coup de pied au derrière pour te remettre les idées en place.

Fleuridor prend un air désemparé :

— Pourquoi te fâches-tu ? Ne comprends-tu pas que Timoléon ne peut vivre éternellement en clandestin ?

Le cabaretier, vite désarmé, sourit et, d'un mouvement de la main, lui fait signe de partir.

— Allez va, va. Je sais ce que je sais et je comprends ce que je comprends.

Le lendemain, sur le quai, devant la Grande Galerie du Louvre, on remplit les premiers chariots.

En espérant se rendre indispensable, Fleuridor aide les uns et les autres à porter leur chargement. Dans la cohue, personne ne s'étonne de sa présence et de son aide. Il envisage de se cacher au fond d'un véhicule lorsqu'un grand cri se fait entendre. On se presse autour d'un serviteur qui gémit de douleur.

— Qu'est-ce que tu fais là sans bouger ? lui demande un camarade. Ce n'est pas le jour pour avoir un accident.

— J'ai reçu un tiroir sur mon pied qui est certainement cassé. Je souffre affreusement, répond le jeune porte-malle.

— Tu as surtout détruit ce nouveau meuble dont le roi est si satisfait, remarque un valet. Une commode !

— Quelle idée de mettre des tiroirs dans un coffre ! Aïe ! Aïe !

— Puis-je vous être utile ? propose aussitôt Fleuridor, flairant une issue heureuse.

Sans attendre de réponse, il dégage le tiroir, palpe le pied de l'estropié et conclut, à tout hasard :

— Une double fracture qui se réparera toute seule. À condition de rester immobile quelques semaines.

Un homme vêtu d'un élégant justaucorps, l'épée au côté, a entendu le diagnostic de Fleuridor et lui demande :

— Peux-tu remplacer ce maladroit pour le déménagement ? Il y a du retard ! C'est le troisième blessé de la matinée. Ensuite tu reviendras au Louvre pour aider au nettoyage du palais.

— Oui. Volontiers, très volontiers. Servir le roi est mon constant désir.

Mais l'homme, sans écouter ces propos serviles dont il a l'habitude, s'éloigne aussi précipitamment qu'il est

Fleuridor s'occupe de tout

venu. La brunette au nez en trompette, une élégante paire de chenets à la main, s'étonne :

— Il faut que le premier valet de chambre soit énervé par la chaleur pour engager un inconnu comme toi.

— Bientôt je serai connu.

— Comment ?

— Grâce au roi. N'est-il pas la source de tous les bienfaits ? Ce premier valet dont tu me parles avec déférence, que fait-il ?

— Le premier valet de chambre s'occupe du roi tous les jours, à toute heure. Il le voit en chemise de nuit, à sa toilette, assis sur sa chaise percée, en prière au pied du lit, en costume de chasse, de bataille, de ballet. Bref, tu vois l'honneur qu'il t'a fait en t'adressant la parole. Devenir premier valet coûte très cher.

— Oh ! L'argent, on en trouve si on veut !

La brunette éclate de rire :

— Qu'est-ce que tu fais là, alors, mal chaussé, à courir Paris pour vendre ton alcool !

— C'est provisoire. J'étudie le genre humain. Et toi, que fais-tu ?

— Moi, j'appartiens à la Maison de la reine. Je m'appelle Honorine. Tu voyageras avec moi et me raconteras le genre humain. Cela me divertira.

Peu de temps après, tous deux s'installent dans un chariot. On attelle quatre chevaux, et les gardes courent devant eux en criant : « Place ! Place ! » d'un ton menaçant

L'or blanc de Louis XIV

Deux jours plus tard, après avoir traversé une grande forêt peuplée d'oiseaux, de renards et de sangliers, les voyageurs arrivent devant la longue grille dorée du château de Fontainebleau. De l'autre côté, dans la vaste cour du Cheval-Blanc, des villageoises qui utilisaient les jardins pour leurs tâches quotidiennes s'empressent de tirer leurs vaches qui broutaient sur les pelouses royales. Des lavandières emportent le linge lavé dans le Grand Canal et des valets finissent de déblayer les ordures abandonnées près du double escalier. Le capitaine des chasses, gouverneur du château, accueille les Parisiens en soupirant :

— Vous arrivez déjà ! Tout n'est pas remis en ordre. Il est rude de tâcher de bien faire et de voir tout gâté par de la canaille qui n'a ni respect, ni retenue. Quelle détestable habitude de laisser les châteaux ouverts à tous. Pourquoi le roi vient-il si tôt dans la saison ?

— Le beau temps, mon ami, le beau temps, explique Fleuridor. Il fait en avril la chaleur d'un mois d'août et Paris est couvert de poussière.

Le capitaine, surpris, l'examine.

— Alors dépêche-toi de décharger car la suite arrive.

Après avoir déplacé trois chaises, Fleuridor s'installe avec Honorine à une fenêtre pour admirer le long cortège.

— Qui voyage en chaise à porteurs ? demande-t-il.

— La reine. Elle est enceinte. Et en litière, c'est la reine mère.

— Elles sont bien gardées, remarque Fleuridor, en voyant les centaines de cavaliers qui trottinent autour des reines et des carrosses remplis de femmes.

Fleuridor s'occupe de tout

Puis arrive le roi suivi de la haute noblesse, des mousquetaires et des hommes d'armes. Les suivent toutes sortes d'artistes pour divertir la famille royale et les courtisans.

— Parmi tous les marchands qui ont le droit de suivre la Cour, je suppose qu'il y a beaucoup de voleurs, suggère Fleuridor.

— Et des pique-assiettes comme toi. Je te conseille vivement de te rendre utile, si tu ne veux pas être renvoyé à Paris pour nettoyer le Louvre.

— Dis-moi où se trouve l'appartement du roi.

— Viens. Je te fais les honneurs du château.

Dans la cour Ovale, presque cachée, elle explique :

— Le roi et la reine, Monsieur et Madame[1], habitent de chaque côté de cette cour d'honneur. Au fond se trouvent de petits logements pour les nobles de grande famille. Quoiqu'ils possèdent, non loin d'ici, de belles demeures, ils tiennent à disposer d'un pied-à-terre près du roi. À côté, autour de trois autres cours, sont répartis les appartements de la famille royale et des innombrables officiers.

— Maintenant, va aider les serviteurs à meubler le château. Tu admireras plus tard les jardins.

Après avoir transporté et monté des objets divers toute la journée, Fleuridor s'effondre dans le grenier où se pressent des serviteurs. À son réveil, le grenier est vide, les serviteurs sont déjà partis accomplir leur service.

---

1. Monsieur est le frère du roi, Philippe, duc d'Orléans, et Madame, sa belle-sœur, Henriette d'Angleterre.

Fleuridor se hâte de poser son chapeau sur la tête et descend. Nobles, fonctionnaires et valets se croisent dans les escaliers et dans les cours, en se dirigeant vers un travail ou un amusement précis. Et le roi, que fait le roi ?

Quand il ne tient pas conseil, le matin ou l'après-midi, après avoir assisté à la messe quotidienne, il est facile de l'apercevoir. À cheval, en carrosse, en calèche après souper, au concert sous les chênes, en promenade aux flambeaux, sur le Grand Canal où elle se baigne, Sa Majesté se montre familièrement au regard de tous et bavarde volontiers avec ses amis. Proche donc, mais impossible à approcher, car constamment entourée par un essaim dense de jeunes gentilshommes et de jeunes dames, sorte de garde personnelle élégante, joyeuse et... impénétrable.

À suivre Sa Majesté, Fleuridor découvre les jardins magnifiques, les allées d'ormes, les étangs, les fontaines, et, à l'horizon, de tous côtés, la forêt giboyeuse. Car la chasse passionne la Cour et de nombreux bâtiments sont réservés à ce divertissement. Les chevaux de vénerie sont gardés dans la Petite Écurie, tandis que les chiens de meute et leurs valets sont rassemblés dans le Chenil Neuf.

Pour s'occuper et se faire connaître, Fleuridor décide de reprendre la vente d'alcool qui l'a rendu populaire à Paris. Auparavant il prend conseil auprès d'Honorine. Celle-ci, repasseuse spécialisée dans les tissus tuyautés, travaille dans une salle que les fers remplis de braises transforment en étuve.

— Ne propose pas de l'eau-de-vie dans la journée, recommande-t-elle, offre des glaces. Avec cette canicule, tu auras beaucoup plus de succès. Parles-en au responsable de la Bouche du roi.

Celui-ci, qui embauche momentanément des serviteurs pendant le séjour royal, trouve la suggestion adaptée à la situation exceptionnelle de cet été 1661. Une petite glacière attachée au cou, avec une quinzaine de coupes en argent et une trentaine de cuillers, Fleuridor déambule en criant :

— Glace au sucre brûlé pour les cœurs enflammés, glace de grenades pour les œillades, glace aux noix de cajou.

Il a beau faire le siège de l'aréopage des jeunes nobles, il n'arrive pas à se faire remarquer par le roi. Chaque fois qu'il se rapproche de lui, en présentant un rafraîchissement, une quinzaine de mains se tendent pour saisir le breuvage et avoir l'honneur de servir elles-mêmes le Soleil.

En peu de temps, la glacière est vide, et Fleuridor doit aller se réapprovisionner en glaçons, en jus réfrigéré et en vaisselle propre.

Tout en proposant sa marchandise, il cherche à rencontrer Armande, mais la comtesse est presque invisible. D'abord elle habite dans le bourg et non au château, et elle est débordée de travail. Les robes décolletées des deux filles de la duchesse de Monterai sont devenues à la mode en quelques jours, et dames et demoiselles réclament impatiemment leur toilette. Armande a loué un atelier où trois petites mains exécutent les patrons qu'elle leur dessine. Devenue modéliste pour les plus brillantes dames de la Cour, elle envoie régulièrement à Paris deux domestiques pour choisir les tissus, commander aux corsetiers les corps de robe à baleines, indispensables pour maintenir la taille fine et la gorge avenante. Elle charge sa mère de recevoir les commandes et d'encaisser l'argent. Lorsqu'elle ne travaille pas le soir à faire des essais de tissu, elle participe aux promenades, aux jeux, aux bals où elle est conviée. C'est à peine si elle adresse à son ancien promis un sourire rapide et crispé.

Au début d'un après-midi, Fleuridor somnole, le dos calé contre le tronc d'un orme. Du kiosque au milieu de l'étang parvient la musique des violons du roi, tous choisis personnellement par Sa Majesté. Les oiseaux sont silencieux, les insectes butinent, et, dans l'allée, déambulent sous les ombrelles d'extravagants chapeaux à plumes.

Fleuridor songe nonchalamment que vendre des glaces n'est pas le meilleur moyen pour parler au roi. C'était une mauvaise idée. Quant à Armande, elle craint certainement son mari. Une expression sérieuse et grave qu'il ne lui connaissait pas rembrunit son visage. Pourtant ses succès devraient la combler de joie. Le plus sage est d'attendre ce que le hasard lui réserve.

— Fleuridor ! appelle une voix féminine. Apportenous des glaces. À la poire Bon-Chrétien[1] !

---

1. Poire Williams.

Fleuridor s'occupe de tout

Trois jeunes femmes, dans d'élégantes robes de soie, abritées par de vastes chapeaux de couleur, rient en le regardant. Il songe que vendre des glaces sans s'approcher du roi est un travail lassant.

Il se lève pour chercher les sorbets lorsque la chance vient le frôler de son aile capricieuse. Dans la cour de la Fontaine, deux valets transportent vers le pavillon des Poêles une table au plateau vert, surmonté d'un arceau. Derrière eux, un troisième homme tient en main deux crosses courtes, aplaties, recourbées à l'extrémité et un panier de billes d'ivoire. Un billard ! Puisqu'il existe un porteur de raquette pour le jeu de paume, pourquoi n'existerait-il pas un porteur de crosse pour le billard ? Selon Honorine, il faut, pour attirer l'attention du roi, exceller dans un domaine. Rien de plus facile. Car l'orphelin, vendeur ambulant, qui n'a jamais appris à monter à cheval, à chasser, à jouer de la musique, à danser le menuet, s'est familiarisé avec le billard dans les petites académies de jeux en compagnie des adolescents du quartier. Il n'y est pas encore très bon, mais il le deviendra. Il se voit déjà titulaire d'un nouvel office, « porteur de la crosse du roi ». L'avenir se pare des lumières de l'aurore.

Pendant la journée, les seigneurs défilent dans la salle de billard. L'enjeu est de faire tomber la bille de son adversaire dans les poches placées sur le côté en provoquant des carambolages.

Lorsque la nuit tombe, Fleuridor monte avec une lanterne et s'exerce à envoyer sa bille sous l'arceau de croquet sans renverser la quille que l'on surnomme

L'or blanc de Louis XIV

« le roi »[1]. Patiemment il recommence les mêmes gestes sous des angles différents, pour apprécier toutes les trajectoires du plateau vert. Bientôt, il sera digne des meilleurs.

---

1. Le jeu de billard n'est pas celui que nous connaissons et qui fut progressivement en usage à partir du XVIIIe siècle. À l'époque de Louis XIII et Louis XIV, la table est plus petite et il n'y a que deux partenaires.

8
SECRETS D'AMOUR

Une nuit, pendant son entraînement, il entend dans son dos une voix grave et douce :
— Voyez, Louise, comme ce joueur est obstiné. Il s'exerce toutes les nuits.

Fleuridor se retourne. En découvrant Sa Majesté, il devient rouge comme une tomate. Dans sa confusion, il oublie de saluer et tend sa crosse au roi.

— Prenez-la et jouez, Louise, propose Louis.

— Oh non ! dit-elle, effarouchée. Je ne suis pas à ce jeu aussi brillante que vous.

Le roi sourit et prend la main de la jeune fille.

— Venez.

Par la porte-fenêtre de la salle, tous deux accèdent à une terrasse où ils se parlent à voix basse.

Fleuridor s'alarme des réactions du roi. A-t-il reconnu le vendeur de glaces ? Est-il furieux qu'il utilise le billard la nuit ? Craignant d'être mal jugé, il tend l'oreille. Il n'a, en vérité, aucun souci à se faire car le roi et la jeune fille ont des sujets de conversation plus intéressants que sa petite personne. De temps à autre, leurs voix s'élèvent avec ardeur.

L'or blanc de Louis XIV

— Le jour me semble long avant nos rencontres de la nuit, dit Louise d'une voix timide, chantante et chargée de tendresse.

— Notre amour embellit la beauté de ce clair de lune. Voulez-vous entendre ce que Molière a griffonné ce matin pour une future pièce[1] :

Tout beau ! Charmante nuit, daignez vous arrêter :
Je me suis doucement assis sur ce nuage,
Pour vous attendre venir.

— Vous n'êtes plus fâché ? demande Louise, troublée. J'ai été toute la journée si malheureuse de notre dispute d'hier.

— Ce tourment n'arrivera plus. Je vous promets de ne jamais laisser de querelles entre nous sans vous écrire le soir même pour nous réconcilier. Ferez-vous de même ?

Louise lève vers le jeune roi de vingt-trois ans des yeux baignés de larmes de joie.

— La seule idée que nos cœurs soient séparés m'affole tellement que je ne songe plus qu'à mourir.

— Mon aimée, j'aime tout de vous. Vos craintes naïves, votre audace à cheval, votre grâce en dansant.

Discrètement, Fleuridor descend l'escalier sans faire de bruit. Trop curieux pour aller se coucher, trop prudent pour s'imposer davantage, il se cache derrière un orme proche. Quelle surprise ! Quelle découverte ! Le roi est amoureux, amoureux en secret. Jusqu'ici l'adolescent

---

1. *Amphitryon* (1668).

Secrets d'amour

n'avait prêté aucune attention à Louise de La Vallière, mais éclairée par le soleil royal, elle lui apparaît merveilleuse : dix-sept ans, la silhouette fine, la démarche gracieuse malgré une légère boiterie, le regard doux et modeste, des cheveux blond cendré qui cascadent en petites boucles sur le front, la voix émouvante.

Peu de temps après, le couple quitte le pavillon des Poêles et rejoint la cour Ovale. Fleuridor les suit discrètement. Comment se sépareront-ils ? Ils ne se séparent pas. Le roi ignore l'aile royale et se dirige vers celle destinée à la haute noblesse. Quelques instants plus tard, au troisième étage, une fenêtre s'ouvre et la lune éclaire le visage de Louis, illuminé de bonheur.

Ils sont dans le petit logement du comte de Saint-Aignan, premier gentilhomme de la chambre. Celui-ci facilite leurs amours, conclut Fleuridor avec étonnement.

Cette atmosphère amoureuse lui rend l'éloignement d'Armande cruel. Sans cette flamme de joie qui l'envahit dès qu'il l'aperçoit ou entend sa voix, son cœur se dessèche d'ennui. Pour supporter l'absence, il arpente nerveusement les lieux. Une bougie brûle encore dans le cabinet de travail de Colbert. Les écuries sont silencieuses. Il rejoint le Grand Canal où se reflètent les étoiles. Lorsqu'il revient dans la cour Ovale, le premier valet de chambre ouvre la fenêtre de la chambre royale.

Sa Majesté est revenue chez la reine, se dit Fleuridor. Quel roi extraordinaire ! Il lui faut du grand air à toute heure et partout.

Fleuridor passe son temps à espionner les amoureux : nuits tièdes où Louis joue de la guitare à sa belle, où tous deux voguent en barque sur le Grand Canal, ou bien partent galoper dans les bois au clair de lune. Car la douce jeune fille, dans sa robe d'amazone, est une audacieuse cavalière. On raconte même que, Cours-la-Reine, elle a galopé debout sur son cheval.

Pour secrète que soit cette passion, certains sont dans la confidence : François de Beauvilliers, comte de Saint-Aignan, et Isaac de Benserade qui écrit le texte des ballets dont Jean-Baptiste Lully compose la musique. Pour le spectacle du jour, dans le grand jardin du roi, les valets et garçons en livrée bleue apportent les fauteuils de la reine mère Anne d'Autriche et de la reine Marie-Thérèse qui n'aime ni danser ni jouer tant elle parle mal le français. Sur des tabourets, sur des bancs, ou assise dans l'herbe, toute la Cour assiste au divertissement dont le roi et certains grands dignitaires sont les principaux interprètes. Derrière un large rideau, une scène a été édifiée. Sur le côté sont installés les musiciens.

Fleur éclatante sur la pelouse, Armande, solitaire, paraît rêveuse.

— Bonjour, arc-en-ciel de mon âme. Tu es abandonnée par ton époux ?

— Il est malade.

Après une hésitation, Armande ajoute d'un ton peu convaincant :

— Laisse-moi.

— J'ai un important secret à t'apprendre.

— Laisse-moi, te dis-je.

Secrets d'amour

— Le roi est amoureux de Louise de La Vallière, annonce le jeune homme en s'asseyant à côté d'elle.

La comtesse paraît intéressée.

— Tu racontes encore n'importe quoi ! C'est impossible. Il est marié !

— Pourquoi doutes-tu de mes propos, alors que ma bouche ne profère que des vérités ?

Armande lui jette un regard incrédule. La musique de Lully annonce le début du spectacle. Plusieurs bergers et quelques faunes s'avancent en dansant. Les bergers chantent :

> *Qui dans la nuit ramène le Soleil*
> *On ne voit point les étoiles si belles,*
> *C'est lui qui vient en superbe appareil*
> *Répandre ici mille clartés nouvelles.*

— Le Soleil, c'est le roi, explique Fleuridor.

— J'avais deviné, réplique Armande, qui ne peut s'empêcher de sourire.

Les chanteurs s'écartent, le rideau s'ouvre et apparaît une large estrade décorée de fontaines, de jets d'eau, de cascades, subtilement éclairés. Parmi les nymphes, Louise de La Vallière chante :

> *Cette beauté depuis peu née,*
> *Ce teint et ses vives couleurs ;*
> *C'est le Printemps avec ses fleurs*
> *Qui promet une bonne année.*

— La beauté c'est elle, Louise ! murmure Fleuridor.
— J'avais aussi deviné. Ne me prends pas pour une limace...
— ... qui près de moi se transforme en papillon. Déjà tu es plus belle que tout à l'heure.

Les murmures d'admiration de l'assistance se sont à peine tus que l'estrade, couverte d'épis de blé, accueille des moissonneurs. Fleuridor reconnaît parmi eux Lully et le comte de Saint-Aignan, dont le visage buriné de quinquagénaire s'accorde bien avec son déguisement. La musique culmine au moment où apparaît le roi, en berger royal.

De la Terre et de moi qui prendra la mesure
Trouvera que la terre est moins grande que moi.

— Je ne crois pas que pour le roi, l'amour passe avant la gloire, commente Fleuridor.
— Tais-toi. Laisse-moi écouter Mlle de La Vallière.

Non sans doute il n'est point de Bergère plus belle,
Pour elle cependant qui s'ose déclarer ?
La presse n'est pas grande à soupirer pour elle
Quoiqu'elle soit si propre à faire soupirer.

— Tu as raison, déclare Armande. On lui fait fête.
— Pourquoi n'imites-tu pas Sa Majesté ? Le mariage n'empêche pas d'avoir un amant.
— Je ne veux pas fâcher mon époux. Il est jaloux. Parfois il me fait peur.

Secrets d'amour

— Vivre sans plaisir. Quelle tristesse ! Quelle jeunesse gâchée ! Quand je pense que tu dois supporter un époux si glacial. Pas un sourire ! Pas une plaisanterie ! Aucun papillon ne caresse tes pétales, pauvre fleur piétinée. Avoue que tu me regrettes.

Un nuage de mélancolie assombrit les yeux d'Armande. L'amoureux a touché le point sensible. Toutefois la prudence et la morale sont plus fortes que le désir.

— Je ne t'écoute plus. On nous surveille. Je ne veux pas que mon mari m'empêche de fréquenter la Cour. N'oublie pas que j'ai un projet de corporation pour les couturières.

— Oui, oui, oui, répond Fleuridor d'un ton las, peu convaincu par cet argument.

J'arriverai bien à désarçonner un jour la peur et la vertu ! songe-t-il.

*
* *

Les jours passent et la température est toujours aussi caniculaire. Le roi, suivi d'une horde de cavaliers et de cavalières, est parti tôt le matin à cheval chasser dans la forêt de Fontainebleau. Puis il pique-nique dans les gorges de Franchart. Plusieurs musiciens de la chambre du roi s'y rendent car Louis XIV ne peut se passer de musique. Fleuridor aide à transporter le repas ainsi que les pavés de glace et les tonneaux qui contiennent carpes et brochets vivants.

À son arrivée, les nappes blanches sont déjà étendues

sur un coin de sable ombragé et des valets installent les assiettes d'argent. Entre les troncs blancs des bouleaux, sur des roches plates, les cuisiniers préparent le repas. Il flotte une agréable odeur de viande grillée. Les musiciens répondent aux oiseaux par une joyeuse sarabande.

Son travail terminé, Fleuridor gravit la colline la plus proche, escaladant les rochers, sautant sur les racines entortillées qui émergent du sable, écrasant les fougères. Assis sur une hauteur, il admire l'alternance de vallées sombres et de coteaux ensoleillés, ce mélange de pierres, de chênes et de pins lorsque lui parvient le galop de chevaux au loin. Des cavaliers surgissent au milieu des arbres, suivent les chemins tortueux, se séparent, se retrouvent au gré du terrain accidenté. Les longues amazones des femmes rehaussent ce paysage gris et vert de taches de couleur vives. Fleuridor sourit en remarquant le chapeau à plume bleue de Louise de La Vallière, et suit des yeux l'intrépidité avec laquelle elle fait sauter sa monture d'obstacle en obstacle. Tout à coup, son cheval s'écroule et la jolie cavalière roule au-dessus de l'encolure pour disparaître à ses yeux. Dispersés dans la forêt, grisés par la vitesse, gentilshommes et amazones continuent leur course rapide sans l'apercevoir. Fleuridor se précipite. Louise, allongée sur le chemin sableux à demi recouvert de fougères, tente de se relever.

— Vous allez bien ? Vous n'êtes pas blessée ? s'enquiert Fleuridor en lui tendant la main.

— Je n'ai rien, merci. Le cheval a certainement eu

une attaque. Cela arrive parfois. Il ne se relèvera plus. Je l'aimais bien, dit-elle en lui caressant la crinière.

La jeune fille époussette le sable sur sa robe, place de travers le chapeau que Fleuridor a ramassé et dont la plume est cassée.

— Allons vite retrouver le roi, dit-elle. Il doit se faire du souci à mon sujet.

Elle le regarde avec un surcroît d'attention.

— Vous êtes bien le joueur de billard que j'ai croisé pendant une nuit délicieuse ?

— Oui.

— Vous êtes vraiment gentil d'être venu à mon secours. Comment vous remercier ?

— C'est facile, répond aussitôt le garçon.

Louise de La Vallière, déconcertée par la rapidité de la réponse, rit.

— Dites !

Fleuridor, pris au dépourvu, hésite. Doit-il demander un office dans la chambre du roi pour lui, ou la liberté pour Timoléon ? L'enjeu est considérable. Il y va de la vie de chacun. En un éclair, il se voit vêtu de bleu et or, mais il voit aussi Timoléon épuisé, traînant les pieds en portant des pavés. Le choix lui paraît inhumain. Son silence étonne la jeune fille, qui insiste :

— Que demandez-vous ?

La réponse sort de la bouche de Fleuridor sans qu'il ait eu le temps de la vouloir :

— Sauver mon ami.

— Quel ami ?

Tout en se dirigeant vers le lieu du pique-nique, Fleuridor résume en quelques mots la situation de l'apprenti barbier-chirurgien. Louise, avec un sourire modeste, déclare :

— Je crois que je peux obtenir de Sa Majesté qu'elle s'intéresse à cette affaire. Je vous ferai connaître la réponse.

Déjà le roi, entouré de courtisans, s'avance à sa rencontre. En un instant, Louise oublie le jeune homme, court vers son amant et tous deux s'éloignent. Fleuridor reste immobile et hébété. Tout s'est passé tellement vite. Il a pris cette décision sans savoir ni pourquoi ni comment. Maintenant il s'interroge. Un petit serpent vénéneux le pique au cœur en lui répétant qu'il a laissé passer sa chance, qu'elle ne reviendra pas, que Timoléon, de toute façon, aurait été libéré un jour. Il s'en veut de sa générosité. Il pense à son ami avec ressentiment. Après tout, c'est à cause de lui qu'il n'appartiendra pas à la Maison du roi.

Pourtant, en réfléchissant davantage, il s'avoue qu'il n'aurait pas supporté d'abandonner Timoléon à une vie honteuse. Qu'en aurait pensé Armande ? Armande, justement, sera peut-être la récompense de ce sacrifice.

Quelques jours plus tard, à la tombée de la nuit, un valet entre nonchalamment dans la salle de billard.

— Comment t'appelles-tu ? demande-t-il au joueur, d'un air distrait.

— Fleuridor. Pourquoi ?

— Alors si tu t'appelles Fleuridor, je te dis de la part de Mlle de La Vallière qu'un M. Batifort est libéré.

Puis il tourne les talons avec la même lenteur. Étourdi

de bonheur, Fleuridor attend le matin pour prévenir Armande et cueillir un baiser qui vaudra tous les offices du roi. Mais dans l'étroit atelier, l'agitation est grande. Armande écrit les commandes qu'un livreur doit rapporter de Paris, une jeune dame attend qu'on s'occupe d'elle, les trois petites mains travaillent sur leurs coussins. Fleuridor, déçu, annonce la nouvelle sans qu'elle suscite le transport de joie et de reconnaissance qu'il espérait.

Armande, cependant, en est profondément soulagée et se hâte de le faire savoir à son époux.

Celui-ci est de plus en plus désagréable. Aussi espère-t-elle lui faire plaisir en lui apprenant la libération de Timoléon. Elle se rend donc à la salle du jeu de paume et fait des signes de la main pour attirer l'attention du comte qui court après la balle. Sa partie terminée, il rejoint son épouse.

— Que vous arrive-t-il pour gesticuler ainsi ? Pensez qu'on vous regarde !

— Je suis tellement heureuse !

— Votre joie est en effet une nouvelle urgente, répond son mari sur le ton sarcastique qu'il affectionne. C'est fort aimable à vous de m'en informer. La reine vous aurait-elle commandé une robe ?

— Non. Le roi a accepté la requête de Timoléon.

Maronville change aussitôt d'expression et trois tics nerveux se succèdent sur son visage...

— Quelle requête ?

— Le placet que mon frère a déposé. On n'a trouvé aucune archive justifiant son arrestation.

Les yeux perçants du comte foudroient son épouse et il explose de colère :

— Vous étiez au courant de ce placet, et vous ne m'en avez rien dit ! Vous êtes d'une perfidie inimaginable. Ainsi, vous saviez où se trouvait votre frère et vous n'avez cessé de me mentir.

Armande, ahurie par une telle violence, tente de calmer son mari.

— Maintenant que mon frère est reconnu innocent, je n'aurai plus rien à vous cacher. Je vous prie d'excuser mon silence. Timoléon exigeait que je ne parle de lui à personne.

Maronville, après un instant, choisit un ton conciliant :

— Vous êtes décidément une exception ! Une femme capable de garder un secret est aussi rare qu'un âne à plumes ! Je suis, comme vous, heureux d'apprendre que Timoléon retrouve l'honneur et la liberté. J'aurai d'ailleurs le temps de m'assurer que l'ordre du roi est bien enregistré au Châtelet, car je dois retourner à Paris.

— Déjà !

— Mes clients réclament leur notaire.

— Vous ne m'en aviez rien dit ! D'ailleurs vous m'entretenez de très peu de choses. Parfois, je me demande pourquoi vous m'avez épousée.

— Pour votre beauté et votre esprit. En douteriez-vous, coquine ?

Afin de manifester l'affection qu'il porte à sa femme, il lui prend le menton.

— À vos vertus s'ajoute maintenant votre habileté dans le métier de la mode ! On n'a jamais autant parlé

Secrets d'amour

de vous ! À dix-sept ans, vous êtes décidément admirable.

La conversation est interrompue par un joueur qui vient chercher Maronville pour terminer la partie.

— Vous permettez ? demande le comte à sa femme. Elle sourit. Il précise avant de s'éloigner :

— Rassurez-vous, je ne vous arracherai pas aux délices de Fontainebleau. Vous pouvez rester ici avec la Cour.

L'âme de Fleuridor est troublée. Ce qui l'attend au réveil est si considérable qu'il ne peut y songer sans frissonner. Demain le comte de Maronville repart pour Paris, laissant Armande à Fontainebleau. Profitant de cette absence, osera-t-il rejoindre son amour de toujours et la serrer dans ses bras ? S'il ne la rejoint pas, ne sera-t-il pas l'amoureux le plus stupide du royaume de France ? Et Armande, que veut-elle ? Comment le savoir ? Elle lui adresse à peine la parole depuis qu'il a organisé ce charivari le jour de son mariage, mais dans le fond de son cœur, peut-être l'aime-t-elle comme avant ?

Fleuridor quitte sans faire de bruit les combles où dorment encore les valets, afin de s'assurer du départ du comte. Le ciel est sombre et la vaste cour du Cheval-Blanc déserte. Au bout d'un moment un grand fracas de roues et de sabots retentit sur les pavés. Le notaire descend de son carrosse. Un domestique traînant deux malles les charge dans le véhicule. Maronville jette un regard soupçonneux autour de lui, Fleuridor disparaît dans l'entrebâillement d'une porte et attend que le carrosse s'ébranle et que le vacarme des roues décroisse dans le lointain.

Fleuridor ne tergiverse plus. Il ira au bourg retrouver la comtesse. L'important est de ne pas se faire remarquer pour éviter que Maronville apprenne sa visite. Il rabat donc son chapeau sur ses yeux et regarde ses pieds. Fermiers et éleveurs partent au travail, peu attentifs au domestique du château. Fleuridor se faufile entre les vaches, les poules et les chèvres, le cœur rempli d'espoir et d'appréhension.

Lui qui a la parole si facile se sent tout intimidé à la perspective d'approcher la jeune femme chez elle. Discourir est aisé, mais agir l'est moins. Pourtant, à dix-sept ans, la jeune femme mérite un amant plus ardent qu'un vieux barbon méprisant. Lui saura la combler de plaisir, à moins que la peur de son époux la paralyse.

Malgré l'opinion favorable qu'il a de lui-même, Fleuridor n'est guère rassuré. Il n'a jamais touché une femme, et il ne sait trop comment s'y prendre.

L'appartement loué par les Maronville se trouve au premier étage d'une maison qui donne au fond d'une cour. Le rez-de-chaussée sert d'écurie pour un âne et deux chevaux. Sur la gauche, l'étable est emplie de l'odeur du lait que l'on vient de traire. Au premier étage, d'une fenêtre ouverte sur la tiédeur matinale, s'échappe un air de ballet que fredonne Armande. À côté de l'écurie, un étroit couloir conduit à un escalier. Fleuridor le gravit à pas de loup jusqu'à une porte devant laquelle dort un chat. Elle n'est pas fermée à clef et, le cœur battant, Fleuridor la pousse doucement.

Armande, en chemise de nuit devant un petit miroir, joue avec ses cheveux en cherchant la coiffure la plus seyante. Ses épaules sont dégagées et l'on devine la courbe de son dos. De temps à autre, elle tourne la tête de côté pour se voir de profil. Alors sa taille se plie comme un jonc sous la brise tandis que son pied droit marque la mesure.

Soudain, un courant d'air fait grincer la porte. Fleuridor sursaute, Armande se retourne, s'étonne et sourit d'un air heureux.

— Je t'espérais, avoue-t-elle, tandis qu'une expression de triomphe s'épanouit sur son visage. Je me demandais si tu viendrais.

Fleuridor, bouleversé, s'avance vers l'arc-en-ciel de son âme puis s'arrête soudain, intimidé. Armande ne lui laisse pas le temps de changer d'avis. Elle prend la main de son amoureux et la pose sur son cou. La peau est douce et chaude, légèrement parfumée. La main se hasarde sur la poitrine. Les yeux clos, Fleuridor caresse les formes rondes et fermes puis il tombe à genoux. Soulevant la chemise, il embrasse le corps de son adorée jusqu'à l'extrême pointe des pieds. Alors, il la prend dans ses bras et l'allonge sur le lit.

Quand le soleil illumine la pièce, deux voix s'élèvent dans la cour.

— Elle n'est pas encore sortie, la comtesse ? demande un homme. Maintenant que le vieux est parti, elle se repose.

— Elle se repose, mais peut-être pas toute seule. J'ai vu un petit jeune passer. Je ne sais pas où il allait. En tout cas, je ne l'ai pas vu ressortir. Je crois qu'elle n'a pas attendu longtemps, celle-là.
— Mieux vaut un garçon de son âge que son mari. Laissons-les être heureux. Souviens-toi, Simone, quand nous étions jeunes, l'année où le roi a été sacré à Reims[1].
— Oui, mais nous étions mariés, nous.
Dans le lit, Armande, blottie contre l'épaule de Fleuridor, murmure :
— À l'avenir, nous nous retrouverons la nuit. Ce sera plus prudent. Quand ils iront chercher leur vache pour la traite, je partirai.
Chaque nuit donc, profitant de la tiédeur de l'air, en forêt, en barque sur la Seine, entre les rochers, Armande et Fleuridor se rassasient du bonheur d'aimer. Lorsque les scrupules de conscience assombrissent leurs âmes, ils évoquent Sa Majesté dont la conduite amoureuse leur sert d'exemple et d'absolution.

*
* *

En automne les plaisirs souffrent du changement de temps. À la canicule succèdent des pluies diluviennes. Jour et nuit, il pleut. C'est à l'intérieur, dans la salle d'apparat[2], qu'on monte les tréteaux pour les repas, qu'on organise concerts, ballets, bals, comédies. Toute

---

1. Le 7 juin 1654.
2. La pièce, d'une surface de 300 mètres carrés, est éclairée par de larges fenêtres.

solitude devient impossible. Heureusement, le jeu de billard est de plus en plus apprécié.

Le dernier jour d'octobre, sur le conseil du comte de Saint-Aignan, le roi, entouré par quelques intimes et Louise de La Vallière, vient admirer Fleuridor, dont l'aisance à ce jeu est connue. Le premier gentilhomme de la chambre se tourne vers Sa Majesté :

— Sire, aimeriez-vous faire une partie avec ce jeune homme ?

— Volontiers, dit le roi. J'en ai déjà eu le projet une certaine nuit restée chère dans mon souvenir.

Le roi tend la main pour saisir la crosse. Le visage de Fleuridor s'embrase comme un soleil. L'espoir tant attendu devient réalité. Laissera-t-il gagner le roi ? Lui montrera-t-il sa supériorité ? Il ne peut s'empêcher de briller et gagne quelques points. Dans les yeux du roi passe un éclat de surprise. Louise encourage l'adolescent d'un sourire, lorsqu'un valet arrive en courant.

— Majesté, les douleurs de la reine ont commencé.

Aussitôt Louis et sa suite quittent le pavillon des Poêles. Les grands seigneurs montent avec le roi dans la chambre de la reine pour assister à l'accouchement, tandis que les autres, nobles ou serviteurs, se massent dans la cour Ovale. Après de longues heures d'attente, le 1er novembre, Louis, resplendissant de joie et de fierté, ouvre la fenêtre de la chambre et, oubliant sa traditionnelle réserve, s'écrie d'une voix triomphante :

— La reine est accouchée d'un garçon !

Les uns applaudissent, d'autres ne cachent pas leur émotion, d'autres encore se réjouissent que cette naissance soit le signal d'un prochain retour dans la capitale.

Seul Fleuridor est consterné. Le Dauphin lui a volé sa victoire.

Bientôt, on vide le château de ses meubles, tapisseries, tableaux, tapis, de sa vaisselle, et sur une lieue de long s'étire une file de cavaliers, carrosses, litières, piétons repartant vers Paris sous un ciel lourd et noir. Fleuridor rumine sa déception auprès d'Honorine.

— Ce Dauphin, qui deviendra roi de France, de droit divin et Fils aîné de l'Église, m'a fait perdre mon office.

— De quel office parles-tu ? demande Honorine.

— Celui de présenter la crosse de billard au monarque. J'enrage. J'étais au bout de mes peines, j'allais enfin réaliser mon vœu le plus secret, quand le diable s'en est mêlé !

— Le Dauphin, pauvre petit ange, n'est pas le diable. Et puis, le roi aurait-il apprécié ton jeu ?

— J'en ai, dans l'âme, une grande conviction.

Honorine éclate de rire.

— Ne le répète pas trop. Monsieur Fleuridor se croit certain d'être apprécié du roi ! Quelle audace ! Quel orgueil ! Les courtisans s'empresseront de le répéter à Sa Majesté, qui en sera certainement courroucée.

— Ne m'accable pas davantage. Je suis déjà assez déçu comme cela. J'ai tout fait admirablement : servir les jus de fruits, chercher la glace, jouer au billard, et personne ne m'a proposé un emploi, alors qu'à côté de moi se pavanent des imbéciles vaniteux dans leur belle livrée d'or et d'argent. C'est à se décourager d'avoir du talent. Maintenant, je vais devenir bête et paresseux, et

Secrets d'amour

on viendra me chercher, que dis-je, me supplier pour entrer dans la Maison du roi.

Honorine s'amuse de ces propos.

— Et tu refuseras. Tu diras : c'est trop triste de ne plus avoir la liberté de dire n'importe quoi. Je préfère ma vie de gueux.

Fleuridor soupire :

— Tu te moques d'un malheureux que les déceptions ont anéanti. Je ne te parle plus.

— Que fais-tu de l'amour d'Armande, le soleil de ton cœur ?

— Justement. Que deviendra notre amour à Paris ? Le vieux sera là. J'ose à peine y songer.

Le mauvais temps rend les routes impraticables, et ce n'est que le troisième jour au matin que le chariot s'arrête devant le Louvre. En aidant à décharger, Fleuridor aperçoit son ami Timoléon, toujours couvert de sa perruque rousse, en train de pousser une brouette remplie de gravats.

— Que fais-tu là ?

— Comme tu vois, je m'amuse, je danse, je fais des pitreries, répond Timoléon d'un ton lugubre.

— Ne sais-tu rien de ta liberté ?

— Si, si, je suis libre de pousser ma brouette vers la gauche ou vers la droite.

Fleuridor, déconcerté par l'attitude de son ami, avoue tristement :

— Je n'y comprends rien. On m'a dit que le roi a accepté ton placet. Une personne très influente me l'a confirmé. Tu es libre.

Le chef de chantier, qui remarque le bavardage du manœuvre, l'apostrophe :
— Hé, le rouquin, tu te mets au travail ! Tu n'es pas payé pour causer.
Timoléon relève sa brouette et s'éloigne.

9
LUTTES ACHARNÉES PENDANT LA DISETTE

Que les ordres du roi ne soient pas obéis laisse Fleuridor décontenancé. Qu'il se soit sacrifié pour son ami, en renonçant à demander pour lui-même un office, se révèle inutile. À qui faire confiance si Sa Majesté n'a pas tous les pouvoirs ?

Troublé, il a besoin de se retrouver en famille, et se hâte vers le *Juste Prix*. Paris n'est plus qu'un cloaque. Les récentes pluies ont transformé les rues en bourbier. Badauds et colporteurs se font rares. Vendre de l'eau-de-vie, s'il en trouve, deviendra un défi par ces temps sinistres.

*
* *

Se nourrir exige un combat quotidien. La canicule a détruit les récoltes, et les pluies ont pourri fruits et légumes. Comme chaque jour, la Marquise cherche sa pitance. Ce matin-là, elle remue l'eau dégoûtante de la rigole au milieu de la rue Saint-Louis. Dans ce quartier où les hôtels particuliers se dressent entre les jardins, les couvents et les terrains vagues, elle espère découvrir dans les ordures des riches quelques restes encore mangeables : épluchures de légumes, carcasses d'animaux mal grattées, fruits à demi pourris.

— Tu trouves quelque chose ? demande le Rimailleur dont la silhouette amaigrie ressemble de plus en plus à un poteau dressé en plein champ, tandis qu'il remonte la rue, tout essoufflé.

Sa compagne lui dit :

— Là, il y a un mulot crevé. Ramasse-le, j'ai trop mal aux reins.

L'homme prend l'animal et le dépose dans le vieux sac de la Marquise.

— On le mangera ce soir. En venant, j'ai vu quatre morts dans les rues. Quelle tristesse !

Puis il ajoute à voix basse en jetant des regards alentour :

— J'ai du blé noir.

— Du blé ? chuchote sa femme, stupéfaite. Où l'as-tu trouvé ?

— Dans la cour du Louvre. Le roi fait distribuer les céréales qu'il a réquisitionnées dans les provinces du Sud et à l'étranger. Sa Majesté est un bon boulanger pour son peuple. Tu penses bien que je n'étais pas tout seul à la porte du palais. La pagaille était telle que j'ai failli me faire assommer et assommer à mon tour. À peine ai-je été servi que trois malandrins m'ont couru après pour me voler. Par chance, ils connaissaient mal Paris et je me suis réfugié dans l'église Saint-Louis. J'ai caché mon trésor derrière une statue.

Luttes acharnées pendant la disette

Il ferme les yeux de fatigue :
— J'irai le chercher demain. Rentrons maintenant. Avec tous ces affamés qui viennent de la campagne pour trouver à manger, Paris devient un coupe-gorge !

Au même moment, deux provinciaux[1] efflanqués d'une trentaine d'années, des jumeaux au regard fouineur, débouchent d'une petite rue latérale.

— Qu'est-ce que je te disais ? dit le Rimailleur. En voilà qui viennent de loin. Mieux vaut les éviter. Suis-moi.

Prenant un air faussement détaché, il s'éloigne en chantonnant :

> *Le beau soleil de l'été,*
> *A de nos champs tout desséché,*
> *Et les pluies qui ont succédé*
> *Tous les fruits ont décomposé.*
> *Avec nos estomacs vidés,*
> *Il ne nous reste qu'à prier.*

Les deux jeunes gens entourent la Marquise qui traîne un peu.

— Il est bien joyeux, ton camarade, dit l'un.
— Le malheureux. La faim lui fait perdre la tête. Il chante encore au milieu de la nuit, répond la Marquise.
— On l'a vu ramasser quelque chose.
— Un mulot crevé. Rien d'autre.
— Cause pas tant et donne-nous ton mulot.

La Marquise lève ses yeux emplis de larmes.

---

1. La province commençait aux portes de Paris.

— Prenez plutôt aux riches ! Jeunes et forts comme vous êtes, c'est une honte de dépouiller une vieille affamée. Allez voler dans les bateaux, débusquez les fraudeurs ! Demandez de l'aide dans les couvents !

L'un des provinciaux s'exclame d'un ton faussement indigné :

— Tu voudrais qu'on vole Dieu, mécréante ! Tu entends ça, mon frère ?

Et sèchement, il ajoute :

— Dépêche-toi. Donne.

Il ramasse dans la rigole une chaussure sans semelle et trempée. Il la lance à la Marquise et ajoute d'un ton moqueur :

— Tiens, prends ça en échange !

En descendant la rue Saint-Louis, les deux jeunes gens débouchent dans la rue Saint-Antoine. Un fiacre encore plus sale qu'à l'ordinaire s'arrête au milieu de la chaussée. Le cheval, qui n'a plus que la peau sur les os, refuse d'avancer malgré le fouet que le cocher abat sur sa croupe.

— Tu vas le tuer ! s'exclame un jumeau.

— Que le diable t'emporte, sac à crottes, répond le cocher.

— Est-ce une façon de parler, malappris !

— Veux-tu mon fouet pour te faire taire, vieille canaille ?

La légendaire grossièreté des cochers de fiacre divertit les rares passants.

— Dès qu'il s'écroulera, tu m'en donneras une cuisse. Quoiqu'elle soit bien maigre, ricane l'autre jumeau.

Luttes acharnées pendant la disette

La portière du fiacre s'ouvre et Armande saute gracieusement sur le sol. Elle est ravissante dans son manteau doublé de fourrure, un chapeau en forme de cloche tressée de plumes sur la tête.

— La jolie bête ! constate un des jumeaux qui sifflote d'enthousiasme.

— Belle peau ! ajoute son frère.

Tous deux s'inclinent devant la comtesse de Maronville, la saluent d'une profonde révérence, tirant une jambe bien en arrière, enlevant leur chapeau avachi.

— Madame, le cheval de votre cocher vient certainement d'une écurie royale où il n'était plus bon à rien. Maintenant il meurt de faim. Nous aussi. Ayez pitié du pauvre monde et donnez-nous quelques sous.

D'un geste, Armande écarte les insolents.

— Laissez-moi ! Ou j'appelle les gardes !

— Appelle, ma belle, appelle, dit un des jumeaux en saisissant le manteau fourré par le col et en le tirant à lui.

Son frère dégrafe rapidement les boutons et arrache le vêtement.

Armande se débat. Des passants s'arrêtent pour regarder le spectacle, petit plaisir dans leur vie lugubre, juste combat des miséreux contre les privilégiés.

— Aidez-moi ! Au secours ! s'époumone la jeune femme.

Mais les habitants du quartier et les boutiquiers devant leurs étalages vides ne bougent pas. Ne songeant qu'à survivre, ils n'ont pas le cœur à sauver une comtesse.

— Donne-leur de l'argent, lui crie une femme. Tu en as les coffres remplis.

Après le manteau, les deux frères déchirent le justaucorps, puis la robe brodée d'argent. En chemise et en jupon de soie rouge, Armande parvient à s'échapper et s'enfuit vers son hôtel. Aussitôt, les piétons, jusque-là immobiles, se précipitent sur les deux voleurs. C'est à qui arrachera un pan de fourrure, une broderie fine, un morceau de soie qu'on pourra toujours troquer au marché noir contre un aliment. Puis chacun s'éloigne rapidement avec son trésor, et de cette échauffourée il ne reste sur la chaussée qu'un bouton de nacre, trois plumes et des bouts de fil.

Le comte de Maronville, surpris par l'arrivée de sa femme dans une tenue si inattendue, prend son ton persifleur.

— Vous souffrez de la chaleur, ma chère ?

— Deux mécréants m'ont attaquée et dévêtue. Quelle ignominie ! fulmine-t-elle en se drapant dans une robe de chambre que lui apporte Paulinette. Que font les gardes ? On détrousse les gens en pleine rue, à midi, et personne ne vous protège ! J'irai voir le commissaire, pour lui demander de mieux surveiller notre paroisse.

— Il vous demandera peut-être des nouvelles de votre frère !

— Laissez mon frère tranquille ! s'exclame Armande, exaspérée. Le roi va l'innocenter, je vous l'ai déjà dit. Qu'attend votre Goussard pour lui rendre la liberté ?

— Je l'ignore. Il est souvent en voyage. Vous vous

plaignez que la police laisse traîner les vagabonds, et vous vous réjouissez quand elle laisse le jeune Batifort vadrouiller dans la capitale comme un malfaiteur. Vous êtes d'une incohérence !

La comtesse monte lentement l'escalier, et d'un ton las soupire :

— Parfois, j'aimerais un peu de compréhension.

— De compréhension ? s'étonne le comte. Qu'y a-t-il à comprendre, à part votre indifférence à mon égard et votre ambition de couturière ? De quoi vous plaignez-vous ? Vous habillez des femmes de la Cour ! C'est ce que vous souhaitiez ?

Et il poursuit ironiquement :

— Un succès rendu possible par votre mariage, ma très chère, ne l'oubliez pas !

— Combien de temps me faudra-t-il supporter vos humiliations ? rétorque Armande.

Maronville émet un rire sec.

— Ne prenez pas cet air accablé. Je vous offrirai un bijou, car le roi a réduit l'impôt par tête à cause de la disette[1]. Vous voyez qu'on s'occupe de vous en haut lieu !

*
* *

Quelques jours plus tard, seuls quatre manœuvres se présentent en place de Grève. Les autres n'ont plus la force de faire un travail éreintant, trop épuisés par la

---

1. Cet impôt, la capitation, est payé par tout le monde.

faim. Le recruteur, lui aussi amaigri, descend péniblement du fiacre à cinq sous et annonce :

— Dorénavant, l'état des sols ne permet plus de travailler dans le bâtiment. Il n'y aura plus d'embauche avant la fin des pluies. Si certains d'entre vous souhaitent entrer dans l'armée, renseignez-vous à l'Hôtel de Ville. Pour les autres, je leur souhaite de survivre. Adieu.

Deux hommes se dirigent vers l'Hôtel de Ville. Le troisième part tenter sa chance dans un couvent. Timoléon rumine son amertume. Non, il ne se laissera pas mourir avant d'avoir démasqué son ennemi. Un ennemi assez puissant et assez redoutable pour ignorer un ordre du roi. Un ennemi contre lequel il ressent une haine chaque jour grandissante qui pourrit son cœur et sa tête. Parfois, son impuissance le fait pleurer de rage.

S'il n'y a plus de travail, le seul moyen de manger est de faire du marché noir. En période de disette, le prix de la nourriture ne cesse d'augmenter. Cependant pour faire du troc, il faut avoir quelque chose à troquer. Aussi se dirige-t-il, à tout hasard, vers les environs de Paris.

Au-delà de la barrière du Temple et du faubourg du même nom, il avance, l'œil aux aguets, sur un chemin détrempé. De tous côtés, s'étend la terre brune où résistent quelques arbustes effeuillés. De temps à autre, Timoléon aperçoit des pousses vertes, grains de blé qui ont germé malgré l'humidité. Il les arrache aussitôt et les mordille patiemment, pour bien profiter de leur sève.

Luttes acharnées pendant la disette

Plus loin, il croise un petit groupe d'hommes et de femmes, des ouvriers agricoles, emportant avec eux leur seul bien, une fourche de bois, une faucille et une marmite de terre cuite. À leurs corps squelettiques et leurs yeux agrandis par la faim, il les soupçonne d'être en quête d'une bonne fortune ou d'un mauvais coup et s'éloigne prudemment.

En fin de matinée, des cris retentissent. Deux gardes des pauvres extirpent d'une maison de torchis un vieil homme à la peau couverte de vermine. De son crâne presque chauve pendent jusqu'à ses épaules quelques mèches grises et sales.
Le malheureux se débat en répétant :
— Non, non, je veux rester chez moi !
— Tu es malade. Les malades sont entretenus à l'Hôpital général. À Bicêtre[1], on te nourrira et bientôt tu pourras travailler.
Ils traînent le malheureux en bas de la colline et disparaissent derrière un bouquet d'arbres.
Timoléon pénètre dans le cabanon abandonné. Sur le sol de terre battue, gît une paillasse à moitié défoncée. Dans la cheminée, la cendre est froide depuis longtemps. Timoléon fouille dans le placard, écarte une chemise pleine de trous et s'apprête à ressortir lorsqu'il aperçoit, dans un coin, un sac de chanvre rembourré. Chance inespérée : il est rempli de glands. Les glands,

---

1. L'Hôpital général envoyait les hommes à Bicêtre, et les femmes à la Salpêtrière.

bien cuits dans l'eau bouillie, font le soir un souper consistant.

Content de sa trouvaille, il s'en retourne vers la ville. En traversant un bois fort sombre, son pied bute sur une masse molle et il s'étale dans la boue parsemée d'aiguilles de pin. C'est un lapin, pris dans le piège d'un braconnier, qui l'a fait tomber. Un lapin ! La Providence, pour une fois, le comble de bienfaits. Excité par sa découverte, il dénoue fébrilement le piège lorsque quatre gros sabots surgissent près de l'animal.

— On n'aime pas les voleurs, tonne une voix menaçante.

— Donne le lapin en vitesse, ajoute un autre.

Timoléon relève lentement la tête et découvre d'épaisses cuisses, deux larges torses, et des visages aux traits durs. À deux contre un, lui affamé et les braconniers apparemment bien nourris, le combat est inégal, l'animal perdu. Après des semaines de disette, d'efforts quotidiens pour survivre, la perspective de renoncer à sa proie lui est intolérable. De rage, il se dresse comme un ressort et, utilisant le sac de glands comme une arme, il frappe violemment ses adversaires au visage. Un braconnier s'enfuit aussitôt. Le deuxième chancelle et tombe sur le sol. Emporté par la fureur, Timoléon s'acharne sur l'ennemi à terre et frappe, frappe sans s'arrêter. De loin, celui qui a fui lui crie :

— Si tu tues mon frère, je te tuerai !

Timoléon retrouve brusquement son calme. Dégrisé de sa colère, il regarde, stupéfait, le corps ensanglanté à ses pieds.

— Mon Dieu ! murmure-t-il. Je deviens fou.

Luttes acharnées pendant la disette

Il jette le lapin dans le sac de glands et s'éloigne en courant.

À Paris, la nuit tombe. De la porte du Temple, Timoléon longe les remparts jusqu'au croisement de la rue Charlot. L'endroit est abandonné, avec quelques cahutes de bois entre d'étroits terrains vagues. Une porte bat au vent, derrière laquelle se trouve une ancienne réserve de bois, désormais vide. Sur le sol traînent des écorces et de la sciure qui constituent un plancher sec et dégagent une odeur agréable. Il restera là. Il n'aura rien à craindre, car les hommes du guet ne viendront pas inspecter ce lieu inhabité, récemment donné par les Templiers à l'extérieur de leur rempart.

Fatigué, il grignote quelques glands, difficiles à digérer, et se désaltère avec l'eau stagnante dans la rigole de la rue.

Un lapin encore dodu est une denrée précieuse. Seule une personne aux revenus confortables est susceptible de se l'offrir. Aussi le proposera-t-il place Royale. Certes, la place est moins animée qu'auparavant, mais, malgré la disette, il y a toujours des parfumeurs, des bijoutiers, et autres métiers destinés au plaisir qui proposent leurs marchandises ou leurs services dans les riches hôtels. Timoléon ne s'adresse pas aux valets de chambre des nobles et des bourgeois opulents. Ceux-ci possèdent de vastes domaines et reçoivent de leurs chasses, de leurs terres, de leurs rivières de quoi bien se nourrir. Il cherche un client assez gourmand et assez débrouillard. Il avise un perruquier au sourire satisfait. Sans doute vient-il de vendre une coiffure.

— Je te donne le bonjour, dit Timoléon. Les affaires vont toujours ?

— Toujours ! On paie bien les cheveux. C'est l'estomac qui se plaint. Avec l'argent que je gagne, je ne trouve rien à manger, ou alors à des prix ! Il faudrait vendre sa maison pour une patte de mouton.

— Est-ce qu'un lapin t'intéresserait ? Bien dodu, bien frais, mort seulement d'hier.

Le perruquier fronce les sourcils d'un air soupçonneux. Timoléon le rassure aussitôt.

— Je ne suis pas un contrôleur de volailles et de gibier. Ne te fais pas de souci.

Le perruquier réfléchit un moment tout en surveillant la place du coin de l'œil, au cas où y déambulerait un garde à la livrée or et bleue. Rassuré, il demande :

— Comment t'appelles-tu ?

Méfiant lui aussi, Timoléon préfère cacher son identité.

— Grégoire. Je demeure rue Charlot, près des remparts, dans une cabane abandonnée, une ancienne remise de bois.

— Que veux-tu en échange ?

— Une vieille marmite, deux chenets et quelques bûches. Pour faire des soupes avec ce que l'on trouve : herbes, gousses d'ail, racines, glands, etc.

— Les bûches seront difficiles à trouver. Mais à côté, chez Ninon de Lenclos, j'en obtiendrai. Elle ne manque de rien, cette dame-là. Ce soir, je me rendrai chez toi.

Au fil des jours, la cabane de la rue Charlot devient une adresse pour le marché noir. Les propriétaires de volaille proposent des œufs ou de vieilles poules, les paysans, du pain noir, et les autres, selon les occasions,

Luttes acharnées pendant la disette

de l'huile pour les lanternes, des chaussures, des vêtements, des couvertures de laine. Les affaires se multiplient.

Lorsqu'il ne pleut pas, Timoléon part à l'aventure. Il devient aussi léger qu'un lézard, aussi rapide qu'un chien de meute, pour attraper toute chose vivante susceptible de cuire dans la marmite. Un jour, il ramène un chevreau, que l'on troque contre du beurre, du lait, du fromage. Au fur et à mesure que la pénurie s'aggrave, les échanges sont de plus en plus variés : d'honnêtes gens ruinés, des serviteurs filous proposent des objets décoratifs : une cage à oiseau décorée de diamants du Temple[1] contre un pied de porc, un chandelier de vermeil contre une assiette de lentilles, de beaux portraits contre des céréales, des boîtes à bijoux contre du lait ou du vin. Profitant de la crise, d'habiles négociants achètent à bas prix les œuvres d'art qu'ils revendront bien plus cher quand la disette sera terminée.

Une fin d'après-midi, un paysan des environs vient annoncer qu'il a un cochon à vendre. Une jolie bête d'un an, bien portante. Il l'apportera quand on lui fera une proposition intéressante. Car tout est bon dans un cochon, du groin jusqu'aux pieds, sans compter les boyaux et autres abats. La nouvelle se répand et, quelques jours plus tard, arrive un petit bonhomme rond, portant le nom de Potiron, à la figure un peu niaise.

— Pour le cochon, je propose dix kilos de sel.

Dix kilos de sel permettent bien des salaisons et des

---

1. Les diamants du Temple sont de faux diamants.

trocs intéressants. Aussi le paysan accepte le marché pour le lundi suivant.

Le jour dit, à l'aube, l'homme apporte sa lourde bête bien dissimulée dans un grand sac de chanvre. Potiron, accompagné de Fenouil, jeune homme aussi grand que l'autre est petit, déposent leurs kilos de sel cachés dans deux cartons à chapeaux. Le troc se fait sous l'œil averti des habitués du dépôt.

Lorsque le fermier ouvre son sac et qu'apparaît le cochon, jeune, ferme, bien gras, Potiron murmure à Fenouil :

— C'est Goussard qui sera content.

Un éclair zigzague dans la tête de Timoléon. Goussard ! Potiron a-t-il bien dit Goussard ? Un Goussard qui dispose sans difficulté de dix kilos de sel alors qu'un Goussard est chargé de son dossier au Châtelet et l'accuse d'être, lui, un faux saunier ?

Surexcité, partagé entre l'enthousiasme et le doute sur le nom prononcé, il attend impatiemment le retour du vendeur de sel.

Heureusement Potiron réapparaît un matin, proposant cette fois-ci du sel contre du chocolat, une denrée dont personne dans l'entrepôt n'a entendu parler. Une jeune dentellière, venue mendier un peu de soupe en échange de quelques caresses, explique :

— C'est un médicament très rare, qu'on ne trouve que depuis trois ans à Paris[1].

---

1. C'est seulement en 1659 qu'on donna à Paris, au sieur David Chaliou, le privilège exclusif de la fabrication et de la vente du chocolat dans tout le royaume. Sa boutique était à l'angle de la rue de l'Arbre-Sec et de la rue Saint-Honoré.

Luttes acharnées pendant la disette

— Qu'est-ce qu'il soigne ?

— Presque tout. Particulièrement les vapeurs de la rate.

— Tu sais où on en trouve ? demande Potiron.

— Moi je sais, ment Timoléon avec autorité. Je t'accompagne, Potiron, si tu veux.

Tous deux descendent aussitôt en direction de la Seine. Timoléon, impatient d'en savoir davantage, commente :

— Tu es drôlement malin pour disposer de tant de sel. Où le trouves-tu ?

— Là où il y en a.

Timoléon s'efforce de rire :

— Pas dans le grenier à sel, quand même !

Potiron fait semblant de rire à son tour :

— Ah ! Tu veux me faire parler. Eh bien, tu n'y arriveras pas. Des gens comme toi, des curieux, font toujours des embrouilles. Mieux vaut que je te quitte.

— Tu ne veux plus de chocolat ? s'étonne Timoléon.

— Ça sent trop mauvais par ici. Cette puanteur me donne envie de vomir.

Il est vrai que la rue qui descend vers le centre de Paris dégage une odeur pestilentielle. Timoléon, cependant, n'est pas disposé à perdre son vendeur de sel. Depuis la venue de Potiron, il sent une excitation si violente monter dans son corps qu'il en tremble un peu. Il ne le laissera pas s'en aller avant d'avoir obtenu une réponse concernant Goussard. Aussi le saisit-il violemment par l'épaule et demande :

— Tu ne serais pas faux saunier par hasard ? Tu sais où ils finissent, les faux sauniers ? Dans une galère.

L'or blanc de Louis XIV

Potiron se dégage et s'enfuit sur ses courtes jambes. Timoléon le rattrape aisément au croisement de la rue des Filles-du-Calvaire. Là s'écoule un des vingt-quatre égouts de la ville, la plupart à ciel ouvert comme celui-ci. Près de l'étroit canal d'évacuation, Timoléon, d'un geste rapide, bascule Potiron dans l'eau répugnante.

— Pendard ! Canaille ! Tire-moi de là ! hurle le malheureux.

— Volontiers. Quand tu m'expliqueras d'où vient le sel.

— Jamais.

Potiron tente de sortir par ses propres moyens en s'appuyant sur le rebord. Mais celui-ci n'est que de la terre détrempée et n'offre aucune prise. D'autant plus que Timoléon repousse chaque fois le bonhomme du pied.

Suffoquant, fatigué, le petit homme rond finit par avouer :

— Le sel, ce n'est pas moi, c'est Goussard.

— Où trouve-t-il le sel, ce Goussard ?

— Dans les marais de Brouage, pendant l'été. Tu diras rien. Tu diras jamais que je t'ai parlé ! supplie Potiron.

— Promis, je ne dirai rien. Tu peux compter sur la parole de Grégoire.

Puis, regardant autour de lui, il ajoute :

— À quelques mètres, il y a un petit pont qui traverse l'égout. Il te permettra de sortir de là.

L'apprenti barbier-chirurgien ressent alors une grande sérénité. Enfin, il connaît son ennemi. Il n'a plus en

Luttes acharnées pendant la disette

face de lui un fantôme, mais un homme bien réel, identifiable, dont il connaît le nom ainsi que le lieu où le rencontrer. Il se rendra à Brouage et discutera avec lui d'homme à homme. C'est vraisemblablement ce Goussard qui l'a dénoncé pour cacher ses activités illégales, et qui a caché ou détruit l'ordre royal demandant qu'on rétablisse un honnête jugement. L'homme est dangereux. De toute évidence, le moindre bavardage, la plus petite allusion le concernant pourraient lui coûter la vie.

Mieux vaut n'en parler à personne. Le paradoxe de la situation l'étonne : ce Goussard, qui harcèle le comte de Maronville pour qu'on arrête un innocent, est le véritable contrebandier. Et son beau-frère, le notaire, si rusé, si malin, n'imagine pas que son collègue du Châtelet se remplit les poches avec du sel de contrebande. Malgré ses lunettes d'acier et son air hautain, Maronville se fait rouler dans la farine. Cette découverte lui rend un instant la gaieté. Quand Armande saura cela ! Plus tard. Pour le moment, le silence s'impose.

*
* *

La pluie se fait plus rare, et, un jour de soleil, Timoléon salue ses camarades de la rue Charlot et emporte du pain dur et trois harengs salés destinés à *Mon rêve*. Le ciel est bien dégagé quand il retrouve la cour des miracles. Les effets du mauvais temps paraissent catastrophiques : maisons effondrées, cadavres d'animaux et d'êtres humains qui pourrissent dans la boue. Ses amis sont en train de prier autour d'un petit cadavre. Le Rimailleur prononce les paroles rituelles :

— *Requiem aeternam dona ei, Domine, et lux perpetua luceat ei*[1].

— Le petit garçon qui avait toujours des poux est mort hier soir, explique à voix basse la Marquise. La terre est trop lourde pour être pelletée. On attendra un peu de soleil pour lui creuser une tombe. Et toi, d'où viens-tu ?

— De la ville. Tiens, dit-il en lui tendant les quelques vivres.

Le Rimailleur s'approche de lui.

— Je suis content de te revoir. Comment te portes-tu ?

— Je suis soulagé. Je connais le nom de celui qui m'a dénoncé.

— Voilà une bonne nouvelle, s'exclame le Rimailleur, qui évite de poser des questions indiscrètes. Tu vas lui tendre un piège ?

— L'entreprise nécessite de la délicatesse. S'il meurt, je serai toujours considéré comme coupable. Pour que je sois innocenté et retrouve mon honneur, le dénonciateur doit être condamné à ma place. Le combat n'est pas fini. Mais, au moins, je connais l'adversaire.

Et il se met à bâiller deux ou trois fois de suite.

— Tu es fatigué. Allonge-toi à l'abri du vent, sur une planche pour éviter la boue, dit la Marquise. Pauvre chérubin ! La Providence fut cruelle pour toi.

---

1. « Donne-lui, Seigneur, le repos éternel et que ta lumière luise à jamais sur lui. »

10
UN RENDEZ-VOUS CLANDESTIN

Au printemps, le sol absorbe peu à peu l'eau déversée du ciel. Dans la ville, les rues reprennent leur aspect normalement sale, malodorant et bruyant. De profondes fondrières non colmatées rappellent les ravages du déluge et causent des entorses aux ânes, aux chevaux et aux vieillards. Les premiers légumes arrivent sur les marchés. Les chantiers reprennent et Timoléon est embauché pour agrandir et consolider l'allée qui conduit de Paris à Versailles.

Dès le matin, les jours sans travail, il surveille le grenier à sel sur le quai de la Ferraille, dans l'espoir d'y apercevoir Potiron et son maître. Cela lui éviterait un long voyage jusqu'à Brouage. À travers la porte ouverte, il distingue des parois que l'on croirait recouvertes de diamants tant les cristaux blancs y chatoient.

Lorsqu'en sort un petit gros, ressemblant à Potiron, son cœur fait un bond dans sa poitrine. Déception. Ce n'est qu'un vieux porteur de sel à qui il demande :

— Quel est le prix de la livre en ce moment ?

— Douze sous, et si tu veux que je l'apporte à ton domicile, il te faudra ajouter six deniers.

— Tu connais un ramasseur de sel qui travaille à Brouage ?

L'homme secoue la tête. Timoléon insiste :

— Tu peux te renseigner ?

— Certainement pas ! Je parie qu'il s'agit encore de contrebande. Je ne veux rien savoir. J'ai payé assez cher mon office pour vivre tranquille maintenant.

Il éternue bruyamment.

— Que Dieu te vienne en aide, dit Timoléon.

Le porteur s'éloigne. L'apprenti barbier-chirurgien continue à surveiller les allées et venues à la porte du grenier, lorsqu'il entend une voix pâteuse et familière :

— Eau-de-vie ! Eau-de-vie pour les corps transis ! Buvez mon eau-de-vie pour les cœurs assombris ! Urtulu, Lustucru ! J'ai le ventre bien dodu !

Fleuridor s'approche en titubant. Devant le regard sévère de Timoléon, il bredouille :

— Ne me dispute pas. Je l'avoue : j'ai bu de l'eau-de-vie. Je suis trop malheureux, je ne peux plus voir Armande. Elle a trop peur de son mari. Elle est suivie par une gouvernante austère, qui vient de la Saintonge et parle un mélange de français et de patois de sa province[1]. Armande passe devant moi, toute droite, sans un regard, sans un sourire, comme une statue qui marcherait. Certainement le comte, cet affreux barbon de comédie, a été mis au courant de nos amours à Fontainebleau. C'est ridicule. La jalousie n'est pas à la mode

---

1. La Saintonge est une ancienne province française dont les limites ont varié avec le temps. Elle est aujourd'hui rattachée à la Charente.

sous notre jeune roi, d'autant plus qu'Armande m'aime comme Louise aime Sa Majesté. Mais je ne suis pas Sa Majesté. Le roi possède Versailles comme nid d'amour. Alors que moi, je suis obligé de remplacer Armande par l'eau-de-vie. Maintenant je me sens tout joyeux. Turlututu. Le bonheur flotte dans mon cœur. On ne peut vivre sans bonheur.

Puis il ajoute :

— Si tu savais comme ta sœur est malheureuse avec son mari !

— Elle te l'a dit ? demande Timoléon, peu convaincu.

— Ça se voit, une femme heureuse, ça se devine, ça se respire.

L'apprenti barbier-chirurgien répond brutalement :

— Armande n'a pas à se plaindre. Elle ne souffre ni de la faim ni du froid. Elle se rend à la messe le ventre plein pour remercier Dieu de sa confortable existence.

— Et l'amour ? Que fais-tu de l'amour ? Y songes-tu ?

— Je n'y songe pas du tout ! Tu connais une fille qui épouserait un évadé promis aux galères !

Fleuridor fait un grand geste du bras.

— Parle de *Mon rêve* avec un peu de fantaisie, maison dont les murs sont des rosiers, le toit des sarments de vigne, le sol des fleurs de coton qui embaument tous les parfums d'Arabie. Turlititi.

— Tu es saoul. Je t'emmène à la pompe de la Samaritaine pour te passer la tête sous l'eau.

Une fois Fleuridor dégrisé, ils vont s'asseoir au bord du quai.

— J'ai absolument besoin de parler à Armande, explique Timoléon. Tranquillement. Comment faire ? Toi, qui as tant de projets dans la tête, trouve-moi une solution.

Les yeux gris et malicieux du vendeur d'eau-de-vie s'assombrissent et le garçon reste un long moment silencieux. Puis, avec un grand sourire, il s'exclame :

— J'ai trouvé. Le plan est un peu compliqué, mais audacieux. Tu apprécieras certainement. Pour commencer, je vais parler à Mme Batifort. Elle ne sera pas contente de me voir, mais peu importe. Je resterai très mystérieux, ce qui l'intriguera.

Après avoir aidé à servir le dîner au cabaret de son oncle, Fleuridor se rend aux *Doigts de fée*. Il est doublement content : de rendre service à Timoléon, et de pouvoir parler avec Armande sans la surveillance de la gouvernante qui l'oblige à se montrer si distante.

Il entre gaiement dans l'atelier :

— Je vous donne le bonjour, dit-il, tout en jetant un regard surpris autour de lui.

Car l'atelier a bien changé depuis qu'Armande a de riches clientes. Mme Batifort a acheté la boutique voisine du savetier, mort pendant la disette. Quatre fenêtres donnent maintenant sur la rue, laissant passer plus de lumière et permettant aux passants d'admirer les tissus et les couturières. Quatre chaises entourent une petite table rectangulaire sur laquelle on peut jouer aux cartes ou poser carafe et assiettes. Deux beaux fauteuils couverts de véritables tapisseries attendent les visiteuses et un lustre à huit bougies descend du plafond. Derrière l'antique table encombrée d'échantillons de soie, de satin rouge et d'une multitude de rubans, Mme Batifort lève la tête avec un rictus de déplaisir.

— Que viens-tu faire ici ? demande-t-elle sèchement. Je t'ai interdit de revenir.

— J'ai un message pour Armande.

— Laisse ma fille tranquille. On me raconte que tu tournes autour d'elle comme une mouche sur du miel. Armande est une comtesse respectable, et le bourdonnement d'un bon à rien comme toi est nuisible à sa réputation. Son mari est furieux de ce qui s'est passé entre vous à Fontainebleau. Il a le bras long et te fera un jour emprisonner pour dévergondage.

Fleuridor ne se laisse pas impressionner par les prévisibles reproches.

— Causez, causez toujours ! L'important est que vous disiez à votre fille que la Noble Dame l'attend après-demain dans l'église habituelle. À l'heure de la messe.

En secret, il s'amuse de s'être donné comme surnom la Noble Dame. Ce mot éveille aussitôt la curiosité de Mme Batifort. Radoucie, elle demande :

— Qui est la Noble Dame ?

— Une dame noble qui préfère garder l'anonymat.

— Et où se trouve exactement ce rendez-vous ?

— Comme d'habitude. À droite. Le deuxième en sortant. Au revoir. Qu'elle y soit absolument, lance Fleuridor sur le pas de la porte.

Mme Batifort supporte mal d'être tenue à l'écart des activités de sa fille et, de nervosité, se pique le doigt avec une aiguille. Quelques gouttes de sang tombent sur une luxueuse cotonnade des Indes.

— Petites, crie-t-elle aussitôt, trempez tout de suite ce tissu dans l'eau fraîche. Que c'est agaçant ! Il n'y a autour de moi que secrets et mensonges ! Ce garçon, Fleuridor, est d'une insolence !

— Il est mieux habillé, intervient une petite main pour alléger l'atmosphère.

Mme Batifort hausse les épaules de mépris :

— Il gagne de l'argent en jouant au billard. C'est une honte.

Le surlendemain, Fleuridor se rend à l'église Saint-Louis avant la messe, vêtu d'une vieille veste noire de son oncle Pierrot, un habit qui lui permet de passer pour un ecclésiastique. Car les prêtres sont encore nombreux à refuser de porter la soutane, comme l'ordonne l'archevêque.

Armande arrive en avance, elle aussi impatiente et inquiète, accompagnée de la gouvernante. Elle s'assied. Que veut dire ce message : la Noble Dame, la messe, à droite, le deuxième en sortant ? L'esprit en alerte, elle ne prête aucune attention à l'épître de saint Paul, ni à l'Évangile de saint Matthieu, ni à l'homélie.

Après le sermon, elle s'affole. La messe va bientôt se terminer et elle n'a rencontré personne. Elle a beau se répéter : à droite, le deuxième en sortant, elle hésite entre les piliers, les statues, les tableaux, les vitraux. Soudain, à quelques pas, une porte claque. Une fois. Deux fois. Armande sourit. Il s'agit du deuxième confessionnal, à droite en venant de l'autel. Elle profitera de la communion pour fausser compagnie à sa duègne.

Lorsqu'elle juge le moment opportun, elle dit à cette dernière :

— Je dois d'abord me confesser.

Elle se rend au confessionnal, s'agenouille derrière la petite fenêtre grillagée.

— Mon amour ! murmure le faux abbé.

— Fleuridor, quelle imprudence !

— Parle, parle encore. Ta voix, mon ange, me transporte au paradis. Rassure-moi. Dis-moi que tu souffres en passant devant moi raide comme la justice. Dis-moi que ton cœur bat d'émotion dès que ma silhouette surgit. Je suis si malheureux. J'ai le cœur si lourd d'amour caché. Le matin, en me réveillant, je tends machinalement la main vers toi...

Armande, que cette parodie de confession met mal à l'aise vis-à-vis du Seigneur, l'interrompt :

— Nous ne pouvons rester ici longtemps. Qu'as-tu à me dire ?

— Timoléon doit te parler. Mais rassure-moi. M'aimes-tu encore ?

— Oui. Dépêche-toi de me dire ce que veut mon frère.

— C'est très, très important. J'ai un plan. Écoute-le bien.

Et tandis que l'orgue résonne dans l'église, et que, peu à peu, les fidèles repartent vers leur vie quotidienne, Armande rejoint son banc. La gouvernante, d'un air satisfait, commente :

— Le prêtre vous a longtemps fait la morale. Cela plaira à monsieur le comte.

Le jeudi suivant, selon son habitude, Armande se rend à l'Hôtel-Dieu[1]. Elle espère bien y trouver l'occasion de semer la duègne. L'hôpital, un bâtiment moyenâgeux, s'étend le long du petit bras de la Seine, à l'angle sud de Notre-Dame. La comtesse apporte à ses protégées, les femmes qui accouchent, de la viande, du poisson, des fruits et du vin. Elle les écoute patiemment raconter les souffrances de l'accouchement, leur peur de la mort, et les vœux qu'elles font pour leur progéniture. Elle aime l'odeur des bébés, leurs cris rageurs, leurs visages d'anges bienheureux quand ils dorment. Elle aimerait tant avoir une fille.

Dans l'office des accouchées, les sages-femmes l'accueillent avec chaleur, partageant avec elle l'idée qu'une bonne alimentation favorise la santé.

— Madame la comtesse, venez voir nos nouveaux petits. Celui-là, sa mère n'a pas de lait. Sa voisine veut bien servir de nourrice, mais demande à être payée pour ce service.

Voilà l'occasion qu'Armande espérait. Elle se tourne vers la gouvernante.

— J'ai oublié ma bourse dans ma chambre. Allez vite la chercher. Je vous attends ici.

La femme est mécontente, flairant une manœuvre destinée à la semer en chemin. Comme il lui est impossible de refuser, elle se hâte vers le carrosse.

---

1. Ancienne institution hospitalière attestée dès le IXe siècle et dont les bâtiments datent des XIIe et XIIIe siècles. Démolis en 1878, ils furent remplacés par un nouvel hôpital situé face à l'ancien.

Un rendez-vous clandestin

Aussitôt, Armande demande :

— Je n'ai jamais visité l'annexe de l'Hôtel-Dieu. Qu'y soigne-t-on ?

— C'est le quartier des convalescentes, après une amputation ou la chirurgie d'un bec-de-lièvre. Il vous suffit de prendre le pont.

Sur le petit bras de la Seine, un pont privé permet de circuler de l'hôpital à son annexe sur la rive gauche. Armande ne prête aucun intérêt aux convalescentes ni à la grande statue des saints Côme et Damien[1], et sort de l'autre côté. Sur le quai, un vieux carrosse de louage l'attend. À l'intérieur, Timoléon soupire de soulagement.

— Ah ! Te voilà enfin ! J'avais peur que tu ne puisses pas te débarrasser de ta duègne. Allez, dit-il au cocher.

Sa sœur est nerveuse.

— J'ai peu de temps. Le comte se méfie de moi depuis que tu as déposé un placet soi-disant accepté. Dis-moi vite pour quelle raison tu veux me voir.

— J'ai besoin d'argent.

— Tu veux cinq deniers[2] ?

— Beaucoup plus. Je pars en voyage.

— Où cela ?

— C'est un secret. Je vais là où je peux rencontrer Goussard.

Armande le dévisage avec effarement.

---

1. Côme et Damien étaient des médecins chrétiens d'origine arabe, martyrisés en Syrie à la fin du IIIe siècle. Considérés comme les patrons de la médecine, leur culte se répandit dans tout l'Orient au Ve siècle.
2. Un denier vaut douze sous.

— Goussard ! Tu es fou ! Il connaît le comte et te recherche obstinément.
— Raison de plus pour le découvrir.
Armande fronce les sourcils d'un air dubitatif.
— Qui t'a parlé de ce Goussard ?
— Toi, répond prudemment Timoléon qui veut garder son secret. Tu m'as dit qu'il interrogeait sans cesse ton époux pour savoir où je me trouve.
— C'est vrai. Mais comment sais-tu où le chercher ?
— Une intuition. Rien de plus. Pourquoi pas près d'un marais salant ? Dans tous les cas, il me faut quitter Paris. Je n'en peux plus. Chaque jour la colère monte en moi comme la tempête et je ne sais plus ce que je fais. Je finirai par être arrêté si je reste ici.
— Mon mari part aussi, sans moi. Il dit qu'il va prendre les eaux à Vichy pour se purger, mais je ne le crois pas. Je ne l'imagine pas buvant tous les matins douze verres de cette eau bouillante au goût de salpêtre. Il ment. Pourquoi ?
— Peut-être va-t-il rejoindre Goussard ! dit Timoléon en riant. Et toi, que vas-tu faire ?
— Moi, je suis invitée chez les Monterai, dans leur propriété du Val de Loire. Les demoiselles ont beaucoup d'amitié pour moi. Nous avons le même âge et nous partageons les mêmes goûts pour la toilette.
Timoléon revient au motif du rendez-vous.
— Il me faut cinq louis d'or pour mon voyage.
À l'énoncé de cette somme considérable, Armande répète, ahurie :
— Cinq louis d'or !
— Oui.

— Jamais je ne pourrai demander cela à mon mari sans explication.
— Et à tes clientes ?
— C'est notre mère la propriétaire de l'atelier. C'est elle qui reçoit l'argent.

Elle pousse un gros soupir.

— Je l'entends déjà crier. Enfin, avec elle j'essaierai de me débrouiller.

Elle jette un regard inquiet sur son frère :

— Tu me promets d'être prudent ? De ne pas prendre de risques ?

— Il ne peut rien m'arriver de pire que le déshonneur ! Te rends-tu compte de ce que je supporte depuis deux ans ?

— Je comprends, je comprends, dit Armande, pressée. Je déposerai l'argent chez Pierrot. Adieu. Mais laisse-moi un peu de temps. Je choisirai le bon moment pour parler à notre mère.

Les Parisiens ont, depuis peu, un nouveau sujet de bavardage. *La Gazette* annonce une grande fête en l'honneur du Dauphin les 5 et 6 juin. Dès la fin du mois de mai, provinciaux et étrangers affluent dans la capitale. Les tailleurs, bottiers, chapeliers, fripiers, ceinturiers, rubaniers, passementiers d'or et d'argent, parfumeurs, perruquiers sont débordés par les commandes. Les cuisiniers font des provisions de nourriture et de vin et, d'Auvergne, montent des porteurs d'eau[1] supplémentaires pour aider ceux de Paris.

---

1. Les porteurs d'eau sont pour la plupart auvergnats. Quand ils se retirent au pays, ils revendent leur fonds.

L'or blanc de Louis XIV

Dans le vaste espace qui s'étend devant le château des Tuileries, séparé du Louvre par de nombreux hôtels et maisons, on dresse quatre rangées de gradins en forme d'amphithéâtre, au centre duquel se déroulera le carrousel[1].

Le 5 juin, dès l'aube, quinze mille spectateurs viennent s'entasser sur les estrades. D'autres prennent d'assaut les balcons environnants. Puis, dans la tribune officielle montée devant les Tuileries, prennent place reines, princesses, dames d'honneur. Plus bas s'installent les maréchaux et les ambassadeurs. Tout le monde connaît le goût du roi pour les spectacles somptueux qui magnifient sa gloire, aussi l'assistance s'attend-elle à un divertissement exceptionnel. Qu'inventera le roi, le plus grand roi du monde, pour étonner encore une fois le public ? On se réjouit par avance. On imagine. On s'impatiente. Enfin cinquante chevaux tenus en bride par cent palefreniers, vingt-quatre trompettes et quatre timbaliers à cheval précèdent Louis XIV entouré de ses pages.

Le roi surprend encore, à la grande joie de tous. Non seulement sa cuirasse est de brocart d'argent rebrodé d'or et rehaussé de diamants, mais de surcroît trois larges bandes de vingt roses s'y croisent. Plus étonnant encore, il porte un collier de quarante diamants en forme de roses. Le casque lui-même, d'or et d'argent, est piqueté lui aussi de diamants et surmonté de plumes

---

1. Parade de quadrilles de cavaliers. Ce spectacle donna son nom à l'actuelle place du Carrousel.

couleur de feu, semblables à celles de son cheval. Même ses bottes sont couvertes de pierres précieuses.

Autre sujet d'étonnement : sur le bouclier d'or de Louis XIV est gravé un soleil dont les rayons éclairent la terre.

— Il a bien choisi son emblème, constate fièrement le Rimailleur. Le Soleil, l'astre qui apporte la vie à tous avec une régularité parfaite, est la plus belle image pour un grand monarque. En revanche, je ne comprends pas le sens de sa devise : *Nec pluribus impar*... Il n'est pas inégal à plusieurs ?

— C'est qu'il est supérieur à tous. Il peut diriger d'autres empires, suggère Timoléon.

— Sans doute, sans doute, répond le poète, vexé de n'avoir pas compris le premier.

— Quel beau roi nous avons, murmure la Marquise dont les yeux brillent comme des feux de joie. Mais que représente ce déguisement ?

— Je me le suis fait expliquer hier au palais, intervient Fleuridor. J'y ai des camarades maintenant. Le roi représente un empereur romain et les quatre autres quadrilles représenteront les Persans, les Turcs, les Indiens, et les « sauvages » d'Amérique. J'ai appris aussi que ce carrousel est organisé pour charmer Louise de La Vallière.

Le Rimailleur, qui prétend connaître tout Paris, s'étonne :

— Qui est cette Louise que je n'ai jamais vue ? Elle a peur de traverser le Pont-Neuf ? Elle refuse d'écouter mes poèmes ?

— Elle est là-bas, dans une robe mauve avec un chapeau jaune. Parmi les demoiselles d'honneur de Madame.

— Elle est trop loin. J'irai l'examiner à la fin du spectacle. Ce ne serait pas convenable que je ne connaisse pas une femme aimée du roi de France.

Les autres quadrilles entrent en scène. Ils sont conduits par Monsieur, frère du roi, le prince de Condé, le duc d'Enghien et le duc de Guise et sont très applaudis. Moins cependant que les « sauvages » d'Amérique entourés d'animaux variés, perroquets, dragons, licornes, dans un amoncellement de plumes multicolores.

Puis commencent les combats, les danses et les jeux.

Timoléon commente avec humeur :

— Si le roi ne fait que s'amuser, il ne s'occupera pas de la justice.

— Tu dis n'importe quoi, s'indigne Fleuridor. Sa Majesté fait tout à la fois. Elle tient conseil trois heures chaque matin, deux ou trois heures l'après-midi, sans compter les tête-à-tête avec Colbert, la réception des ambassadeurs et mille autres choses encore. Elle travaille au moins six à sept heures par jour.

Et d'ajouter d'un ton admiratif :

— Cela ne l'empêche pas de chasser, de danser, de jouer dans les ballets et d'aimer. Son corps est infatigable.

— Dieu nous a bien gâtés avec ce roi-là, conclut la Marquise.

Un rendez-vous clandestin

Au milieu de la journée, les combats cessent pour le dîner. Les quinze mille spectateurs quittent leur estrade ou sortent les provisions qu'ils ont apportées. Timoléon bouscule les gens pour acheter des fraises, lorsqu'il entend :

— Goussard !

— Je suis là, dit un petit homme sec, au visage jovial, aux cheveux attachés derrière la nuque.

Timoléon connaît enfin son ennemi. D'apparence douce et bienveillante, le criminel trompe son monde. On lui donnerait le bon Dieu sans confession. Il va lui apprendre ce qu'il en coûte d'envoyer de braves gens aux galères. Il s'approche de l'homme :

— Vous êtes bien M. Goussard ? demande-t-il d'un ton menaçant.

— C'est ainsi qu'on m'appelle, répond l'homme aimablement.

— Je vous donne le bonjour. Je suis Timoléon Batifort.

L'homme ouvre des yeux ébahis.

— Je n'ai pas l'honneur de vous connaître.

— Mais vous avez eu le plaisir d'écrire mon nom sur une dénonciation.

L'homme se rembrunit. Et il répond avec une sécheresse inattendue :

— Vous devez faire erreur. Je n'ai jamais écrit votre nom que j'ignorais. Et je suis bien incapable de dénoncer quelqu'un.

— Menteur.

Le ton est si violent que l'homme recule.

— Monsieur, vous m'outragez.

— Nous avons assez ri. Je sais que vous êtes un voleur, un contrebandier, un fonctionnaire malhonnête, un indicateur.

— Vous êtes vraiment fou, dit l'homme, effaré, en tentant de se fondre dans la foule.

— N'essayez pas de vous enfuir, lâche !

Timoléon attrape l'homme par le bras et le serre de toutes ses forces.

— Avoueras-tu tous tes méfaits ?

L'homme plie les genoux sous la poigne de son agresseur.

— Doucement, supplie-t-il. Je crois que... que quelque chose a dérangé vos réflexions...

— Je vais te brouiller les tiennes !

Et il donne au malheureux un violent coup de poing sous le menton. L'homme tombe au milieu de la foule. Aussitôt, un groupe se forme. On cherche le coupable. Profitant de l'émoi, Fleuridor tire Timoléon par sa chemise, tandis que la Marquise le cache en lui jetant son voile sur la tête.

— Prends ma main, dit le Rimailleur, et laisse-moi te conduire.

Tous quatre s'éloignent du carrousel.

— Bien le bonjour, Rimailleur, dit un garde en l'apercevant. Tu conduis les fantômes maintenant.

Et très fier de sa plaisanterie, il éclate de rire. Le Rimailleur répond joyeusement.

— Si tu le souhaites, je te trouverai une fantômette pour te tenir compagnie.

Un rendez-vous clandestin

Le jardin des Tuileries est déserté pendant le spectacle du carrousel. On assied Timoléon sur un banc.

— Tu es vraiment devenu fou ! dit la Marquise, consternée. Et la bienséance, qu'en fais-tu ?

Le Rimailleur enlève le voile, va le tremper à la fontaine et le remet sur la tête du garçon.

— Qu'est-ce qui t'a pris ? Pourquoi cette violence ?

— Il s'appelle Goussard, explique Timoléon rageusement.

— Il n'y peut rien ! Je le connais cet homme, c'est un libraire près de Saint-Germain-des-Prés, doux comme un agnelet.

— Il y a certainement plusieurs familles Goussard, explique la Marquise, visiblement affectée par cet accès de fureur.

Puis elle ajoute pour elle-même :

— Le malheur rend les gens violents, si Dieu ne leur vient pas en aide.

— Être recherché par la police et se faire remarquer un jour de triomphe royal, remarque Fleuridor, n'est pas très intelligent. Nous connaissons maintenant l'autre côté de Timoléon : un barbare sans aucun contrôle de soi, sans respect pour les êtres humains, ignorant des préceptes divins. Tu ferais bien de quitter Paris pendant quelque temps.

— Qui est ce Goussard contre lequel tu t'excites avec cette hargne ? demande la Marquise.

— Personne. Je rentre à *Mon rêve*.

Sur le chemin du retour, Timoléon s'inquiète de son état mental. La vie qu'il mène depuis bientôt deux ans le rend confus et excessif. Il s'était juré de ne pas proférer le nom de Goussard, pour que son ennemi ne se sente pas démasqué. Et maintenant, ce dernier sera certainement averti. L'incident va se répandre dans les marchés et les tavernes de bouche à oreille. Il n'y a qu'un remède à cet esclandre : partir pour Brouage le plus vite possible.

11
UNE ENQUÊTE ÉPROUVANTE

Aux *Doigts de fée*, en entendant la requête d'Armande, Mme Batifort s'assied de stupeur.
— Cinq louis ! Ma fille, tu veux ma mort. Demande à ton mari.
— C'est impossible.
— À quoi ça te sert d'avoir épousé un homme riche ! D'ailleurs je n'ai pas ces louis !
— Maman, tu les as dans ta cassette.
— Heureusement ! Tu sais, toi, ce que le Ciel nous réserve ? L'avenir, tu y songes, à l'avenir ?
— Justement, ces cinq louis concernent l'avenir de quelqu'un.
— Quelqu'un ! Qui est ce quelqu'un ?
Armande hésite et se jette à l'eau.
— Ton fils !
— Timoléon ! Il est à Paris ?
— Oui.
— Et il n'est jamais venu me voir !
Puis baissant la tête et fermant les paupières, elle ajoute d'un ton sentencieux :
— Être mère, c'est connaître l'ingratitude.

Armande, que la réaction de sa mère ne surprend pas, s'empresse d'expliquer gentiment :

— Tu lui aurais posé trop de questions. Tu es trop curieuse.

— Il faut bien peu aimer sa mère pour lui manifester une telle indifférence ! Qu'ai-je fait au Seigneur pour qu'un fils m'accable de son mépris !

Puis elle reprend son ton autoritaire.

— Et pourquoi lui faut-il cinq louis ?

— Pour retrouver son honneur.

Mme Batifort s'esclaffe :

— Son honneur ! L'honneur d'un vagabond ! S'il est à Paris, il vit certainement avec des brigands et des assassins.

— Sa vie est en danger.

— Bien sûr que sa vie est en danger ! Un évadé n'a pas le cœur tranquille et le diable lui envoie des cauchemars toutes les nuits. Et moi ? Crois-tu que je ne me réveille pas en pensant à ce qu'il risque ?

Armande ne se laisse pas attendrir.

— Maintenant que tu es au courant de la demande de ton fils, donne-moi cinq louis.

Mme Batifort grommelle sans répondre. Armande, excédée, ne peut s'empêcher de dire :

— Dois-je te rappeler que sans moi tu n'aurais pas ta cassette si bien remplie ?

— Ah ! Ne recommence pas ! Tant que le père ou la mère sont vivants, l'atelier leur appartient. À eux, pas à leurs enfants. C'est la loi.

Mme Batifort range nerveusement ses papiers de comptes et plie les échantillons de tissus.

Une enquête éprouvante

— Je ne partirai pas sans ces cinq louis, annonce Armande en s'asseyant sur un tabouret.

Le silence s'installe dans la pièce. Par la porte ouverte pénètre l'animation de la rue. Un moustique, infatigable, va et vient sur le visage de Mme Batifort, se jouant de la main qui tente de l'écraser.

— C'est bon, cède-t-elle en tirant de sa poche la clef de la cassette et en la déposant sur la table. Et dis à Timoléon... Non, ne dis rien. Ce n'est plus mon fils.

— Je te remercie, dit Armande qui s'engage dans l'escalier.

La cassette est cachée dans un coffre sous une pile de vêtements. Elle contient douze louis d'or.

Les affaires marchent bien, pense Armande avec fierté, en prélevant cinq pièces à l'effigie du roi.

Sa mission accomplie, il lui revient à l'esprit la plaisanterie de Timoléon concernant son époux : « Peut-être va-t-il rejoindre Goussard ! » Car ce Goussard invisible, si intime avec le comte, commence à la perturber. De nombreuses questions surgissent dans son esprit. Quand se rencontrent-ils ? Où ? Quel intérêt les réunit ? Ont-ils une correspondance secrète ? Pourquoi son mari lui a-t-il menti au sujet de son prochain voyage, car elle est certaine qu'il a menti ? Pourquoi Goussard s'intéresse-t-il tant à Timoléon ? Jusqu'ici elle a ignoré la plupart des activités de son époux. Mais, plus elle y pense, plus la relation de son mari avec ce responsable du Châtelet l'intrigue.

Aussi, pendant le souper servi dans la bibliothèque de l'hôtel, regarde-t-elle avec méfiance le visage du comte. Il est fatigué, la paupière gauche tombe et recouvre l'œil, sa bouche grimace vers la droite. Qu'il est laid, se dit-elle. Surtout qu'en vieillissant son expression devient dure et soupçonneuse. Toutefois, en bonne épouse, elle s'enquiert de ses projets.

— Comment va votre santé ? Vous avez l'air nerveux !

— Il faut toujours que vous trouviez quelque chose de désagréable à me dire. Non, je ne suis pas nerveux. J'ai simplement beaucoup à faire avant de partir pour les eaux de Vichy.

— J'espère que vous retrouverez des amis là-bas.

— Certainement.

Armande ne peut s'empêcher de demander :

— Sans doute votre ami Goussard ?

— Je n'en sais rien. Je n'ai avec lui que des relations d'affaires.

Tous deux se taisent en mangeant de la pintade agrémentée d'une purée d'orties. Armande triture avec ses doigts un morceau de pain blanc et insiste :

— Je croyais que vous aviez de l'amitié pour lui, car vous le voyez souvent.

— De qui parlez-vous ? Ah oui, de Goussard ! Décidément cet homme vous intéresse beaucoup, mais il ne vous plairait pas. Il est d'un caractère rude, ne souffrant pas qu'on lui résiste. Mieux vaut le compter parmi ses amis que ses ennemis.

— Vous en faites un personnage terrifiant.

— La force de caractère m'impressionne toujours.

Armande se sent, une fois encore, rejetée.

Une enquête éprouvante

— Vous considérez que je ne serais pas capable de l'apprécier ? demande-t-elle avec humeur.

— Ce que vous aimez, ma chère, ce sont les sensations éphémères, le toucher d'un tissu, l'agrément d'une silhouette, les plaisanteries d'un Fleuridor, rien de ferme, de noble, d'ambitieux.

Il revient à ce petit ton sarcastique qu'il affectionne.

— J'oubliais que vous aspiriez à ce que les couturières se rassemblent en corporation. C'est une ambition, je l'admets.

Armande déchiquette un deuxième morceau de pain, décidée à cacher la colère qui monte en elle.

Combien de temps le supporterai-je ? se demande-t-elle.

Partir en voyage demande toute une préparation. L'homme qui a fait scandale pendant le carrousel ne doit pas être reconnu. Il se laisse pousser la barbe et la moustache, et la Marquise lui trouve une perruque blanche courte et frisée. Timoléon retrouve ses dents blanches et dépose sur une narine une discrète « mouche » noire, comme un grain de beauté. Dès que Fleuridor lui confirme que l'argent est bien arrivé chez Pierrot, il va se renseigner dans un relais de poste.

Au sud de Paris, dans une grande cour pavée, Timoléon discute avec le maître des lieux.

— Je me rends à Brouage, explique-t-il.

— Brouage ! s'étonne le maître de poste. Je ne sais même pas où cela se trouve. Je vais demander à Jules, il connaît peut-être. Son père a travaillé toute sa vie pour la « poste aux lettres ».

L'or blanc de Louis XIV

Et s'adressant à un adolescent mince et long qui sort un cheval de l'écurie :

— Jules, tu sais où se trouve Brouage ?

— C'est un grand port sur l'océan.

Il s'approche de Timoléon.

— Pour t'y rendre, tu vas d'abord à Orléans, puis à Nantes. Après tu te débrouilleras en allant vers le sud.

Le maître intervient aussitôt.

— La chaise de poste coûte cinquante sous par relais de deux lieues[1], vingt-cinq sous par cheval de derrière et vingt sous par cheval de volée[2].

— C'est trop cher.

— Alors tu prends le coche avec cinq autres voyageurs. Le prix sera divisé par six. Il y en a un qui part dans trois jours pour Orléans. Tu n'es pas pressé ?

— Ça ira. Je serai là.

Timoléon sent sa vitalité revenir. Enfin, il peut agir, prendre sa vie en main au lieu de subir le sort. Il finissait par détester le monde entier et, certains soirs, osait reprocher son destin à Dieu. La perspective de rencontrer Goussard et de lui tordre le cou lui met du baume au cœur. Il redevient gai et confiant. La veille du départ, il offre aux habitants de *Mon rêve* des fraises, des asperges, un gros morceau de porc fumé et une bouteille de vin. Au petit matin, la Marquise l'embrasse avec émotion.

---

1. Une lieue fait à peu près 4 kilomètres.
2. Les deux chevaux proches du cocher sont appelés chevaux de derrière, les deux chevaux attachés à une volée mobile à l'extrémité du timon sont appelés chevaux de volée.

Une enquête éprouvante

— Reviens vite, mon chérubin. Tu dis qu'après ce voyage ta vie sera meilleure. Pour nous aussi elle sera meilleure. On dit que le roi va s'occuper des miséreux. Que Colbert met de l'ordre dans les finances et qu'il n'y en aura pas que pour les riches.

— J'espère qu'il mettra aussi de l'ordre dans la justice.

— Fais bien attention. Il y a partout des méchants. Je prierai Dieu pour toi tous les jours.

Le lendemain, les cloches annoncent la messe du matin lorsque Timoléon s'installe sur la banquette du coche à côté de deux messieurs transpirant dans leur pourpoint gris et étriqué. Face à eux, se tiennent leurs épouses et une femme tenant un bébé dans un grand châle.

Le coche s'ébranle. Le fort balancement d'avant en arrière de la caisse suspendue par de longues courroies de cuir donne mal au cœur. Le bébé, qu'on emmène chez une nourrice à la campagne, pleure beaucoup, comme s'il devinait la séparation qui l'attend. Les deux couples, venus dans la capitale pour marier un neveu, commentent la cérémonie, le repas, les robes, les habits et la conduite de deux jeunes femmes qui dansaient trop souvent avec deux mousquetaires.

Timoléon est trop préoccupé pour se joindre à la conversation. Qui est ce Goussard ? Au fil des heures, dès que le sommeil s'empare de lui, il aperçoit un oiseau dont les gigantesques ailes noires cachent le ciel et qui avance vers lui toutes griffes dehors. Il se réveille, tremblant et en sueur. Quand il se rendort, l'oiseau revient le chercher.

De relais en relais, à la vitesse d'un peu plus d'une lieue par heure, le coche arrive à Orléans trois jours plus tard. Le lendemain, Timoléon embarque sur la Loire, jusqu'à Nantes. Que de paysages nouveaux, que de patois incompréhensibles, que de vêtements variés ! S'il n'était pas si obsédé par son dénonciateur, Timoléon prendrait un grand plaisir à découvrir les belles provinces de France.

Après Nantes, il descend vers Rochefort à pied, monté sur un âne ou dans le véhicule d'un marchand. Là, un meunier qui apporte à Brouage de la farine pour le pain des soldats accepte de le prendre avec lui.

— C'est encore loin ? ne cesse de demander Timoléon, impatient de son rendez-vous avec le destin.

— Ça dépend des chevaux, des brigands, de la pluie et du vent ! se moque le meunier. Tu n'as sans doute jamais voyagé, sinon tu serais habitué aux caprices des chemins. Un voyage sans surprise, c'est comme un lit sans femme.

Enfin, il annonce :

— Nous arrivons. Ce que tu vois briller là-bas, ce sont les marais salants.

Dans des parcs rectangulaires, les cristaux de sel asséchés par le soleil brillent comme de minuscules étoiles blanches. Sous leur large chapeau, hommes, femmes et enfants portent des chemises à manches longues et des culottes qui descendent jusqu'aux bottes, et les ânes sont affublés d'un pantalon à quatre pattes.

Une enquête éprouvante

— On déguise les animaux, ici ? s'étonne Timoléon.
— C'est pour les protéger des moustiques. Tu comprendras vite qu'il ne faut pas rester bras et jambes nus.

Quand les remparts aux pierres roses apparaissent, surmontés de gracieuses échauguettes, petites tours où s'abritent les sentinelles, le meunier s'exclame :

— Voilà Brouage[1] ! La fierté de la Saintonge ! Le plus grand port de sel du pays ! Tu sais comment il a été construit ?
— Avec des pierres, je suppose.
— Sur des pierres. Celles délestées par les navires[2].
— Ah bon !

La carriole se rapproche des quais qui s'étendent le long d'un chenal, large bras de mer protégé de la houle et des vagues.

— Tous les navires peuvent accoster ici, même les plus gros. Les vaisseaux trois ponts comme les petits Hollandais, précise l'intarissable admirateur de la ville.

Après avoir traversé un pont-levis, les voyageurs pénètrent dans la cité par la voûte de la porte Royale. Bientôt le meunier s'arrête devant un long bâtiment en brique d'un étage, comprenant vingt-trois fenêtres dans des embrasures de pierre.

— Voilà la halle aux vivres, explique-t-il. De quoi nourrir la ville en cas de siège. En bas, on peut garder

---

1. Richelieu en a fait un port militaire.
2. Il s'agit du lest : pierres ou sable dont on garnit le fond des bateaux pour leur donner de la stabilité quand ils naviguent sans cargaison.

sept cent vingt barriques de vin, poisson et viande salée. En haut, trois cents tonnes de blé et céréales variées.

— Connaîtrais-tu un monsieur Goussard ? hasarde Timoléon, plus intéressé par son ennemi que par l'architecture et les denrées alimentaires.

Le meunier saute à terre.

— Goussard ? Ce nom ne me dit rien. Tellement de gens vivent ici. Au moins quatre mille, sans compter les soldats et les marins.

Déçu, Timoléon descend à son tour.

— Merci pour le transport. Que Dieu te garde !

L'apprenti barbier-chirurgien gagne la rue centrale fort encombrée et entre dans la première auberge venue à l'enseigne de *L'Hippocampe*. Il a faim. Dans l'unique pièce du rez-de-chaussée, autour de la table de bois, deux marins étrangers se restaurent. Dans le coin le plus obscur, se dresse le lit conjugal. Une femme petite, ronde et souriante, un tablier sur le ventre, ranime les braises de la cheminée.

— Tu veux dîner ? demande-t-elle.

— Dîner, souper et dormir, répond Timoléon en se caressant la barbe, habitude qu'il prend pour ne plus ressembler au clandestin colérique qu'il était devenu.

— C'est que je n'ai plus de lits, explique la femme. Ces messieurs les ont déjà pris. Tu viens de loin ?

— Je viens de Lyon, ment Timoléon. J'ai plus souvent dormi en lisière des bois ou dans les écuries que sous un édredon de plume.

— Tu pourras dormir ici cette nuit dans la remise. Je te donnerai même un drap.

— Un drap parce qu'il est beau garçon, commente un voyageur en riant.
— Demain, il prendra ton lit puisque tu t'en vas.

Le Parisien se régale de morue fraîche, si coûteuse dans la capitale, et de vin de Sancerre. On trouve tout ce qu'on veut dans un grand port.

— Est-ce que tu connais un certain Goussard ? finit-il par demander à la cabaretière.

— Je ne l'ai jamais rencontré, mais je sais que c'est un Parisien qui passe l'été ici pour fuir les chaleurs de la capitale. Un homme plutôt à son aise, paraît-il. Et toi, comment t'appelles-tu ?

— M. Pernelle.

Timoléon est optimiste et content. Il est libre d'agir comme il l'entend, et convaincu que ses tourments touchent à leur fin. Dès le lendemain, il part à la recherche de son ennemi. La ville n'a plus de secrets pour lui. Elle est carrée avec des rues rectilignes qui se croisent à angle droit. Impossible de se cacher ici comme dans les ruelles tortueuses de Paris. Au centre, l'église, de pierres claires, est modeste. Elle est surmontée par un clocher carré.

Il réfléchit : pour découvrir son ennemi, il doit se rendre là où se trouve le sel. L'entrepôt et les marais. Il choisit de commencer par les marais et sort de la ville.

D'étroits chemins surélevés permettent de circuler entre les parcs rectangulaires de cristaux blancs, obtenus par l'évaporation de l'eau de mer. Du haut de ces chemins, les sauniers, avec de grandes perches terminées par une planchette, ramassent le sel et en font des tas qu'ils recouvrent de paille ou d'argile. Sur les *bosses* s'élèvent leurs maisons, au toit de paille et de roseaux, entourées par de petits champs de légumes. Non loin des habitations, assaillis par les moustiques, quelques vaches et moutons paissent l'herbe jaunie.

Timoléon s'adresse au premier couple rencontré.

— Bonjour. Pouvez-vous me dire si vous connaissez M. Goussard ? On m'a dit qu'il travaillait par ici.

— Comment est votre homme ? demande la femme.

À tout hasard, Timoléon répond :

— Une bonne trentaine, la taille moyenne, un air secret.

— Cela ne nous dit rien, conclut le mari. C'est trop vague.

Le Parisien tente sa chance, en vain, trois ou quatre fois, jusqu'à ce qu'il tombe sur une conversation près d'un tas de sel. Un saunier aux vêtements flottants sur son maigre corps et au chapeau qui lui tombe sur le front discute avec un homme musclé, aux cheveux coupés court et à l'expression dure.

— Un demi-sou la livre, c'est du vol, se plaint le saunier. À Brouage, la livre se vend un sou. Et déjà ce n'est pas cher.

— Ce sera un demi-sou ou rien, rétorque l'homme sèchement.

Une infinie tristesse se lit sur le visage du ramasseur de sel.

— Vous profitez de mes difficultés, monsieur Crispin. Ce n'est pas charitable. Mon enfant est malade et je dois payer le médecin et les médicaments.

— Les enfants sont dans les mains de Dieu.

— Je vous en supplie, insiste le père. Je vous ai toujours vendu du sel clandestinement à un prix honnête, et vous profitez du malheur du moment.

L'acheteur ne se laisse pas attendrir et se dirige vers son âne au pantalon à carreaux, attelé à une carriole.

— Nous avons assez discuté. C'est un demi-sou et je charge le tas, ou bien je m'en vais.

Devant une attitude aussi inhumaine et de surcroît frauduleuse, l'indignation bouillonne dans le cœur de Timoléon. Toutefois, s'efforçant de ne pas se mettre en colère comme il en a pris la fâcheuse habitude, il lisse sa barbe d'un air tranquille et commente avec calme :

— Il serait plus charitable en effet d'aider ce père à soigner son enfant.

Crispin se retourne, furieux :

— De quoi te mêles-tu ? D'où viens-tu d'ailleurs, je ne t'ai jamais rencontré !

Et se tournant vers le saunier d'un air mauvais :

— C'est toi qui t'es plaint à cet homme !

— Oh non ! Je ne le connais pas, bredouille le malheureux apeuré. Mieux vaut qu'il s'en aille.

Crispin triomphe :

— Tu entends ce qu'il dit ? Alors déguerpis si tu ne veux pas que je me fâche.

Timoléon jette un regard apitoyé sur le père et s'éloigne d'un pas lent, pour ne pas paraître effrayé, lorsqu'il entend crier :

— Ne te trouve plus jamais sur mon chemin. Je n'aime pas les curieux.

Timoléon est mécontent de lui. Pourquoi n'arrive-t-il jamais à se maîtriser quand il rencontre l'injustice ? Il n'est pas venu à Brouage pour défendre les sauniers, mais pour découvrir celui qui l'a envoyé au pilori. De toute façon, son intervention, si justifiée soit-elle, n'a en rien aidé le malheureux père à obtenir un meilleur prix. Tandis que lui y a gagné un ennemi sans rien apprendre d'intéressant.

Il erre dans la ville. Partout des militaires aux uniformes inconnus, des marins et des marchands qui parlent des langues incompréhensibles. Dire qu'au milieu de toute cette affluence se cache son dénonciateur, proche et pourtant indiscernable dans cette ville surpeuplée. Chaque personnage masculin, s'exprimant en français, pourrait être son bourreau. Que n'a-t-il, comme au carnaval, la possibilité de soulever les masques, pour savoir à qui il a affaire ! Le masque, ici, c'est l'ignorance.

Cette impuissance le rend de plus en plus nerveux.

Le lendemain, il poursuit son enquête et se rend dans le grand entrepôt de sel avec un chapeau qui dissimule la moitié de son visage. Le sel, qui est à Paris si chichement distribué et si chèrement taxé par la gabelle, s'amoncelle ici en tas, se répand, se déverse avec tant d'abondance que Timoléon se croit devant une montagne d'or. Cependant il s'aperçoit rapidement que le désordre n'est qu'apparent, l'activité bien réglementée et le sel très surveillé. Lorsque les cristaux sont déchargés, des contrôleurs les pèsent puis les répartissent entre ceux qui sont destinés aux greniers à sel, ceux pour les provinces exemptées de la gabelle, et les plus nombreux pour l'exportation. Car, chaque année, mille navires apportent dans les pays étrangers le sel de Brouage, unique moyen de conserver les aliments. Une fois répartis, les cristaux blancs sont versés dans des sacs en toile de chanvre, qui pèsent tous quatre-vingt-dix-huit kilos. Ils sont alors estampillés de la fleur de lys qui garantit les normes établies dans le royaume de France. Autrement dit, voler du sel dans l'entrepôt n'est pas une entreprise facile. Goussard a certainement un moyen plus discret de s'approvisionner.

Au fil des jours, la traque paraît de plus en plus difficile à Timoléon. Pour se divertir, il se rend sur le port, au pied des remparts. Jamais il n'a vu sur la Seine de bateaux aussi grands, aussi hauts, prêts à affronter l'océan. De véritables maisons flottantes dans lesquelles les marins dorment et mangent, même lorsqu'ils sont arrimés dans le large havre[1] qui s'ouvre sur la mer. Fasciné, il suit attentivement les voiles qu'on hisse ou qu'on abaisse, les mousses qui grimpent dans les haubans ou jouent les équilibristes sur la vergue de misaine, les drapeaux aux diverses couleurs qui claquent au sommet des deux mâts et dont il ignore le pays d'origine. Des cales, on décharge du thé, du café, du sucre, de la morue, du coton, des fourrures, venus des quatre coins du monde. On les remplit ensuite de sel, de poissons et viandes salés, de blé et de céréales. Les navires qui arrivent vides pour être chargés rejettent leur lest : des cailloux et du sable.

---

1. Le havre s'étend à 15 kilomètres à l'intérieur des terres.

L'or blanc de Louis XIV

Ils sont stupides, songe Timoléon, ils vont obstruer le chenal.

Non loin de lui, un homme crie :

— Elle arrive ! Elle arrive !

Aussitôt, de nombreux curieux se regroupent.

— Qu'est-ce qui se passe ? demande Timoléon à un jeune garçonnet.

— La première galère du roi[1].

Timoléon bouscule la foule pour découvrir, dans le havre, un navire dont on affale la voilure et qui n'avance que grâce aux mouvements réguliers de quarante rames disposées de chaque côté de la coque.

Le prisonnier évadé tressaille. La galère ! Cela faisait quelque temps qu'il n'y pensait plus. Enfoui dans les profondeurs de sa mémoire, ce mot réveille des peurs restées vivantes. En un éclair resurgissent le pilori et son bourreau couleur de sang, l'effroi de la traversée de Paris dans la charrette des condamnés, l'horreur de la cour des miracles, l'angoisse constante des mois passés dans la clandestinité. Toute cette souffrance était inutile puisque la galère vient quand même le chercher, au bruit régulier des avirons qui brassent l'eau profonde. Le long éperon pointu se dirige vers lui pour le harponner comme un poisson. Sous l'effet du soleil et de la panique, Timoléon croit voir dans la sombre cale des rangées de squelettes. Attachés les uns aux autres, ils rament dans le bruit effrayant de leurs os qui s'entrechoquent. Sur leur omoplate brille la marque noire laissée par le fer brûlant et leurs membres sont rabotés

---

1. En 1662, Louis XIV crée le corps des galères.

par le va-et-vient des chaînes qui les relient entre eux. Un squelette furieux se tourne vers son voisin pour l'invectiver avec des mots incompréhensibles qui sonnent comme une cascade d'osselets. Le garde-chiourme[1], au squelette vermillon, tend alors son arc, tire une flèche d'acier sur le bavard et lui transperce le crâne. Le bavard s'effondre. Aussitôt deux enfants, tout aussi décharnés, le transportent pour le balancer à la mer. À la recherche d'un remplaçant, les yeux du garde-chiourme jettent une lumière puissante, deviennent un phare qui balaie le quai et s'arrête sur Timoléon. En plein délire, se sentant poursuivi par l'ange de la mort, Timoléon s'enfuit, bousculant tout le monde sur son passage.

Revenu dans la ville, il entre comme un égaré dans la petite église silencieuse. La galère m'attend à Brouage, se répète-t-il avec terreur. Puis, petit à petit, le silence, la bonne odeur des cierges, le doux portrait de la Vierge Marie l'apaisent. Le soleil filtre à travers les vitraux et peint de couleurs vives les pierres tombales qui recouvrent le sol. Timoléon, bouleversé, dit la prière du Notre Père apprise aux Petites Écoles : *Pater noster, qui es in caelis, adveniat regnum tuum...* La répétition des mots sanctifiés finit par le calmer.

Cette hallucination, explosion de son angoisse, le laisse pantelant, à bout de forces. Personne n'est là pour adoucir les idées sombres qu'engendre la solitude. Fleuridor se serait moqué de lui, la Marquise se serait attendrie sur les dérives de son imagination, Armande, avec

---

1. La chiourme est l'ensemble des rameurs d'une galère.

sa détermination coutumière, aurait exigé du bon sens. Oui, tous l'auraient aidé à traverser ce moment d'épouvante.

À *L'Hippocampe*, la patronne l'accueille d'un air réjoui :
— Monsieur Pernelle, j'ai une bonne nouvelle pour vous. Quelqu'un est venu vous voir. Une femme.
Et le voyant sourire, elle précise :
— Oh, ne rêvez pas, elle n'est plus de la première jeunesse. Elle s'occupe de la maison de M. Goussard quand il habite Brouage. Elle a entendu dire qu'un jeune homme cherche à parler à son maître, et voulait savoir s'il demeurait bien ici. Elle m'a demandé quel genre de jeune homme vous étiez. Je lui ai dit que vous veniez de Lyon pour affaires, et que vous vous appeliez M. Pernelle.
— Et qu'a-t-elle proposé ?
— Que vous veniez en fin de matinée, dans quatre jours, voir son maître quand il sera moins occupé. Dans quatre jours, en fin de matinée, a-t-elle répété. C'est une femme de tête, Mme Crispin.
La cabaretière conclut avec chaleur :
— Vous voilà bientôt au bout de vos peines, monsieur Pernelle. Quand vous partirez, je vous regretterai.
Le nom de Mme Crispin alerte Timoléon et il demande :
— Mme Crispin est la femme de M. Crispin ?
— Bien sûr, répond l'aubergiste en riant. Je n'en connais point d'autre.

Une enquête éprouvante

— Merci, merci, répond le jeune homme en pensant aux conséquences de l'invitation.

La situation est claire. Mme Crispin le recherche ! M. Crispin ruine les sauniers, M. Goussard fait fortune avec le sel, de toute évidence ces gens-là sont complices.

Dans ces conditions, doit-il aller au rendez-vous ? Est-ce un piège ? N'est-ce pas l'occasion de démasquer enfin le calomniateur ? Partagé entre prudence et impatience, Timoléon hésite. Quatre jours, il a quatre jours pour se décider.

12
L'INCONNU DE BROUAGE

La demeure de Mme Crispin est bien connue des habitants du port. Proche du marché, c'est une maison du pays à un étage, avec une porte entourée de pierre de taille, un toit de tuiles rondes, un arbre et un puits dans le jardinet. Les hommes viennent y acheter du ratafia, un alcool que la propriétaire fait macérer avec des noyaux de pêches et d'abricots et dont le goût puissant ravigote les corps et les esprits fatigués.

La dame elle-même n'est guère séduisante. Elle ressemble plutôt à une sorcière, avec ses longs cheveux gris et noirs emmêlés, son teint rougeâtre, ses yeux lourdement entourés de noir. Mêlé à la foule butineuse, Timoléon la suit jusqu'à la maison de Goussard. Celle-ci est située dans un endroit tranquille entre une poudrière et un rempart. Une haute clôture de troncs d'arbres empêche les curieux de s'en approcher. La sorcière, qui en possède la clef, se dérobe à sa vue. Timoléon attend qu'un événement favorable survienne. En vain. Le temps passe lentement. La chaleur se fait lourde et étouffante et annonce l'orage. Le vent du sud apporte par rafales des bouffées suffocantes, mais le ciel tarde à exploser en averse bienfaisante. Les nuages, tels des moutons noirs, courent les uns derrière les autres dans une chasse éperdue, tandis que le vent siffle au-dessus des bastions. Les mouettes éperdues à grands cris tourbillonnent et s'envolent en bandes vers la terre ferme.

Au milieu de l'après-midi, flottant dans une large cape, ses cheveux dansant autour de sa tête comme des serpents déchaînés, Mme Crispin se hâte en direction du rempart. Soudain, comme happée par la terre, elle disparaît. Timoléon s'empresse de suivre lorsqu'il perd l'équilibre et se retrouve un pied dans le vide et l'autre sur une échelle en bois qui s'enfonce dans un trou sans fond. C'est certainement par là que la dame s'est éclipsée.

Intrigué, Timoléon descend les échelons puis avance en tâtonnant dans un tunnel dallé et obscur jusqu'à apercevoir une petite lueur. Il s'arrête et écoute la voix sifflante de Mme Crispin.

— Dieu soit loué ! Tu es rentré sans dommage. Les vagues étaient si hautes que j'ai eu peur que tu chavires. Tous les bateaux baissaient leur grand-voile et ne gardaient que leur foc.

— Cette fois-ci j'ai eu peur de couler, avoue Crispin. Ouf ! C'est ma dernière livraison pour cette saison. Je me suis bien débrouillé. J'ai tout acheté à un demi-sou la livre. M. Goussard sera content. C'est incroyable ce que ces sauniers osent réclamer ! Ils savent bien qu'il y a beaucoup trop de sel cette année, et qu'ils ne sont pas certains de tout vendre à l'État. Je suis d'accord avec eux : un demi-sou, ce n'est pas très cher, mais comme dit le proverbe, un tien vaut mieux que deux tu l'auras.

— M. Goussard s'impatiente. Il veut partir dans deux jours. Auparavant, il viendra tout vérifier.

— Et le Pernelle ?

— Quand il arrivera pour le rendez-vous, M. Goussard sera parti.

— C'est moi qui le recevrai, grommelle Crispin avec satisfaction. Je lui ferai comprendre que c'est manquer de savoir-vivre que de faire la morale au premier venu. Les étrangers doivent être polis s'ils veulent qu'on les traite avec respect.

Mme Crispin ne semble pas aussi rassurée.

— Renseigne-toi d'abord avant de l'assommer. C'est peut-être un commis des finances qu'on envoie pour débusquer les fraudeurs.

— N'emploie pas des mots qui font peur. Allons, finissons de remplir les sacs pour les chiens.

Cette activité prend du temps et le couple ne remonte à l'air libre qu'au milieu de la nuit.

— Il pleut enfin, dit l'homme en émergeant en haut de l'échelle. Ça rafraîchira l'air. Rude journée ! Je serai soulagé quand on me débarrassera de tout ce sel.

Et il tire une lourde plaque de fer pour obstruer le passage. Puis tous deux se fondent dans l'obscurité, en se partageant la large cape pour se protéger de la pluie.

Trempé jusqu'aux os, Timoléon descend dans le tunnel obscur et avance prudemment. Bientôt, il entend l'eau clapoter à ses pieds. Agitées par les remous, des barques grincent et se heurtent. De toute évidence, il existe un port souterrain, aménagé sous les remparts, sans doute utile en temps de guerre, et qui sert à la contrebande en période de paix.

Le jour suivant, après un bol de lait chaud et une tranche de pain noir, Timoléon reprend la direction de la poudrière. La tempête se déchaîne encore. Les nuages sont si bas que le jour paraît presque aussi sombre que la nuit. Dans les rues désertes, les feuilles, les brindilles, les saletés tourbillonnent avec le vent.

À proximité de la trappe de fer, Timoléon attend derrière un buisson qui lui gifle le visage. Il le sait : M. Goussard viendra dans la journée, au plus tard le lendemain. Il guettera toute la nuit s'il le faut. La curiosité, l'anxiété, l'impatience lui procurent une sorte de fébrilité joyeuse. La victoire lui semble à portée de main. Il va, d'un moment à l'autre, savoir qui est l'auteur de tous ses maux, moment décisif, récompense de longues années de peines.

La tempête fait rage. Les branches des arbres se tordent, le vent hurle, l'obscurité se fait plus dense. Des silhouettes apparaissent enfin dans le lointain. L'une tient à la main une lanterne qui bringuebale dans les bourrasques. Il reconnaît la silhouette trapue de Crispin sans pouvoir identifier son compagnon, lorsqu'un éclair éblouit une seconde la citadelle. Timoléon pousse un cri recouvert par le fracas du tonnerre. Est-il, encore une fois, victime d'une hallucination ? La violence de la lumière l'a-t-elle aveuglé au point d'avoir vu, ou cru voir, sous le large chapeau dégoulinant, le notaire aux lunettes d'acier, le comte de Maronville ?

Tandis que les trombes d'eau redoublent, les deux hommes s'engouffrent dans la brèche et descendent par l'échelle. Timoléon les suit pour vérifier l'identité de Goussard et se convaincre qu'il n'a pas rêvé. Il s'arrête à la limite du port souterrain couvert par une belle voûte de pierre. Quatre barques y sont chargées de sel. De dos, l'inconnu écoute Crispin.

— Il y a l'équivalent de deux minots[1] de sel en petits sacs, qui seront cachés sous l'orge, et deux minots à dissimuler dans le faux plancher de la charrette.

— Bonne récolte cette année.

— Tout est organisé, monsieur Goussard, pour le transport. Par où passerez-vous, ensuite, pour vous rendre à Paris ?

— Par la ferme de la Chabotterie près de Tiffauges. Ce n'est pas loin de la frontière de l'Anjou qui marque l'entrée dans les pays de grande gabelle. Les fermiers sont prévenus de notre arrivée.

Timoléon n'ose toujours pas avoir de certitude sur l'identité de l'inconnu. Ce qu'il croit avoir aperçu lui paraît invraisemblable. Enfin l'homme se retourne. Il porte des lunettes d'acier, son visage est vieux, un tic étire sa bouche vers la joue droite, les yeux, enfoncés dans leurs orbites, sont durs. Plus aucune hésitation n'est possible. Le comte de Maronville se nomme à Brouage M. Goussard. Et cette seule et même personne se trouve être le mari de sa sœur. Les pensées du frère

---

1. Un minot pèse approximativement 50 kilos.

L'inconnu de Brouage

oscillent entre l'incompréhension, la stupeur et le soulagement d'avoir identifié son accusateur. Il remonte lentement et se dissimule à nouveau derrière le buisson.

Peu après, son beau-frère émerge à son tour. Il dit à son serviteur :

— Demain tu viendras chez moi toucher ta récompense.

— Merci, monsieur Goussard. Vous savez, en votre absence, il y a des amateurs pour acheter ou louer votre maison. On ne sait plus où se loger en ville. Il en vient de partout... pour une ville française...

Les voix se perdent dans les grondements du tonnerre et les deux hommes disparaissent dans la nuit.

Malgré la pluie, la joie s'élève dans le cœur de Timoléon. Le temps où il tournait en rond est révolu. Dorénavant le chemin est tracé, le but précisé : faire condamner son beau-frère. Ce n'est qu'à ce prix que Timoléon retrouvera honneur et liberté. Alors son imagination s'enflamme sur tout ce que la vie pourra lui apporter de bonheurs et de découvertes. Et gaiement il confie au vent :

— À nous deux, maintenant, canaille au double visage.

*
* *

Le lendemain, le ciel est dégagé et Timoléon profite du véhicule d'un marchand de poissons frais pour remonter vers le nord. Il lui faut rejoindre Tiffauges au plus vite, de préférence avant M. Goussard.

L'or blanc de Louis XIV

Le poissonnier aime bavarder sans attendre de réponse. Il monologue à haute voix et Timoléon se contente de grogner, de temps à autre, oui, bien sûr, évidemment, diantre, pour garder l'esprit libre et réfléchir à l'invraisemblable rencontre de la nuit dernière. Son esprit troublé répète inlassablement : Goussard et le comte de Maronville sont une seule et même personne. Que, de surcroît, le Goussard-Maronville ait épousé sa sœur est encore plus stupéfiant.

Le jeune homme termine son voyage sur un petit âne. Au paysage de marais, succèdent de vastes pâturages, adossés à de profondes forêts de chênes et de châtaigniers. En suivant la Sèvre Nantaise, il croise d'anciennes forteresses, un donjon solitaire, les grandes ailes de moulins. Des chemins de terre et de cailloux, bordés de haies fleuries, relient les hameaux et les fermes isolées. Les paysans, à l'existence monotone, accueillent avec plaisir un voyageur qui leur raconte, dans le jargon des Parisiens, les coutumes d'autres provinces, et particulièrement de la capitale. Parfois, ils adressent de brefs commentaires à leur conjoint ou conjointe : « Ça, je te l'avais dit, tu ne voulais pas me croire », « Déjà un colporteur nous en avait parlé », « Ils sont si riches que cela ? Qu'est-ce que fait le bon Dieu ? » Quant à la contrebande du sel, ils sont formels : « Il n'y a pas de ça chez nous. »

À Tiffauges se dresse le château appelé château de Barbe-Bleue où aurait demeuré le sinistre Gilles de Rais. Timoléon ne peut s'empêcher de voir dans le comte de Maronville une réincarnation de cet homme cruel. La Chabotterie est à deux lieues du village. On y accède par un sentier qui serpente entre taillis et arbres. À l'orée d'un bois, devant une plaine ou paissent des vaches et poussent des céréales, la ferme propose au passant le gîte et le couvert. Le bâtiment a la forme d'un U. D'un côté, le modeste logement à un étage, en face, l'écurie et l'étable, entre les deux les hangars pour le fourrage et les outils et enfin un chenil dans lequel des chiens furieux ne cessent d'aboyer.

— Bonjour ! dit Timoléon à la fermière qui remonte un seau du puits.

La trentaine, les mouvements rapides, les cheveux tirés en un chignon chétif, les yeux fouineurs, elle donne une impression de force et d'autorité.

— Je suis bien à la Chabotterie ?

— Vous y êtes, jeune homme.

— Puis-je rester ici quelques jours ? Je suis envoyé par le responsable des forêts pour étudier celles de la région.

— Malheureusement, j'attends du monde. Je n'ai plus de place. Et puis avec ces chiens qui crient toute la nuit, vous ne pourriez pas dormir. Mes visiteurs vont m'en débarrasser.

Posant son seau par terre, elle fait un grand geste du bras en direction de la forêt :

— Un peu plus loin, vous arriverez à un lieu-dit, avec quatre maisons. Vous y trouverez facilement une chambre. C'est là que les gardes de la frontière rentrent le soir.

— Des gardes ! fait semblant de s'étonner Timoléon. La région me semble bien tranquille, pourtant.

— C'est que vous n'êtes pas du coin. Sinon vous sauriez que, tout près d'ici, commence la frontière avec les pays de grande gabelle. Cela tente les contrebandiers ! Vous voyez ce que je veux dire. Pour atteindre le hameau au-delà des arbres, vous n'en avez pas pour longtemps. À peine une demi-heure de marche.

— Je vous remercie. Que Dieu vous garde.

Timoléon n'a pas du tout l'intention de s'éloigner. Il entre dans la forêt et, à une cinquantaine de mètres, s'installe sur la branche d'un chêne d'où il peut surveiller la ferme. À la fin de l'après-midi, dans la belle lumière du soleil couchant, il aperçoit un chariot tiré par deux chevaux d'où descendent trois hommes.

Il s'approche discrètement pour écouter la conversation en dépit des furieux aboiements.

— Vous entendez les chiens ! s'exclame de sa voix aiguë la fermière. Cela fait quatre jours qu'ils n'ont rien mangé. Ils sont prêts à détaler chez leurs maîtres. On les enverra au milieu de la nuit. Allons d'abord souper, monsieur Goussard, vous devez avoir faim.

Timoléon se cache dans l'étable et attend en se bouchant les oreilles.

Peu après, deux hommes, l'un, rondouillard, l'autre, filiforme, traversent la cour. Timoléon reconnaît aussitôt Potiron et Fenouil, les deux acheteurs du cochon de la rue Charlot. Tous deux farfouillent dans le chargement d'orge pour en sortir de longues gibecières remplies de quinze livres de sel. Puis la fermière, le fermier et Goussard-Maronville s'approchent du chenil. Ils ouvrent une trappe dans laquelle se précipitent les chiens affamés qui ne peuvent sortir qu'un par un. Le premier est aussitôt retenu par le fermier, tandis que la fermière lui attache la gibecière remplie de sel autour du cou. Puis ils le laissent s'enfuir pour qu'il retourne ventre à terre chez son maître, de l'autre côté de la frontière, dans la province de grande gabelle. Le dernier chien disparu dans la nuit, le silence impressionne.

— J'aime pas les affamer, grogne le fermier tristement. Cela me déchire les entrailles de les voir souffrir de la faim.

— Tu dis toujours ça, Léon, mais il faut bien que les chiens apportent leur cargaison dans les pays de grande gabelle. Allons dormir maintenant. Vous devez avoir sommeil, monsieur Goussard.

Lorsque les cinq contrebandiers sont rentrés dans la ferme, Timoléon, prudemment, quitte l'étable, traverse la cour, passe devant la maison lorsque Fenouil en sort subitement, pressé par le besoin d'uriner. Ils se dévisagent, aussi surpris l'un que l'autre. Fenouil retourne précipitamment dans la pièce. Timoléon s'enfuit vers la forêt. Il la traverse d'un bon pas, l'esprit soulagé, car il pressent la victoire à portée de main et la fin de ses malheurs. L'arrestation de Goussard-Maronville, pris la main dans le sac, ne permettra pas seulement de faire triompher la justice, mais aussi de prouver son innocence. Il marche, plutôt il vole entre les arbres jusqu'au lieu-dit où les gardes-frontière terminent leur souper. Ceux-ci l'écoutent paisiblement :

— On ira demain.

— Demain, il ne restera plus trace de rien, s'indigne le jeune homme. Déjà les chiens ont franchi la frontière.

Les gardes se récrient :

— Ça, les chiens, on n'y peut rien. Et une fois là-bas, qu'est-ce qu'on fera ?

— Vous dégagerez le faux plancher de la charrette chargée d'orge, et dessous, vous trouverez du sel. Du sel de Brouage.

Les deux hommes se consultent du regard. Timoléon, à qui on a souvent répété à Paris : « Eh ! le rouquin, on ne te paie pas pour ne rien faire ! », s'empresse de dire :

— On ne vous paie pas pour ne rien faire. Et si vous ne venez pas immédiatement, j'en parlerai à un ministre.

— À un ministre ? demande un garde en fronçant les sourcils.

— Oui. Au ministre Colbert.

Quoique le nom de Colbert ne leur dise pas grand-chose, les deux hommes flairent, dans la détermination du visiteur, un vague danger.

— On y va, décident-ils en même temps.

Tous deux se lèvent et prennent leur fusil. En chemin, le plus âgé entame le refrain de leur métier :

> *De jour et de nuit*
> *Les gardes aux frontières*
> *Maintiennent les barrières*
> *Contre tous les délits.*
> *Lalère, lalère, lali.*

Pendant ce temps, Goussard-Maronville interroge Fenouil :

— L'homme dans la cour portait une perruque blanche, une moustache et une barbe ! Tu en es certain ?

— Je n'ai pas la berlue !

— Je ne vois pas de qui il s'agit. Peut-être le sieur Pernelle.

— C'est l'homme qui est venu ici cet après-midi, ajoute la fermière. Jeune. Une mouche sur le nez. Ne tardez pas, il est certainement parti prévenir les gardes.

Goussard cligne les yeux de satisfaction et ricane :

— Ce barbu va nous faciliter le passage de la frontière.

— Comment ça ? demande Potiron.

— Je t'expliquerai, lui répond Fenouil à voix basse. On part tout de suite, monsieur Goussard ?

— Bien sûr.

On attelle. Potiron s'installe à la place du cocher. Goussard salue les deux hôtes.

— Dans moins de deux heures, explique la fermière, les gardes seront ici. Il vous sera facile d'entrer tranquillement en pays de grande gabelle.

— Si vous rencontrez le sieur Pernelle, remerciez-le de ma part, dit Goussard. Il m'aura rendu service.

Effectivement, lorsque Timoléon revient avec ses deux partenaires, il n'y a plus de charrette dans la cour. Les responsables de la surveillance des faux sauniers, par conscience professionnelle, frappent à la porte.

— J'arrive, dit la voix pointue de la fermière, qui apparaît en chemise de nuit, bonnet blanc sur la tête, un châle sur les épaules. Bonsoir, messieurs, que voulez-vous ?

— Cet homme vous accuse de contrebande du sel, dit un garde en montrant Timoléon.

La fermière, haussant les épaules, sa bouche tordue par un sourire faux, commente :

— Ce garçon a la tête bien embrouillée. Mais entrez, messieurs, entrez. Cherchez ! Vous ne trouverez pas un grain de sel, sauf dans notre réserve de l'année. Et si vous voulez mon avis, déranger les gens à cette heure de la nuit, ce n'est pas une coutume convenable.

Elle se tourne vers son mari :

— N'est-ce pas, Léon ?

Léon, qui descend l'escalier lui aussi en chemise et bonnet de nuit, opine de la tête.

— Ce monsieur-là, lui explique-t-elle en montrant Timoléon, est un menteur. Entrez, vous aussi, monsieur le dénonciateur, n'attrapez pas froid, et asseyez-vous pendant que les autres fouillent.

— Je sais ce qui s'est passé ici, répond d'une voix sombre Timoléon, certain maintenant que la recherche sera vaine.

Les gardes, une torche à la main, font le tour de la maison, de la cour et de l'écurie.

— Nous ne trouvons rien, disent-ils en revenant. Laissez-nous regarder dans vos coffres.

Se tournant vers Timoléon :

— Qu'est-ce que tu nous as raconté ?

— J'ai vu les chiens avec leurs sacs pleins de sel autour du cou, et j'ai vu la charrette avec un faux plancher. Ces gens-là sont des faux sauniers très bien organisés.

— Monsieur peut toujours nous accuser d'aider des faux sauniers, mais personne ne le croira, s'indigne la fermière. Moi, j'ai la confiance de tout le monde alentour depuis les vingt-cinq ans que je vis ici. Vous pensez bien que si je devais être contrebandière, ça se saurait.

— Votre ferme est très isolée et permettrait facilement ce genre de délit, remarque un garde.

La femme répond sèchement :

— Si vous avez l'argent pour nous offrir une ferme en ville, nous ne refuserions pas. N'est-ce pas, Léon ? ajoute-t-elle en se tournant vers son mari.

Léon acquiesce. Timoléon insiste :

— Elle ment, je vous jure qu'elle ment.

— Voyez ce prétentieux. Il se prend pour Dieu lui-même, à détenir la vérité.

Elle s'adresse alors aux gardes avec affabilité :

— Puisque ce bon à rien vous a dérangés inutilement en pleine nuit, vous prendrez bien un petit verre de vin.

Les gardes font semblant d'hésiter, s'interrogent du regard et l'un prend la parole :

— Ce n'est pas de refus, parce que la nuit se fait fraîche ces temps-ci. Le vent vient du nord !

Tous quatre s'asseyent autour de la table. Pour accompagner le vin, le fermier apporte du fromage et du pain. La conversation roule gaiement sur la contrebande, le climat, les impôts, le jeune roi qui a donné à son peuple du blé pendant la famine de l'hiver dernier et qui danse dans les ballets. Timoléon reste debout, pétrifié par le spectacle qu'il a sous les yeux. La loi et le crime qui trinquent ensemble et le rejettent, lui, victime de ce trafic.

L'or blanc de Louis XIV

— Tu en veux ? propose, moqueur, le fermier en lui tendant un verre de vin.

— Plutôt mourir, répond-il en crachant par terre.

Il sort, détache son âne et longe l'orée du bois. C'est vrai qu'il fait froid. Le vent mordant traverse sa chemise. Encore emporté par son indignation, il rêve d'un jour où il pourra expliquer au roi ce qui se passe réellement dans son royaume. Et Louis XIV le remerciera en lui offrant un office pour faire respecter la justice. Toutefois, cette récompense imaginaire n'arrive pas à dissimuler la consternante réalité. Il s'est conduit comme un imbécile. En allant chercher les gardes, il a laissé à Goussard le temps de s'enfuir sans risques et il a perdu la trace de son ennemi. La preuve de son innocence devra encore attendre.

*
* *

Parvenu à Orléans la bourse presque vide, Timoléon renonce à prendre le coche, trop coûteux, pour emprunter le canal de Briare[1] : le trajet jusqu'à Paris ne coûte que sept livres six sous. Dans le port, des menuisiers mettent la dernière main au coche d'eau destiné aux voyageurs, long chaland de bois d'une vingtaine de mètres de longueur et quatre de largeur qui doit partir trois jours plus tard. À côté, on charge les bateaux plats

---

1. Le canal de Briare, commencé sous Henri IV et terminé en 1642, relie la Loire au Loing qui se jette dans la Seine. Il est long de 57 kilomètres et comprend 33 écluses. La distance entre Briare et Paris est de 150 kilomètres.

L'inconnu de Brouage

destinés à transporter les marchandises. Les uns convoient le vin, d'autres, les légumes et fruits périssables, d'autres encore, les poissons vivants. Une fois chargés ils quittent le quai à la queue leu leu, tirés de chaque berge par des chevaux.

Lorsque le coche d'eau destiné aux voyageurs est recouvert de paille, deux cents passagers l'envahissent, munis de leurs sacs et de leurs provisions pour le voyage. Soudain, un cocher crie :

— Place, place, faites place !

Un carrosse pénètre alors sur le chaland avec son attelage. Il bouscule les voyageurs qui déménagent précipitamment colis et paniers. Une des roues avant du véhicule écrase un baluchon de vieille toile usée. Un gamin de dix ans s'empresse de le reprendre lorsque le sac craque et laisse s'échapper... du sel.

Le propriétaire du carrosse, un marquis fort emplumé, s'avance vers l'enfant et le saisit par l'oreille.

— Tu fais déjà de la contrebande ! À ton âge ! Si tu continues comme cela, tu seras pendu. Pour te protéger de toi-même, je t'envoie en prison.

Il se retourne alors :

— Gardes ! Emmenez-le !

Timoléon, ulcéré qu'on punisse un gamin misérable alors qu'on laisse Goussard-Maronville faire fortune grâce à la contrebande, saisit impulsivement une perche et frappe le seigneur en pleine poitrine. Celui-ci s'écroule sur le bordage puis, à demi assommé, se débat et finit par tomber dans le canal. L'enfant détale. Des marins plongent pour repêcher la victime. Affolé, le marinier accourt :

— Qui a osé frapper le marquis ?

Murés dans leur indifférence, les voyageurs détournent la tête. Certains parce qu'ils font eux-mêmes de la petite contrebande, et qu'ils se réjouissent de voir un noble puni. Aussi personne ne dénonce Timoléon qui, tranquillement, s'assied à l'avant du bateau. Le marquis fait retirer son carrosse, les voyageurs se réinstallent dans l'espace dégagé et le chaland est prêt à déhaler. On attache les deux juments qui tirent le bateau jusqu'au Loing, puis du Loing jusqu'à la Seine.

— Le voyage durera cinq jours, annonce le marinier. Il fera beau.

Cinq jours de paix, de repos, de découvertes. Dans les pentes, le canal descend en escalier avec, comme palier, des écluses. Sept écluses peuvent se succéder quand l'inclinaison est très raide. Chaque fois, on dépêche un commis pour prévenir de l'arrivée du chaland. Régulièrement, mariniers et éclusiers se querellent : les uns exigeant de passer les premiers, les autres désireux de faire respecter la loi sur les bateaux prioritaires. Champs, forêts, pâturages, villages se succèdent, ainsi que les gardes qui surveillent les berges pour attraper d'éventuels voleurs s'enfuyant avec des marchandises. Cependant, plus on s'approche de Paris, plus Timoléon appréhende son retour.

13

DES AMIS INCRÉDULES

Maintenant qu'il connaît le rôle du comte et l'excellence de son organisation, Timoléon perd de l'assurance. La lutte lui paraît trop inégale. Auparavant, le jeune homme pensait qu'une fois son accusateur découvert il prouverait facilement sa propre innocence. Or il se rend compte que le combat est loin d'être gagné. Et, comme chaque fois que les difficultés l'accablent, ses fantasmes reprennent le pouvoir et la peur envahit son esprit. Il craint Fenouil, le seul à l'avoir vu dans la ferme de la Chabotterie, et à pouvoir le reconnaître. Sans doute l'attend-il au port Saint-Paul où s'amarrent tous les chalands et les coches d'eau pour l'entraîner dans un traquenard mortel.

Heureusement, le port est fort encombré. Là où Henri IV aimait se baigner nu, les nageurs et les laveurs de chevaux, nus eux aussi, sont nombreux à profiter de l'eau du fleuve. Sur la berge pavée qui descend en pente douce, se bousculent ceux qui attendent voyageurs ou marchandises. En se frayant un passage parmi eux, Timoléon regarde ses pieds, comme un enfant qui croit devenir invisible en fermant les yeux.

L'or blanc de Louis XIV

Le danger évité, il suit les quais jusqu'au Pont-au-Change qui relie le Marais à l'île de la Cité. De chaque côté du pont, dans les étroites maisons à trois étages, toutes semblables, toutes surmontées d'un grenier pointu, on soupe ou on dort déjà. Une lanterne est allumée près de l'enseigne aux bassins jaunes des barbiers-chirurgiens. Timoléon frappe deux coups énergiques. Vu l'heure tardive, maître Gauthier entrebâille prudemment la porte et s'apprête à la refermer en voyant un inconnu barbu et loqueteux, lorsqu'il entend :

— Maître, je suis Timoléon.

Le barbier-chirurgien va chercher un bougeoir qu'il approche du visiteur et hoche la tête.

— C'est bien toi ! Malheureux ! Tu es devenu un sauvage !

— Je te raconterai. J'ai besoin que tu me rases.

— Entre.

La gêne s'installe entre eux. Tous deux ressentent ce qu'a d'incongru et de discourtois la réapparition soudaine de l'ancien apprenti, à la nuit tombée, pour demander un service. Cependant maître Gauthier, fidèle à ses anciens commis, le met à l'aise :

— Tu ressembles à ces sauvages d'Amérique qu'on a vus à la fête du carrousel ! Lave-toi dans l'étuve, je te raserai plus tard.

Propre, habillé avec une vieille veste et des hauts-de-chausses décolorés appartenant au barbier-chirurgien, Timoléon s'assied devant un petit miroir.

— Excuse-moi de te déranger si tard, mais je dois changer de figure. J'ai rencontré le diable, enfin un de ses serviteurs sur terre.

Des amis incrédules

— Tu t'es énervé encore une fois, constate maître Gauthier en affûtant son rasoir.

Timoléon s'emporte :

— Comment ne pas s'indigner devant un homme riche et puissant qui fait fortune dans un commerce illicite et m'accuse d'être faux saunier ? Trouves-tu cela équitable ? Digne d'un bon chrétien ?

— Je vois, je vois, dit maître Gauthier en commençant son travail. Tu te mets toujours aussi vite en colère. Cela me rappelle ta dispute avec le comte de Maronville.

— Avec le comte de Maronville ? s'étonne le jeune homme. Tu dis n'importe quoi !

— Je m'en souviens comme si c'était hier. Un matin, je coupais les cheveux du comte lorsqu'il raconta un incident qui l'amusait. Il venait d'apercevoir au marché une vieille femme qui volait dans un panier un petit sachet de sel. Il fit alors signe à un garde de fouiller la vieille, coupable de voler et de profiter du sel sans payer l'impôt. À l'entendre, elle ruinait la France et osait désobéir au roi. Toi, aussitôt, tu t'exclamas : « C'est scandaleux d'arrêter une femme proche de la mort, alors que tant de gens riches trichent avec la gabelle et ne paient pas les taxes. – Qu'en savez-vous ? » répliqua Maronville, avec son mépris habituel. Et toi, d'un ton convaincu, de répondre : « Je lis les feuilles des gazetiers, monsieur, et quand le roi sera au courant de leurs malversations, il punira les riches faux sauniers, car ce sont eux qui ruinent la France. » Le comte de Maronville te regarda longuement et conclut d'un ton menaçant : « Des discours comme le vôtre, monsieur, ont jadis provoqué des frondes contre la royauté. » Et tu répliquas : « Je suis au service du roi, monsieur le comte, mais pas des fraudeurs, fussent-ils nobles. »

Un silence suit le récit de maître Gauthier.

— J'avais raison de m'indigner, estime Timoléon d'un ton grave. Car ce Maronville est un fraudeur, un énorme fraudeur, et c'est lui qui m'a fait arrêter. Peut-être m'a-t-il choisi comme victime à cause de cette conversation que j'avais oubliée.

— Il se peut que tu aies raison, Timoléon. Et j'en suis navré pour toi. Mais je ne veux pas le savoir. Je l'oublie aussitôt. Un bon commerçant, s'il veut garder sa clientèle, ne tient pas compte des rumeurs et des médisances qui s'échangent sur son lieu de travail.

Pour alléger l'atmosphère, il poursuit, enjoué :

— Maintenant, comment veux-tu que je termine ta figure ? Je pensais te faire une petite barbe pointue et une très fine moustache, comme feu le cardinal Mazarin, Dieu ait son âme. Et je te donnerai une vieille perruque que je ne porte plus car mon crâne a grossi avec le reste.

Maître Gauthier fouille dans un coffre et en tire une coiffe aux longues boucles brunes.

— Avec ça, tu auras l'air d'un homme respectable.

Le visage soigné, la perruque mise en place, Timoléon remercie :

— Je t'en saurai toujours gré.

— Je ne te propose pas de monter dormir chez nous, car ma femme te reconnaîtra et elle est bavarde

Des amis incrédules

comme le vent. Je prierai Dieu de t'aider à retrouver la liberté.

— Que Dieu te garde.

Il fait froid la nuit, en octobre. Il n'est plus temps de rejoindre dans l'obscurité la cour des miracles. Absent depuis plusieurs semaines, il ne serait pas reconnu et risquerait sa vie. Il se dirige donc vers la maison de sa mère qui n'est plus surveillée depuis longtemps. Il admire la nouvelle enseigne des *Doigts de fée* et donne des coups de heurtoir sur la porte. Après un moment qui lui paraît fort long, la fenêtre du premier étage s'ouvre et Mme Batifort penche sa tête entourée d'un bonnet de nuit de dentelle. Elle serre sur sa poitrine son éternelle écharpe de soie.

— Qui est-ce ?
— C'est moi ! Timoléon !
— Timoléon ?

Les yeux, petits et vifs sous les paupières tombantes, scrutent l'obscurité.

— Recule un peu, je te distingue mal.

Elle est toujours aussi soupçonneuse et prudente, songe Timoléon. Et il lève la tête en faisant danser ses boucles avec une main.

— C'est bien toi ! Je descends ! dit la couturière, dont la bouche pincée esquisse un sourire enfantin.

Trois verrous successifs crissent et Mme Batifort, en manteau de chambre à col et poignets de velours, ouvre en tremblant d'émotion.

— Entre vite, mon petit.

S'abandonnant à la joie, elle prend son fils dans ses bras et l'embrasse huit fois.

— Que je suis heureuse de te revoir ! Où étais-tu ?

— Très loin.

— On voulait me faire croire que tu te cachais dans Paris. Comme s'il était possible qu'étant à Paris tu ne sois jamais venu me voir. J'en ai éprouvé beaucoup de peine.

Après un long silence pendant lequel elle observe son garçon, elle reprend :

— Tu devras repartir car on te recherche. Il paraît qu'un M. Goussard a juré de te retrouver pour t'envoyer aux galères. Tu auras sans doute besoin du soutien de ton beau-frère, quoiqu'il ne soit guère galant avec moi.

Timoléon ne cache pas sa surprise devant l'atelier agrandi d'une fenêtre, paré de rideaux blancs à fleurs violettes, d'un beau tissu parme sur les murs et de trois fauteuils de même couleur.

— Ça a changé ici, remarque-t-il.

Sa mère, fière de pouvoir raconter le succès de son entreprise, devient intarissable :

— Nous avons racheté l'atelier de notre voisin, le savetier, qui est mort l'hiver dernier pendant la disette. Avec la fenêtre du fond, j'ai fait un cagibi pour ranger les tissus et les robes, et les petites vont y travailler quand j'ai des visites importantes. Moi je couds toujours dans la salle, qui est mieux éclairée maintenant. J'ai engagé une apprentie car nous avons beaucoup de commandes. On peut dire que le mariage de ta sœur

Des amis incrédules

a été une bénédiction. D'autant plus que je vieillis. J'ai les yeux qui faiblissent et mon dos me foudroie parfois de douleur.

Timoléon l'entoure de son bras.

— Je te trouve en bonne santé.

Elle grommelle :

— Humm. Maintenant, parle-moi de toi, raconte tout ce que tu as fait. Je veux tous les détails.

— Je suis fatigué !

— Fatigué, à ton âge ! Viens voir la nouvelle chambre, derrière l'ancien atelier du savetier. Sa fenêtre donne sur la cour. De l'autre côté, dans la petite maison, vit un jeune couple. Ils sont faiseurs de mouches. La jeune femme chante dès le matin, après le coq.

— Je tombe de sommeil, maman !

Mme Batifort serre ses petites lèvres de dépit :

— Fais un effort en retrouvant ta mère ! Nous ne nous sommes pas vus depuis des mois, que dis-je, des années. Comment as-tu employé tout ce temps-là ?

Timoléon admire l'étroite chambre, essaie le nouveau lit et, à peine allongé, s'endort.

Mme Batifort secoue la tête d'incompréhension.

— De mon temps, pour faire plaisir à sa mère, on était capable de passer trois jours sans dormir.

Et elle remonte l'étroit escalier jusqu'à sa chambre, pièce toujours encombrée de coffres, de tabourets, malgré le départ d'Armande. Elle s'agenouille sur un coussin devant une peinture de la Sainte Vierge. La Très Sainte Mère du Christ a connu aussi des moments éprouvants avec son fils.

Dès l'aube, Timoléon se lève sans faire de bruit. Lorsqu'il s'apprête à sortir, il entend :

— Timoléon, où vas-tu ?

— Je reviens très vite.

Les trois verrous grincent et un air vif fouette son visage. Il a faim. Il a surtout besoin de raconter les événements de Brouage. Garder le secret sur les activités illégales du comte est trop lourd à porter. Il lui faut partager avec un ami sa surprise et ses incertitudes, répondre à ses questions, expliquer, répéter, tant les faits sont incroyables. Déçu par la prudence de maître Gauthier, se méfiant des réactions intempestives de sa mère, il se rend rapidement au *Juste Prix*. Fleuridor aura la bonne oreille, il vibrera avec lui de stupeur, d'indignation et d'inquiétude.

Dans le cabaret, artisans et compagnons défilent pour se faire servir rapidement un verre de lait, un petit vin frais de l'année, un morceau de pain beurré, une pomme, avant de commencer leur journée de travail. Fleuridor s'apprête à charger son tonnelet d'eau-de-vie lorsqu'il aperçoit son ami.

— Timoléon ! Quelle joie de te retrouver ! s'exclame-t-il. Où étais-tu parti avec les louis d'or d'Armande ?

— Je vais tout te raconter. Pour le moment, c'est un secret.

— Diantre ! Nous voilà en pleine aventure, dit Fleuridor en riant. Allons nous asseoir sur ce coffre au fond de la gargote. Nous y serons tranquilles. Moi aussi, j'ai une nouvelle importante à t'apprendre : j'arrive de temps en temps à parler avec Armande. J'ai trouvé un moyen pour acheter le silence de la duègne. Sinon cette garce, sèche comme un pruneau, méchante comme une teigne, raconte tout au comte mais...

Timoléon interrompt brusquement ces anecdotes frivoles :

— Le comte de Maronville est un contrebandier.

Fleuridor change d'expression et regarde son ami avec effarement.

— Que dis-tu ?

— Je répète : le comte de Maronville est un contrebandier qui se fait appeler Goussard dans le port de Brouage. Ils sont une seule et même personne.

Les yeux si clairs de Fleuridor s'assombrissent.

— Tes plaisanteries ne sont pas drôles.

Timoléon insiste :

— Je ne plaisante pas ! Je t'assure que j'ai vu le comte, de mes propres yeux, attacher des colliers de sel au cou de chiens affamés.

Fleuridor fronce les sourcils et répète :

— Le comte attache des colliers de sel à des chiens affamés ! Tu dis vraiment n'importe quoi ! Si Armande entendait ça, elle s'inquiéterait pour toi ! Surtout ne lui répète pas ces bêtises.

— Qu'Armande soit ton amoureuse et ma sœur ne change rien à la situation. Elle a épousé un contrebandier ! J'en conviens, les conséquences seront terribles ! J'ai toujours été contre ce mariage. Armande s'est laissé faire par sa mère, n'a pas résisté au titre de comtesse et supporte un fort méchant mari.

— Ce n'est pas à moi de prendre la défense de Maronville, que je trouve méprisant, dur et autoritaire.

Mais de là à le transformer en contrebandier, il y a... enfin...

Sous le regard incendiaire de son ami, Fleuridor ajoute d'un ton très doux :

— Avant de calomnier, il vaut mieux prendre le temps de réfléchir. Je me souviens d'un étudiant qui m'avait parlé d'un philosophe, Descartes, je crois. Cet homme-là considère qu'il faut d'abord douter de tout.

— Pourquoi douterais-je puisque j'ai vu, de mes propres yeux vu, Maronville faire passer du sel en contrebande ? Il se fait appeler Goussard et aider par une bande de complices ! Tu fais semblant d'être stupide ?

Fleuridor prend un air consterné. Blessé par l'incrédulité de son ami, Timoléon se lève et s'emporte :

— Si tu n'as plus confiance en moi, nous n'avons plus rien à nous dire.

Les clients, surpris par cet éclat, se retournent. Timoléon les foudroie du regard.

— Qu'avez-vous à me manger des yeux ? Vous n'avez jamais vu un homme en colère ? Oui, je suis déçu, malheureux et furieux. Vous êtes contents ?

Des réponses moqueuses fusent en même temps. Timoléon sort en claquant la porte.

Pierrot s'empresse d'intervenir pour éviter un esclandre.

— Du calme ! J'offre un dernier verre à tous ! C'est la tournée du patron !

Des amis incrédules

Timoléon erre, accablé, dans la rue. Il ne comprend rien à l'accueil qu'on lui réserve. Il arrive porteur d'un secret stupéfiant, la contrebande pratiquée par un noble, notaire au Châtelet de surcroît, et personne ne s'y intéresse. Cette difficulté à convaincre laisse mal augurer de la suite. Il ne dira rien à Armande tant qu'il n'aura pas trouvé le moyen de se venger.

De son côté, Fleuridor s'interroge aussi sur sa dispute avec Timoléon. Pourquoi a-t-il refusé de croire son ami de toujours ? Qu'est-ce qui l'a tant effrayé en apprenant la double personnalité de Maronville ? Il a, pourtant, toujours pensé le plus grand mal du comte et le considère comme un être dangereux. Cette nouvelle aurait dû le conforter dans l'excellence de son discernement. Il avait justement prédit à son ancienne promise que son mariage la rendrait un jour désespérée. Or c'est justement cela qui l'effraie : la douleur de la belle lorsqu'elle apprendra que son époux est le bourreau de son frère. Habitué aux sentiments entiers, le vendeur d'eau-de-vie affronte mal des désirs contradictoires. Parler à Armande, c'est provoquer des souffrances aux conséquences imprévisibles. Se taire, c'est la laisser ignorante de la situation et sans défense contre les initiatives de son époux. Ne dit-on pas qu'il faut prévenir les habitants quand le feu monte dans l'escalier... Avant de parler ou de se taire, il doit s'assurer de la véracité des propos de Timoléon, car celui-ci, depuis son arrestation, se conduit parfois bizarrement.

Pour vérifier la double personnalité de Maronville, il choisit le petit matin, quand l'esprit est encore lent à

réagir. Il se poste devant l'hôtel du comte et fait le guet. Dès que sonne la messe, on ouvre le portail et Fleuridor, caché derrière un battant, surveille la cour. Près de l'écurie, le cocher attelle un cheval au carrosse. Peu de temps après, Maronville quitte la maison, en robe noire et col blanc, et se dirige vers le coche. Lorsqu'il montre son dos à Fleuridor, celui-ci braille :
— Monsieur Goussard !

Le comte se retourne aussitôt puis, comprenant sa maladresse, se précipite dans la rue pour apercevoir l'auteur du cri. Or la chaussée est déjà encombrée de charrettes, d'ânes et de moutons. Le comte grimace de dépit et retourne dans la cour.

Fleuridor est enfin convaincu : Maronville est bien Goussard, et les propos de Timoléon sont exacts. Le comte est un faux saunier. Un faux saunier très malin. Cependant la perplexité du marchand d'eau-de-vie demeure. Faut-il parler ou ne pas parler ? Se taire, est-ce mentir ? Est-il capable de mentir à Armande ? Dieu seul peut l'éclairer dans une telle incertitude. Protégé par le cœur de Louis XIII dans l'église Saint-Louis, il offre au Seigneur sa vie et son obéissance.

Il en sort persuadé de l'extrême urgence d'avertir Armande. Cela présente des avantages. Car lorsque le comte sera envoyé aux galères, Armande retrouvera la liberté d'aller et venir à sa guise, et surtout la liberté d'aimer, de l'aimer, lui, Fleuridor, son unique passion. Il n'est donc pas certain qu'Armande sera désespérée.

Des amis incrédules

Avec impatience et crainte, Fleuridor fait les cent pas près de l'atelier des *Doigts de fée*. Il cherche ses mots et, plongé dans ses recherches de vocabulaire, sursaute en entendant la voix d'Armande :

— Que fais-tu ici ?

— Je me suis disputé avec ton frère. J'en suis tout chaviré.

— Tu t'es disputé avec Timoléon ! Ce n'est pas une raison pour m'accoster.

Fleuridor fait signe à l'austère duègne de s'écarter. Elle recule d'un petit pas. Il insiste. Elle recule sans dissimuler son indignation.

— Encore, ordonne-t-il.

Elle obéit car Fleuridor a trouvé le moyen de la neutraliser. La duègne, lorsqu'elle habitait près de Brouage, obtenait d'un voisin qui déchargeait les produits exotiques dans le port des grains de café chaque semaine. Elle adorait ce breuvage encore rare dans la capitale. Informé de cette gourmandise, le jeune homme lui offre de temps en temps un paquet des précieuses graines en échange de son silence. Il ne se doute pas que la gouvernante empoche le café tout en continuant à espionner la comtesse.

Quand la duègne s'est éloignée, Fleuridor confie à voix basse :

— Ton frère m'a appris une chose terrifiante.

Armande n'a jamais su résister à la curiosité. Ses yeux brillent.

— Quelle chose ?

Fleuridor hésite encore.

— Je ne suis pas certain de devoir te le dire.
— Alors pourquoi es-tu venu ? se fâche la comtesse, en envoyant au jeune homme un éclat courroucé de ses yeux de lumière.

Mais cela ne dure guère et elle prend une voix caressante :

— Après nos amours de l'été, nous pouvons tout nous dire. Même si, momentanément, mon mari, ma vie de comtesse, mon travail et surtout la duègne m'empêchent de te parler. Tes hésitations me blessent. Ne me cache rien. Conte-moi cette querelle avec Timoléon. Nous en rirons ensemble.

— Tu es bien certaine de le vouloir ? insiste Fleuridor.

— Oui. Tout ce qui touche à mon frère me concerne.
— Eh bien voilà !

Fleuridor, faussement contrit, déclare :

— Goussard et ton mari sont une seule et même personne. Maronville est un contrebandier, un faux saunier si tu préfères, qui se fait appeler Goussard dans le port de Brouage.

Armande courbe la tête et pâlit. La double vie de son époux ne lui paraît pas totalement invraisemblable. Il y a de l'étrangeté dans le comportement du comte, des secrets, des voyages vers des destinations inconnues. Elle s'est déjà interrogée sur son insatiable curiosité concernant Timoléon et sur ses réticences à lui présenter Goussard. Cependant, entre un soupçon et une certitude s'étend un fleuve difficile à franchir.

— Raconte-moi tout ce que tu sais.

Des amis incrédules

Fleuridor répète alors, en détail, les propos de Timoléon sur le ramassage clandestin du sel dans les marais salants. Lorsqu'il a terminé, Armande dit « Merci » d'une voix blanche et entre dans l'atelier.

14
LE COMTE CONTRE-ATTAQUE

Mme Batifort s'étonne de l'apparence de sa fille.
— Qu'as-tu ? Tu es blanche comme un linge ! Serais-tu enceinte ? Ce serait une merveilleuse nouvelle. Assieds-toi, je vais t'apporter de ce quinquina qui vient du Pérou et qui, dit-on, réveillerait un mort. Prends mon fauteuil, je vais déplacer cette chemise. Sais-tu que Timoléon est venu me voir ? Il était parti loin. Je me doutais bien qu'il ne pouvait demeurer à Paris sans voir sa mère. Une mère, tu sais, on n'en a qu'une.
— Que t'a-t-il dit ?
— « Bonne nuit. Que Dieu te garde ! »
— Rien d'autre ?
— Rien. Il avait des choses importantes à dire ? s'inquiète aussitôt Mme Batifort. Dans ce cas, il ne m'en a pas parlé. Il n'est plus le même depuis qu'on l'a accusé d'être faux saunier. Il s'est refermé comme une huître sur un mal qui le ronge de l'intérieur. Il était si gai, si chaleureux. Maintenant sa voix est sourde et menaçante. J'en ai le cœur brisé. Toi non plus, tu ne me dis pas pourquoi tu es si pâle.

— Maman, laisse-moi, je te prie. Je suis assommée...
— Assommée, ma pauvre fille, je le vois bien. Je n'insiste pas. Je sais respecter le silence de mes enfants.

Et tout en partant chercher du quinquina, elle a les larmes aux yeux.

Armande reste hébétée. Elle se remémore toutes les situations où elle attendait Goussard, cherchait Goussard, ratait Goussard, toujours à quelques secondes près, à en croire son mari. Elle mesure l'étendue du mensonge conjugal. Dans quel but a-t-elle été manipulée ? Elle s'entend demander au comte de l'aide pour Timoléon, elle, confiante et insistante, lui, distrait et vague. Ses supplications étaient pour lui si insignifiantes, si inutiles, qu'il ne prenait même pas la peine de les trouver ridicules. La détermination et la duplicité de son époux l'épouvantent. Quelle maîtrise dans sa conduite ! Jamais une maladresse qui puisse faire soupçonner sa fourberie, jamais un visage soudain alarmé !

Incapable de parler tant le choc lui noue la gorge et le ventre, elle quitte l'atelier sans attendre le retour de sa mère. Ballottée par les passants, évitant de justesse chevaux et véhicules, injuriée par les cochers, elle rejoint péniblement son hôtel. Elle traverse la cour puis monte le grand escalier comme une somnambule.

— Madame, qu'avez-vous ? demande Paulinette. Êtes-vous malade ?

Sans répondre, Armande entre dans son boudoir, referme la porte et s'effondre dans une bergère. Le sentiment d'avoir été dupée, trompée, utilisée ne la quitte pas. Elle vivait comme une araignée qui se croit libre d'aller et venir, alors qu'une toile la rendait prisonnière.

Lorsque la nuit tombe, la femme de chambre entre avec une chandelle.

— Madame la comtesse veut-elle souper ?

Armande, toujours prostrée dans sa bergère, secoue la tête.

— Madame la comtesse veut-elle se déshabiller ?

Devant le silence obstiné de sa maîtresse, la soubrette s'éloigne discrètement après avoir posé la bougie sur une table.

Armande se lève, regarde par la fenêtre le jardin que la lune sculpte d'ombre et de lumière. Elle reconstitue la suite des événements. Le comte acquiert sa fortune en se livrant à la contrebande du sel. Son métier de notaire au Châtelet sert de façade à ses pratiques clandestines et lui assure des relations dans la justice. Lorsque à Brouage la contrebande est suspectée par les agents de l'État, il profite de ses entrées au Châtelet pour en accuser Timoléon. On le croit. On emprisonne le coupable, on l'expose au pilori sous les yeux du plus grand nombre. Or le prisonnier s'évade. D'alibi, le fuyard devient alors une menace. Car si le prétendu coupable parvient à se disculper auprès du tribunal, les magistrats rechercheront le véritable faux saunier et finiront par démasquer le comte. Prudent, celui-ci demande en mariage la sœur du condamné. Il espère ainsi qu'elle le tiendra au courant des cachettes et des abris de son frère. Alors, il le fera chercher et l'enverra discrètement aux galères. Maronville ne doute pas de la loyauté de la jeune fille à qui le mariage apporte des avantages financiers et mondains et qui, par chance, a une ambition personnelle qui l'occupe considérablement. Conclusion : elle n'est devenue comtesse que pour informer son époux sur l'errance de Timoléon. Car seule la mort du jeune homme peut garantir l'impunité définitive de son mari.

Armande reste engourdie par cette implacable logique. Peu à peu émergent d'impitoyables ressentiments : l'humiliation d'avoir été épousée pour servir d'espionne contre son frère, le dégoût d'être la femme d'un malfaiteur, la crainte d'être considérée comme complice de ses forfaits, la honte d'être surveillée sans cesse par la duègne. Elle juge son existence non seulement sotte, mais méprisable. Elle se rend compte qu'elle n'a accepté le mariage que par ambition, goût du luxe et égoïsme. La bonne opinion qu'elle se faisait d'elle-même lui paraît usurpée. Sa conduite est condamnable aux yeux des hommes et surtout au regard de la Sainte Église.

Le lendemain matin, la voix du comte dans la chambre voisine la réveille et des vagues de répulsion la submergent.

— Où est madame la comtesse ? demande Maronville.

— Dans le boudoir, monsieur le comte. Hier, elle allait très mal, répond Paulinette.

— De quoi souffrait-elle ?

— Elle ne pouvait plus parler. Elle avait l'air bouleversée.

— Bouleversée ! s'exclame le mari.

Il frappe à la porte et entre sans attendre.

— Ma très chère, que vous arrive-t-il ?

Armande se tient aux aguets. Il n'est pas encore temps d'attaquer, de dévoiler ce qu'elle a appris sur son époux.

— Un malaise.

— Un malaise provoqué par la conversation avec Fleuridor ! suggère le comte d'un ton accusateur.

Armande ne se laisse pas désarmer.

— Exactement ! Votre police privée fonctionne bien. Sachez que je ne veux plus être espionnée et que je ne supporterai plus votre duègne.

— Vous êtes responsable de cette surveillance. Vous avez, en grand secret, avec votre frère, écrit un placet au roi sans m'en avertir. Je ne peux plus avoir confiance en vous. Quant à Fleuridor, je vous ai interdit de parler à ce pitoyable bonimenteur, dont l'unique compétence est d'organiser des charivaris. Je m'étonne qu'un être aussi médiocre puisse plaire aux femmes.

Pour provoquer son époux, Armande invente :

— Il me donnait des nouvelles de Timoléon ! Mon pauvre frère est très malade. Les médecins sont fort inquiets. Comme je partage l'opinion de Molière sur l'ignorance des médecins, je me fais du souci.

Le comte, ne trouvant rien à redire, se contente d'approuver :

— Je comprends que la mauvaise santé de votre frère vous préoccupe.

Puis, d'une voix faussement attendrie, comme on gronde une enfant, il ajoute :

— Il ne faut pas rester sous l'influence de racontars

incertains. Sortir vous fera du bien. Demain dimanche, nous irons à la chapelle royale où Bossuet prêche le carême à 3 heures de l'après-midi[1]. J'enverrai un laquais de bon matin pour réserver nos chaises, car il y a foule pour écouter ce prédicateur. Ses sermons sont, paraît-il, magnifiques. Soyez belle, il y aura tous ceux qui brillent à la Cour. J'aime qu'on voie qu'un vieil homme comme moi a pu séduire une jeune femme aussi éclatante.

— Je serai trop lasse demain pour me rendre au Louvre.

— Seriez-vous moins forte que le cardinal Mazarin qui, perclus de douleurs, dirigeait encore le pays de son fauteuil d'impotent ? Je demeurerai près de vous.

Puis il lui baise la main avant de se retirer :

— Je prendrai de vos nouvelles ce soir.

Après le départ de son époux, Armande se sent désarmée. Si le comte était toujours aussi aimable, il serait agréable d'être sa femme. Son autorité naturelle le rend protecteur, comme s'il devinait tout ce dont a besoin son interlocuteur. Voilà ce dont elle rêvait en se mariant. Une idée traverse subitement son esprit. Et si Fleuridor mentait ? Si la jalousie lui faisait perdre l'esprit et raconter n'importe quoi ? Ballottée entre deux récits de sa propre vie, attendant que se confirme son destin, elle appelle la femme de chambre pour réclamer son déjeuner.

---

1. En réalité le célèbre sermon sur la Providence fut prononcé pendant le grand carême de 1662, effectivement dans la chapelle royale.

L'or blanc de Louis XIV

Pour se rendre au Louvre, Armande s'habille d'un corps de robe de velours violet, fort serré et s'arrêtant sur le ventre, d'une jupe de même tissu, qu'elle étoffe pour souligner sa taille. Dessous, elle entasse trois jupes plus étroites : la modeste en taffetas rose, la friponne en moire de soie, et la plus proche du corps, la secrète en coton. Les bas, couleur ventre de biche, s'harmonisent avec l'ensemble. Un manteau rouge doublé de fourrure blanche et un chapeau piqué de fleurs de soie complètent sa mise. Le comte la félicite de son élégance.

Le carrosse les dépose au Louvre où, dans la cohue, ils montent vers la chapelle. Elle est située dans le dôme du grand pavillon[1] qui domine le palais des deux côtés : sur la cour Carrée et sur celle du Louvre, vers les Tuileries.

Toutefois, ni la fierté joyeuse de Louis XIV ni l'attendrissante timidité de sa femme rondelette aux joues tombantes et au doux regard ne parviennent à dissiper les incertitudes d'Armande. Que cache l'humeur devenue si prévenante de son époux ? Craindrait-il qu'elle le dénonce ? On ne dénonce pas avec, comme seul argument, le bavardage d'un amoureux. D'ailleurs, elle aimerait tellement que les accusations portées contre son mari soient fausses. Il suffirait pour cela que Goussard existe réellement.

Seul le langage enflammé de Bossuet l'aide à supporter ses anxieuses attentes. Avec son regard d'aigle, sa voix qui résonne comme une conque marine, sa belle

---

1. Aujourd'hui le pavillon de l'Horloge.

prestance dans ses habits sacerdotaux, il évoque justement la situation de l'homme frappé par le malheur :

S'il est dans l'adversité, qu'il songe que l'épreuve produit l'espérance, que la guerre se fait pour la paix, et que, si sa vertu combat, elle sera un jour couronnée. Jamais il ne désespère, parce qu'il n'est jamais sans ressource. Il croit toujours entendre le Sauveur Jésus qui lui grave dans le fond du cœur ces belles paroles : « Ne craignez pas, petit troupeau, parce qu'il a plu à votre Père de vous donner un royaume. » Quelle force peut l'abattre, étant toujours soutenu par une si belle espérance ?

La cérémonie terminée, après le silence qui accompagne la sortie du roi et de la reine, les salutations et les papotages rassemblent ecclésiastiques et gens de cour. Contrairement à son habitude, le comte reste auprès de son épouse. Au lieu de la laisser à ce qu'il appelle ses « conversations de chiffon », il la présente aux responsables titulaires de charges importantes. Toutefois la conduite d'Armande l'intrigue. Elle est absente, distraite. Il l'entraîne vers une fenêtre :

— Vous avez l'air songeuse. Regardez Goussard qui s'éloigne vers les Tuileries. Il porte un manteau gris et un chapeau avec une plume violette.

Armande lui jette un regard glacé.

Il se moque de moi, songe-t-elle. Il me provoque. Il sait que Goussard n'existe pas. Me prend-il pour la plus stupide des stupides ? Je le hais. Je le hais de toutes mes forces.

Une noble, couverte de bijoux, les rejoint.

— Ne m'en veuillez pas, comte, mais je vous arrache votre femme. Nous avons prévu une réunion au palais sur l'avenir de la mode. C'est un sujet qui nous passionne.

Maronville s'empresse d'intervenir :

— Aujourd'hui mon épouse est un peu souffrante. Nous rentrons à notre hôtel.

Dans le carrosse, sur le chemin du retour, Armande n'arrive pas à parler tant la fureur bouillonne dans son esprit. Elle sait qu'un mot de trop ouvrira entre eux une guerre inexpiable. Le comte, au contraire, est intarissable sur la bonne santé du couple royal et le prêche de Bossuet.

— Ce sermon sur le Providence a permis à notre prédicateur de critiquer discrètement notre monarque pour son goût trop vif des plaisirs. Ces prêtres abusent de leur pouvoir. À les entendre, nous serions tous rejetés du royaume de Dieu. Que savent-ils au juste des pensées du Très-Haut ?

Il prend alors la main de sa femme.

— Vous êtes moins fatiguée ?

Armande hésite encore à crier. Elle vient d'avoir une idée pour que Timoléon puisse mener une existence convenable. Son mari a suffisamment de relations pour le faire envoyer aux colonies. Ce serait une bonne solution. En Louisiane, on fait facilement fortune, paraît-il. Et on y envoie de jeunes et jolies demoiselles de l'Hôpital général. Tout deviendrait facile alors : plus besoin de mentir entre époux. Les conversations avec Fleuridor seraient peut-être tolérées, la duègne renvoyée. À la perspective d'un dénouement heureux, après tant de tension, les larmes lui montent aux yeux.

Le comte rit légèrement.

— Vous partagez avec le roi le don des larmes. On dit qu'il a beaucoup pleuré à Brouage, en souvenir de Marie Mancini qu'il a tant aimée.

Le nom de Brouage fait sursauter Armande. C'est une provocation indigne. Elle se sent comme une poupée maniée en tous sens entre les mains de son mari. Son amour-propre se rebiffe, son ressentiment jette ses flammes rouges.

— Vous connaissez Brouage ? demande-t-elle sèchement.

— À peine. Je l'ai traversé.

— Où est-ce ?

— C'est un port sur l'océan.

— Avec des marais salants, je suppose.

— Effectivement.

Elle hésite à poursuivre. Sa fierté et son courage l'emportent cependant.

— À Brouage, Timoléon a rencontré Goussard. Il fut très intéressé d'apprendre comment on transportait du sel, payé un demi-sou la livre, chargé dans un port souterrain, en le cachant dans le fond d'une charrette ou à l'intérieur de colliers pour chiens affamés.

Le comte explose de mépris :

— Ah ! la maligne ! Voyez comme elle est habile, la petite ouvrière. Elle a découvert un outrage à la loi royale, presque toute seule. Il faut qu'elle s'en indigne, qu'elle le fasse savoir, qu'on l'admire pour avoir eu la curiosité d'apprendre ce qu'elle ne devait pas connaître.

Puis prenant un ton autoritaire :
— Vous n'aviez qu'à vous tenir tranquille, à profiter de tout ce que je vous apporte, à faire vos robes, au lieu de vous livrer à de petites trahisons, d'insatiables curiosités, de grandes indignations de votre mesquin amour-propre ! Vous avez imaginé que vous pouviez me faire des reproches ! Me faire la leçon, à moi, comme à l'école ! C'est absurde. Et l'absurdité est une compagne déplaisante.

Lorsque le carrosse dépasse l'église Saint-Louis dans la rue Saint-Antoine, le comte se penche vers sa femme, dégrafe son manteau rouge doublé de fourrure blanche et, avec un petit couteau d'argent qu'il porte toujours dans sa poche, fait une incision dans la robe de velours, puis la déchire de haut en bas. Armande se débat énergiquement, lui arrache sa perruque, lui fouette le visage, donne des coups de poing, saisit un de ses talons pour frapper plus fort et crie :
— Arrêtez, ou je parlerai au roi !
Malgré les coups et la menace, le comte exécute son plan. Il taillade maintenant les trois jupons, la chemise, les bas. Au premier ralentissement, il ouvre la portière et pousse violemment sa femme sur la chaussée, nue. Avec pour tout vêtement une bottine et un chapeau écorné, la comtesse de Maronville, effarée, court maladroitement jusqu'à son domicile.

Dans les boutiques ouvertes sur la rue, les gargotes et les cabarets, marchands et clients s'attroupent sur le haut du pavé pour profiter du spectacle. Promeneurs et vendeurs ambulants, enfants en robe, amusés, admiratifs ou scandalisés, suivent des yeux la course malhabile de la femme dévêtue. Les commentaires fusent :

— Je l'ai toujours dit ! C'est pas une vraie comtesse ! C'est la fille de la Batifort !

— Le sang bleu, ça ne s'achète pas, ajoute un autre.

— C'est une belle femme ! apprécie un jeune homme.

Une boulangère intervient :

— Ce comte, j'étais certaine qu'il la martyrisait. Cela m'a toujours paru bizarre, ce mariage !

— C'est pas la première fois qu'elle court toute nue, crie une matrone.

Aussitôt, les voisins se tournent vers elle.

— Comment ça ?

— Rappelez-vous l'année dernière, quand il gelait et qu'on mourait de faim, on l'a déjà vue dans les rues à moitié déshabillée.

— Je m'en souviens, s'écrie un homme. Elle était bien nourrie, la peau bien blanche, bien lisse, je l'aurais volontiers croquée toute crue.

Le comte, secrètement, se réjouit de la présence de tant de témoins et remercie le Ciel d'avoir permis au soleil de briller pour jeter les habitants dans les rues. Tout se déroule exactement comme il le souhaitait. Il ne lui reste plus qu'à achever son travail.

Une heure plus tard, les jumelles entrent précipitamment aux *Doigts de fée*. Toutes essoufflées, brusquement intimidées, l'une d'elles déclare d'une voix à peine audible :

— Madame, on raconte que votre fille a couru toute nue dans la rue.

Mme Batifort, concentrée sur ses comptes, répond distraitement :

— Quelqu'un se promène nu par ce froid ? Quelle imprudence ! Ensuite il ne faudra pas se plaindre d'être malade.

Les deux sœurs échangent un coup d'œil. La première-née, en rougissant, ajoute :

— Il s'agit de votre fille.

En reprenant ses comptes, Mme Batifort, agacée, répond sèchement :

— Parce que vous auriez quelque chose à m'apprendre sur ma fille ! Vous, les petites ! Quelle sottise !

Sans se laisser intimider, les deux filles répètent, l'une après l'autre, bien distinctement :

— Armande a couru toute nue dans la rue !

Le visage de la mère prend alors une expression hébétée, les yeux grands ouverts fixant le vide, comme frappés d'imbécillité.

L'une donne des précisions.

— Tout à l'heure, la comtesse est tombée de son carrosse et a claudiqué, avec une seule bottine, jusqu'à chez elle. Beaucoup de gens l'ont vue.

Alors seulement Mme Batifort conçoit l'inconcevable. Elle tortille les pans de son écharpe comme si elle voulait les griffer et se précipite à l'extérieur.

Les deux petites, chagrinées de voir leur patronne si perturbée, suivent des yeux sa silhouette maigrichonne.

— Elle a oublié son manteau, dit l'une.

— Et son chapeau. Elle va attraper du mal.

— Tu crois qu'elle s'en remettra ?

Le comte contre-attaque

Éperdue, Mme Batifort marche le plus vite possible jusqu'à l'hôtel de son gendre. Le portail est ouvert. Dans la cour, le cocher finit de dételer les chevaux pour les conduire à l'écurie. Mme Batifort frappe plusieurs fois le heurtoir du rez-de-chaussée et déclare au valet de chambre :

— Je veux voir ma fille.

— Mme la comtesse dort.

— Vous la réveillerez.

— M. le comte l'interdit. Il a donné l'ordre que personne ne la dérange, après sa conduite insensée.

Mme Batifort, d'un geste, repousse le valet de chambre et monte le bel escalier de pierre aux fresques de Minerve et de Vénus.

— Vous n'empêcherez pas une mère de voir son enfant !

Sur le palier du premier étage, la femme de chambre pleure sur un pliant.

— Madame, vous ne pouvez pas voir la comtesse. M. le comte a fermé à clef la porte de sa chambre. Elle n'en sortira, dit-il, que le moment venu.

— Il la laisse mourir de faim ? s'affole la vieille dame.

— Non. Il lui apporte à manger, mais elle ne touche à rien.

Mme Batifort s'approche de la porte et crie :

— Armande, je suis ta mère. Dis-moi ce qui s'est passé ! Et mange ! Ne te laisse pas dépérir !

Averti par le bruit, M. de Maronville sort aussitôt de l'antichambre et s'incline devant sa belle-mère.

— Expliquez-moi, mon gendre, ce comportement carcéral. Enfermer ma fille comme un assassin !

— Je la protège d'elle-même, madame. Elle s'est conduite ce matin comme une... Votre présence ici m'indique que vous êtes déjà au courant de sa scandaleuse conduite. C'est une nature très imaginative et fragile. Je veux l'empêcher de recommencer. Vous me l'avez confiée par le sacrement du mariage et je dois m'en montrer digne.

Après un moment d'hésitation, il tend la main vers le bras de sa belle-mère, pour la guider vers l'escalier. Celle-ci tressaille.

— Ne me touchez pas !

— Je vous raccompagnerai jusque chez vous. On vous prêtera un manteau. Il fait froid, déclare le comte, imperturbable.

Devant l'attitude glaciale de son gendre, Mme Batifort perd de son aplomb. La tristesse de savoir sa fille à quelques pas et de ne pouvoir lui parler lui noue la gorge. Elle murmure péniblement :

— C'est vous qui l'avez rendue extravagante. Je ne vous laisserai pas la traiter si mal. J'en parlerai au commissaire.

Le comte ne paraît pas s'en inquiéter.

— Vous ferez ce que votre raison vous conseillera, répond-il avec indifférence.

À la porte de l'hôtel, la mère repousse manteau et chapeau apportés par le valet.

— Laissez-moi.

Le comte contre-attaque

La journée et la nuit se passent en interrogations douloureuses. Que prépare donc le comte ? Le lendemain, malgré son orgueil, Mme Batifort sort dans la rue en entendant :

Eau-de-vie le matin,
Journée pleine d'entrain.

Dès que Fleuridor l'aperçoit, il va à sa rencontre.
— Si je peux rendre service...
— Fleuridor, je ne suis plus fâchée contre toi. Je t'ai mal jugé. Qu'as-tu appris sur le comte de Maronville et sur ma fille ?
— Sur Armande, rien. Quant au comte, hier après-midi, contrairement à son habitude, il a rendu visite aux artisans, aux marchands et à plusieurs habitants de la paroisse. Quelques-uns ont même été reçus chez lui. J'ignore encore ce que votre gendre trame. Personne ne me rapporte ces conversations car on connaît mon amour pour Armande. Leur silence me fait peur.

15
UNE DÉNONCIATION CALOMNIEUSE

Après la messe du dimanche suivant, Louis XIV se rend dans le grand cabinet pour tenir le Conseil d'en haut[1] où l'attendent, debout, Jean-Baptiste Colbert, ministre d'État, Michel Le Tellier, secrétaire d'État à la Guerre, et Hugues de Lionne, secrétaire aux Affaires étrangères. Le roi s'installe dans un fauteuil recouvert de tapisserie, tandis que les trois ministres s'asseyent sur des sièges pliants.

Après avoir débattu des relations avec l'Angleterre, le roi, de son ton habituel, grave et doux, donne la parole à Colbert. Celui-ci, le visage sévère, annonce :

— Sire, j'envisage de vous faire lecture d'un placet reçu cette semaine et envoyé par un notaire du Châtelet. Le voici :

Sire, le comte Ignace de Maronville, notaire au Châtelet, demeurant rue Saint-Antoine, dans la paroisse de Saint-Louis, accablé sous le poids de la honte et de la douleur, implore

---

1. Le Conseil d'en haut est aussi appelé Conseil des ministres, ou Conseil d'État.

Une dénonciation calomnieuse

la justice de Sa Majesté contre la plus dépravée des épouses. Après avoir contracté un mariage légitime avec la nommée Armande Batifort, sans avoir reçu un sou de dot de cette femme, j'ai découvert à mon grand désespoir que mon épouse perdait l'esprit et se conduisait avec égarement. Elle se promène toute nue dans la rue Saint-Antoine, sous les yeux scandalisés des commerçants, et profère contre les uns et les autres, et surtout contre moi, son mari, des injures et même des infamies.

Je supplie Votre Majesté de me délivrer de la honte et du scandale, en faisant enfermer mon épouse devenue folle. Sa famille est certainement le jouet d'un mauvais génie, car son frère, Timoléon Batifort, accusé de contrebande sur le sel, s'est réfugié dans une cour des miracles où se cachent les malfaiteurs dont il fait maintenant partie.

Je paierai à Votre Majesté l'entretien de ma femme dans l'établissement de la Salpêtrière, créée par la miséricorde royale pour les femmes furieuses, ainsi que celui de dix de ses compagnes.

Dans ces tristes circonstances j'implore, sire, Votre Justice, pour me mettre à l'abri, ainsi que tous les habitants de l'honorable paroisse Saint-Louis, des malédictions et outrages de mon épouse.

À Paris, le 28 février 1663.

Colbert repose la lettre et ajoute :
— De nombreux commerçants et habitants du quartier ont signé ce placet et confirment que la comtesse s'est promenée nue. Ce n'est pas la première fois. L'année précédente, elle s'était déjà exhibée de la sorte, quoique de manière plus décente, étant seulement à moitié déshabillée.

L'*or blanc de Louis* XIV

Louis XIV réfléchit avant de trancher :

— J'ordonne que la comtesse de Maronville soit enfermée à l'Hôpital général dès que le comte aura payé les pensions des femmes. Je vous enjoins d'employer toute l'autorité de votre charge, afin que ma volonté soit exécutée sans délai. Savez-vous de quand date la noblesse du comte et sur quelle terre elle repose ?

— Mes commis sont en train de rechercher l'origine de tous les titres de noblesse. Nous obtiendrons rapidement la réponse.

— Ce nom de Batifort, dit le roi à la prodigieuse mémoire, me rappelle le placet d'un apprenti barbier-chirurgien, injustement accusé et dont j'ai signé l'affranchissement. Savez-vous ce qu'il est devenu ?

— Je l'ignore.

Le roi soupire :

— La justice ne fonctionne pas bien dans le royaume. Les nombreuses juridictions sont finalement inefficaces. Vous réfléchirez, monsieur Colbert, à l'organisation d'une police indépendante du Châtelet. En attendant, je veux dès maintenant que les conduites provocantes dans les rues cessent définitivement, qu'il s'agisse de dévergondage ou de violences. J'ordonne que ceux qui se sont battus en duel hier soir à Chaillot soient poursuivis et jugés. J'exige que l'interdiction[1] des duels soit désormais respectée. Je désire que vous fassiez absolument cesser les obstacles qui se rencontreraient à l'exécution de ma volonté.

---

1. L'interdiction des duels date d'Henri IV et fut peu respectée sous Louis XIII.

Une dénonciation calomnieuse

Louis XIV se lève et regarde la Seine par la fenêtre, satisfait. Les trains de bois, les barques de pêcheurs, les coches d'eau circulent, les ailes des moulins tournent, les douanes de mer arrêtent les bateaux pour taxer leurs marchandises.

Puis, examinant la berge qui lui fait face, Sa Majesté déclare :

— Monsieur Colbert, je vois que la construction du collège des Quatre-Nations[1] progresse rapidement. J'en suis fort content. Quand envisagez-vous de faire ériger les six colonnes corinthiennes ?

— Bientôt, sire. Nous attendons le retour du beau temps, car un coup de gel compliquerait la tâche des maçons.

— Et la « Petite Académie[2] » dont nous avons parlé fait-elle bien son travail ?

— Oui, sire. Elle se réunit chez moi le mardi et le vendredi.

Le roi, se retournant vers son ministre, ajoute avec solennité :

— N'oubliez jamais que je vous confie la chose du monde qui m'est la plus précieuse, ma gloire.

Colbert tend au roi une pièce de bronze :

— La dernière médaille sortie de nos ateliers plaît-elle à Votre Majesté ?

---

1. Actuellement l'Institut de France.
2. La « Petite Académie » comprend, à sa fondation, outre Colbert, Charles Perrault, Jean Chapelain, Amable Bourzeis et l'abbé Jacques Cassagne. Plus tard, Racine et Boileau en feront partie.

L'or blanc de Louis XIV

Louis regarde avec satisfaction la gravure qui le représente distribuant du pain aux Parisiens pendant la disette.

— Elle me convient.

Colbert poursuit :

— Nous surveillons aussi les ouvrages en prose et en vers écrits à votre louange, pour qu'ils vous donnent entière satisfaction et reflètent bien la sagesse de votre règne.

— J'attends aussi que vous me proposiez une liste des écrivains et savants d'importance afin de leur donner une pension.

— Même s'ils sont étrangers ?

— Le talent n'a pas de frontière. Même si je ne suis pas leur roi, je veux être leur bienfaiteur. Messieurs, le Conseil d'aujourd'hui est terminé. J'entends être obéi sans réplique ni délai.

Quelques jours plus tard, dans l'entrée de l'hôtel de Maronville, le comte et le lieutenant de robe courte bavardent à voix basse. Au bruit de pas, ils lèvent la tête vers la comtesse qui apparaît en haut de l'escalier. Très pâle, ses yeux magnifiques agrandis par la détresse, elle est somptueusement vêtue d'une robe de soie rouge, rehaussée de rubans d'or. Sa femme de chambre l'aide à enfiler un manteau de brocart doublé de soie jaune. Elle descend lentement vers les deux hommes. Le lieutenant s'incline :

— Je suis chargé, madame la comtesse, de vous remettre cette dépêche de Sa Majesté.

Une dénonciation calomnieuse

Il tend une lettre pliée en deux, maintenue par un ruban qui porte le cachet rouge du roi.

Armande brise le cachet, ouvre la missive et lit :

De par le Roy, il est ordonné d'arrêter et de conduire à l'Hôpital général, dans l'établissement de la Salpêtrière, la dénommée Armande de Maronville, née Batifort. Il est enjoint au geôlier de l'y recevoir et la garder jusqu'à nouvel ordre. Car tel est notre plaisir.
Fait à Paris, le 1ᵉʳ mars 1663.
Louis.

Armande jette à son mari un regard de haine.

— Ainsi j'ai raison. Les accusations portées contre vous sont vraies. Vous êtes un contrebandier, un faux saunier qui fait fortune en volant du sel. Maintenant vous avez peur que je le fasse savoir. Vous craignez d'être envoyé aux galères et vous me faites enfermer.

Et se tournant vers le lieutenant de robe courte :

— Ce n'est pas mon frère qui fait de la contrebande. C'est monsieur mon mari. Il m'envoie à l'Hôpital général pour m'y enterrer.

Le lieutenant semble mal à l'aise. Le comte explique aussitôt :

— Veuillez l'excuser, elle est devenue folle.

— Je l'espère, répond le lieutenant d'un ton bizarre. Il vaudrait mieux qu'elle ne sorte jamais de la Salpêtrière. Ses propos peuvent provoquer des troubles.

— J'ai confiance dans la justice du roi, déclare la prisonnière. Elle se manifestera le moment venu.

— Certainement, répond le lieutenant sans conviction.

— Faites votre travail, lui ordonne-t-elle avec mépris. Quant à vous, monsieur mon mari, Dieu vous punira un jour de colère.

Le lieutenant, visiblement gêné par l'attitude de la comtesse, fait signe aux archers des pauvres de venir la chercher.

— Méfiez-vous ! Elle paraît calme, mais c'est une démente.

La charrette des femmes est garnie de barrières de bois jusqu'à hauteur de poitrine, pour empêcher les prisonnières de s'échapper. Le plancher est recouvert de paille maculée d'excréments. Elles sont une douzaine de mendiantes, considérées comme « inutiles au monde », qu'un archer à tricorne, vêtu d'une livrée bleue, l'épée en bandoulière, tente de maintenir tranquilles. Deux autres archers écartent les badauds à l'infatigable curiosité pour le malheur. Un quatrième fait monter Armande. Impressionnées par la splendeur des vêtements de la nouvelle venue, les femmes de la misère se taisent. Amoureusement, timidement, leurs mains se tendent pour toucher les rubans d'or, la soie, les boutons d'argent, les cheveux bouclés, mains que les archers frappent aussitôt de leurs bâtons.

Debout au bord de la charrette infâme, une vieille femme fixe Armande des yeux. Soudain, elle bouscule ses voisines pour s'approcher et s'agenouiller devant elle.

— Sainte Vierge, permets-moi de te baiser les pieds, et délivre-moi de Satan, supplie-t-elle.

Une dénonciation calomnieuse

Elle embrasse les bottines rouges et hurle :

— Satan m'arrache le ventre toutes les nuits. Il en sort de la boue jaunâtre qu'il verse sur des bébés morts. Il me remplit le corps de leurs cadavres en criant : « Tu es à moi, grosse putain ! »

Un archer renverse la vieille d'un coup d'épée sur sa poitrine.

— Elle est possédée, explique-t-il, dégoûté, en crachant par terre.

Pour se rendre à la Salpêtrière, en amont de la Seine, la charrette traverse le pont Marie jusqu'à l'île aux Vaches[1]. Depuis que l'île a été attribuée à l'architecte Christophe Mari, d'innombrables ouvriers relèvent le sol de huit mètres, pour que l'îlot devienne constructible. Dans ce prodigieux amoncellement de pierres, de gravats, d'outils, un prêtre vêtu de blanc assiste les blessés du chantier et, par ses prières, les aide éventuellement à mourir. En apercevant le convoi, il sourit et s'approche gaiement des « fainéantes ».

— Mes filles, grande doit être votre joie d'être arrachées à vos vies païennes pour que triomphe dans vos âmes l'amour de Dieu. Remerciez le Père Tout-Puissant d'être enfermées à l'Hôpital général des pauvres de Paris pendant le carême qui annonce la résurrection de Notre Seigneur Jésus-Christ. La paix reviendra dans vos cœurs, car il ne suffit pas d'être misérable pour être

---

1. La future île Saint-Louis, dont le nom actuel fut attribué en 1725.

aimé de Dieu, il faut encore travailler et prier. Chantons ensemble, mes sœurs, pour le pardon de vos péchés.

La « possédée » reprend ses hurlements, les yeux exorbités de terreur, les poings crispés devant son visage :

— C'est lui ! c'est Satan ! Il a caché les enfants morts !

Et elle s'agenouille en larmes. Le prêtre s'approche d'elle et ordonne sévèrement :

— Chante avec moi pour la Passion du Christ. Chante pour ton salut.

Et il entonne un chant à la gloire de la Vierge Marie. Petit à petit, de leurs voix désaccordées, les femmes accompagnent l'hymne à la Mère pleine de grâces.

Alors que la guimbarde traverse l'île, Armande reconnaît son frère malgré la perruque bouclée donnée par maître Gauthier. Il avance en titubant, portant un lourd pavé.

— Timoléon, crie-t-elle, Timoléon !

Mais les marteaux, les roues des chariots, les grues font tellement de bruit que sa voix se perd dans le vacarme ambiant. La carriole s'éloigne. Tous deux, si proches et si lointains, lui semblent enfermés dans des murs de solitude, plus résistants que les pavés.

À mesure qu'on remonte la Seine, les maisons se font plus petites et plus rares, les potagers plus étendus, le silence prolongé. Après la barrière du marché aux chevaux, sur les anciens bâtiments du Petit Arsenal où l'on

Une dénonciation calomnieuse

fabriquait de la poudre avec le salpêtre, commence le territoire de l'Hôpital général[1].

— Nous arrivons, annonce un garde. Ici, vous trouverez tout ce dont vous aurez besoin.

Il désigne deux moulins à vent sur une petite butte et, amarré sur le fleuve, le bateau des lavandières auquel on accède par une passerelle.

Une porte imposante s'ouvre dans les hauts murs qui entourent l'hôpital. Le geôlier sort de son guichet pour contrôler les papiers officiels. De ses yeux durs comme des olives rabougries, il parcourt les nouvelles recrues et s'arrête sur la femme richement vêtue.

— Celle-là est une comtesse, lui explique un archer. Elle est folle.

Le geôlier se tourne vers la sœur supérieure de la Salpêtrière dont les décisions sont sans appel. D'une cinquantaine d'années, au visage austère, elle décrète :

— Puisqu'elle n'est ni mendiante, ni malade, elle est certainement folle.

Puis elle relit l'ordre signé de Louis et jette un regard soupçonneux sur la comtesse.

— Je ne suis pas folle, déclare posément Armande. Mon mari m'a accusée pour que je ne dévoile pas ses forfaits. Je suis victime d'une vengeance conjugale.

— C'est un signe de votre folie que de perdre le sens de vos péchés et d'oser mettre en doute la parole de notre monarque.

---

1. La fabrication de la poudre fut transférée à Vincennes.

L'or blanc de Louis XIV

Puis elle s'adresse à la sœur officière[1], une jeune fille d'une vingtaine d'années, l'âge « propre au travail » :

— Occupez-vous de les faire changer de vêtements.

La sœur officière, dans l'uniforme noir de son état, conduit aussitôt les prisonnières vers le grand logis en pierre de taille, aux hautes fenêtres, au toit d'ardoises, percé de lucarnes. Elles franchissent la porte monumentale du bâtiment Mazarin, surmontée par les armes du Cardinal, et se retrouvent dans une cour qu'égaient de rares arbres. Trois archers dévisagent les nouvelles venues pour pouvoir les reconnaître si elles s'échappent, ce qui paraît présomptueux, car elles sont deux mille enfermées ici.

La sœur fait entrer le groupe dans une pièce claire où s'amoncellent par terre des robes grises en grossière étoffe de laine, et sur des étagères des sabots.

— Enlevez vos habits et déposez-les là, dit-elle en montrant une longue table. Vous choisirez ensuite une robe à votre taille.

Offusquée, Armande, sans bouger, regarde les femmes se débarrasser de leurs hardes. La sœur officière s'approche d'elle :

— Qu'est-ce que tu attends pour te changer ? Je vais t'aider si tu veux.

— Non, non. Je le ferai toute seule.

Lentement elle enlève et met ses beaux vêtements sur la table. Nue à son tour, sous le regard des inconnues qui ne se gênent pas pour détailler le corps d'une élé-

---

1. Les sœurs officières ne sont pas des religieuses.

Une dénonciation calomnieuse

gante, Armande rougit de honte. En serrant les dents elle enfile sur sa peau délicate la robe rugueuse qui tombe jusqu'à ses pieds.

— Maintenant, enlevez vos chaussures et mettez des sabots, dit la sœur officière.

Des dizaines de souliers de bois attendent sur des planches. À côté sont rangées les bottines et vieilles sandales des nouvelles arrivées. Le geôlier entre alors et entreprend à voix basse la sœur officière.

— Surtout garde-moi les habits de la comtesse.

La jeune fille rit :

— Tu veux les revendre, c'est ça ? Tout est bon pour gagner de l'argent ? Je ne te les donnerai pas et les apporterai à la sœur supérieure.

— Farceuse ! Tu les veux pour toi. Avec les sous, tu t'achèteras du chocolat et bien d'autres choses encore.

Ces insinuations ne viennent pas à bout de la gaieté de la sœur.

— Tu n'es qu'un menteur et un avare ! Dis-le à ton confesseur pour que Dieu te pardonne.

La sœur supérieure rejoint les « inutiles » et dit à sa subordonnée :

— Vous vous occuperez des deux folles. J'emmènerai les autres dans le dortoir Sainte-Claire.

La sœur prend la main de la femme « aux enfants morts ».

— Viens avec moi, dit-elle avec douceur. Toi aussi, comtesse.

Derrière la belle façade de pierre claire, l'eau sale dégouline entre les pavés, des bêtes errent sur des tas d'immondices. Au deuxième étage, une odeur de pourriture donne envie de vomir. Des cris et des sanglots lancinants proviennent du bout du couloir. Armande sent la peur l'envahir, son cœur battre la chamade. La dignité dont elle a fait preuve jusqu'ici l'abandonne. Lorsqu'elle pénètre dans la salle des « enragées », elle hoquette de terreur.

16
LA PREMIÈRE ÉPOUSE

Dans la salle, quinze prisonnières sont entravées par des chaînes aux mains, aux pieds et au niveau de la taille par un grand anneau de fer fixé au mur. Les unes dévisagent celles qui entrent avec des yeux agités, des marmonnements incompréhensibles, des gestes brusques qui font grincer leurs chaînes ; d'autres demeurent hagardes.

Armande ferme les yeux face à cet enfer humain. Comment saura-t-elle puiser au fond d'elle-même la force de résister ?

Cependant, là comme ailleurs, la beauté obtient des égards.

— Sois courageuse car le désespoir tue, murmure la sœur avec compassion. Je vais t'attacher près de la fenêtre : tu pourras voir l'arbre le jour et les étoiles la nuit. La nature est un don de Dieu pour nous donner confiance en sa miséricorde.

Quand Armande s'approche du mur, ses pieds s'enfoncent dans un magma de paille, d'urine et d'excréments qui gicle entre ses doigts de pied. Son corps, machinalement, sursaute et se raidit.

— Si tu te tiens tranquille pendant quelque temps, tu obtiendras peut-être le droit de déménager dans le grand dortoir des mendiantes et malades ordinaires.

Armande observe le fin visage de la jeune fille, au regard joyeux, au doux sourire.

— Comment fais-tu pour rester gaie et gentille dans cet endroit horrible ? N'es-tu jamais révoltée ?

— Non. Le Seigneur nous prodigue tous les jours son amour, et nous comblera de joie quand nous serons au Ciel.

Armande songe que sa foi n'a pas un tel pouvoir et ne l'aide guère pour affronter les nombreuses épreuves quotidiennes. Les chaînes enserrent ses mains qu'il faut bouger constamment pour que la peau ne se fissure pas. L'anneau à la taille l'empêche de s'asseoir, et l'oblige à uriner debout. La nuit est particulièrement pénible car les rats furètent sur les pieds. Des voisines les chassent à grand bruit de chaînes ou d'invectives. Armande préfère se tenir coite, et retient son souffle quand l'un d'eux frôle sa cheville.

Elle songe au plan diabolique qu'a ourdi son époux pour se débarrasser d'elle, pour la tuer vivante. Mais elle ne disparaîtra pas. Elle sent monter en elle une violence, une haine qui exige vengeance. Non, elle ne laissera pas Maronville triompher. Bénie soit sa propre colère. Elle la rendra chaque jour plus forte.

Le dimanche suivant, un jeune prêtre entre dans la salle des « enragées ». Ce doit être la première fois qu'il leur rend visite, car il prend un air effaré. Cependant, afin que les prisonnières reçoivent le sacrement de

La première épouse

l'eucharistie, il dépose une hostie dans les mains enchaînées qui se tendent et il explique, en latin, les souffrances de Jésus et le pardon des péchés.

Les quelques prières apprises aux Petites Écoles reviennent à la mémoire d'Armande ainsi que certaines paroles de Jésus à ses disciples. Lorsque le prêtre lui fait face, elle le regarde hardiment dans les yeux et l'éclaire sur sa situation :

— Je ne suis pas folle, mais accusée injustement par un mari dont j'ai découvert les forfaits. Ici, la sœur supérieure n'a même pas écouté mes explications. Or Jésus a dit à ses disciples : « Malheur à celui par qui le scandale arrive. »

Troublé par ces propos et par ce comportement inattendus, le jeune homme murmure quelques mots en latin qu'Armande ne comprend pas, puis il dit en français :

— Ne jugez pas mal la sœur supérieure. Elle ne fait qu'obéir aux ordres du roi.

— Sortez-moi d'ici, je vous en supplie.

Le jeune ecclésiastique rougit, hoche la tête d'un air peiné et quitte ce lieu d'épouvante.

Armande connaît son pouvoir. Elle ne doute pas que le prêtre, si jeune, éprouvé par le spectacle des « enragées », fera tout pour la changer de salle. Mais parviendra-t-il à ébranler la redoutable sœur supérieure ? Chaque matin, Armande attend sa délivrance. Mais la semaine passe lentement sans lui réserver aucune surprise. Un autre prêtre vient le dimanche suivant, si distant que toute requête paraît inutile.

Un soir, elle entend gémir une de ses compagnes de misère, à l'autre bout de la salle. Ses propos sont difficiles à comprendre. Pourtant, Armande tend attentivement l'oreille et distingue, ou croit distinguer le nom de Goussard. Puis les plaintes se font plus distinctes :
— Goussard ! Non, non, je t'en supplie ! Je n'ai rien dit pour le sel. Je t'en supplie, ne m'enferme pas !
Armande est médusée. Il y aurait eu une Mme Goussard ! Maronville a déjà été marié !
Dès le lendemain, elle interroge la sœur officière :
— Qui est cette dame Goussard ?
— Je ne travaillais pas encore ici quand elle est arrivée, il y a plusieurs années. Je ne sais pas grand-chose à son sujet. Seulement qu'elle vient de Brouage. J'ignore pour quelle raison son mari l'a fait enfermer.
Armande voudrait bien discuter avec la première épouse du comte. Mais les anneaux qui attachent les recluses au mur empêchent tout déplacement. À force d'entendre tous les jours les mêmes plaintes douloureuses, les mêmes gémissements, elle s'alarme. Voilà ce qui l'attend. Dans peu de temps, elle ressassera ses malheurs et personne ne fera attention à elle. Quand cette dame Goussard est arrivée, elle devait être tout à fait sensée. Elle avait découvert les malversations de son mari, lui en avait parlé, comme elle l'a fait elle-même, avec les mêmes conséquences. Elle aussi sera progressivement détruite, jusqu'à devenir cet être pathétique qui ne se souvient plus que de la violence qui lui a été faite. Non, elle ne sombrera pas et puisera au fond d'elle-même le courage de lutter...

La première épouse

Le Ciel, ou son représentant, l'a entendue. Un soir, la sœur officière, tout sourires, s'approche d'Armande :

— Tu vas changer de salle. Tu iras dans le grand dortoir où tu pourras te déplacer et dormir dans un vrai lit.

Armande se prend à rêver d'un lieu plus propre et confortable. Au premier étage du pavillon Sainte-Claire, la vaste pièce, encore vide, retient les rayons rasants du crépuscule. Il y a plusieurs rangées de lits, séparées par des poutres en jambage qui maintiennent les solives d'un plafond bas. Mais l'atmosphère change lorsque les femmes reviennent du travail par dizaines et se dirigent vers leurs lits. Un lit pour six : deux à la tête, deux au pied et deux sur le sol.

— Personne n'a la peste, au moins ? demande Armande à la sœur du dortoir.

— Non, non. Je t'installerai là où elles ne sont plus que cinq. La sixième est morte hier.

Tant de promiscuité et d'infections, la perspective de se coucher là où un cadavre gisait quelques heures auparavant lui font horreur.

— Je préfère dormir par terre. Vous me donnerez bien une couverture.

— Tu ne la garderas pas longtemps.

— Oh si !

La nuit commence tôt. Sur le dallage, enveloppée dans une couverture, Armande réfléchit. On doit pouvoir sortir de cet endroit. Les femmes sont si nombreuses qu'il y a certainement un moyen de déjouer la surveillance. Mais qui viendra à son secours ? Timoléon se cache. Fleuridor, le charmant Fleuridor, n'a aucun pouvoir. Sa mère est certainement tombée malade de chagrin, et ses clientes, ses respectables clientes, colportent sans doute dans les salons le récit amusant d'une couturière dont l'esprit s'est détraqué pour avoir trop voulu s'approcher du Soleil. Les filles Monterai, peut-être, s'attendrissent sur son sort, mais de là à venir l'arracher à la Salpêtrière, il y a autant de distance que de la Cour du roi à la cour des miracles.

À travers les fenêtres, une pâle clarté pénètre dans le dortoir et recouvre la misère d'un manteau gris argent. Soudain, Armande sent deux mains qui tâtent son corps, s'agrippent à sa couverture et la tirent brutalement.

En un instant elle bondit, frappe la maigre silhouette qui tombe en hurlant. Aussitôt, une sœur de garde accourt avec une chandelle :

— Que se passe-t-il ?

— Elle volait ma couverture.

La femme, recroquevillée sur le sol, geint.

— C'est ta faute, si tu as mal, lui dit la sœur. Tu n'avais qu'à rester tranquille.

Puis elle s'adresse à Armande :

— Toi qui es encore en bonne santé, aide-moi à la remettre sur son lit.

Avec répugnance, Armande saisit sa voleuse par les épaules, tandis que la sœur lui prend les jambes. Elles la déposent sur son lit où ses compagnes n'ont pas bougé. L'incident fouette la volonté d'Armande. Elle doit montrer sa force et faire comprendre aux autres

La première épouse

qu'il faut la laisser tranquille. Au milieu du dortoir, elle élève la voix :

— Que personne ne recommence à vouloir voler ma couverture. La prochaine fois, je taperai plus fort.

Et, de rangée en rangée, elle répète sa menace.

Quelques commentaires à voix très basse, des mots vite étouffés, suivent cette déclaration. Puis le silence, si rare en ce lieu, s'installe enfin.

Le lendemain, après la prière matinale, la sœur officière conduit les malades, mendiantes, voleuses, les unes dans la salle de filature, les autres dans la salle de couture où est affectée Armande.

— On ne mange jamais ? demande Armande à une voisine.

Elle lui répond par un chuchotement.

— Chut. Il est interdit de parler, sinon on est fouettées. À midi, on nous sert de la soupe, du pain et de l'eau. On travaille jusqu'au soir.

Dès lors, Armande n'a plus qu'un projet en tête : tenir, en attendant de s'évader. Pendant la journée, elle s'efforce de ne plus rien ressentir, d'être insensible à son répugnant entourage. Elle s'endurcit au quotidien, dépense juste ce qu'il faut d'énergie pour accomplir sa tâche et éviter le fouet. Depuis l'incident de la première nuit, personne, dans le dortoir, n'essaie de lui voler son pain ou sa couverture.

Le soir venu, c'est à peine si elle entend les plaintes, sanglots, disputes ou colères qui s'élèvent autour d'elle. Elle sombre dans le sommeil, épuisée.

L'or blanc de Louis XIV

*
* *

Au-dehors, les malheurs d'Armande font le bonheur des gazetiers. Au *Juste Prix*, les faiseurs de libelles griffonnent sur des feuilles volantes ou sur le dos des cartes à jouer quelques joyeuses rimes :

> *D'une comtesse*
> *Le derrière blanc*
> *De ma fantaisie*
> *Attend*
> *Caresse et liesse.*
>
> *Ah, que ne se dénude-t-elle*
> *Plus souvent*
> *Pour dresser ma clarinette*
> *Sur mon cheval blanc.*

Ces fantaisies suscitent des commentaires contradictoires sur la violence du mari, l'extravagance de la femme. Les vertueux s'indignent et les gais lurons regrettent que les comtesses nues soient si rares dans les rues de Paris.

Sur le Pont-Neuf, un étudiant pauvrement vêtu fait rire tous les passants en dessinant à la craie à même le pavé. Fleuridor, pressé de s'amuser à son tour, s'approche et blêmit. Le jeune homme a intitulé son œuvre *Les enfants Batifort*. Le frère et la sœur sont représentés debout, la tête en arrière, la bouche grande ouverte pour boire le sel qui pleut du ciel, tandis que, de leur derrière, dégringolent des louis d'or. Fleuridor, tétanisé par le chagrin, reste pétrifié.

— Ça ne te plaît pas ? s'étonne le dessinateur. D'habitude j'ai du succès.

— Ce sont mes amis et ils sont innocents.

— Ah ! Je suis désolé ! Vraiment désolé, mais tu comprends...

Et il agite un tas de piécettes dans sa main.

Fleuridor tourne le dos sans répondre et s'achemine vers la Salpêtrière.

Les pataches chargées de l'octroi tanguent sur le fleuve comme de grands oiseaux noirs. Les passants que croise Fleuridor, emmitouflés dans le col de leur veste, tentent de se protéger du vent. Les moulins de l'hôpital tournent frénétiquement. La barque des lavandières est déserte.

Au guichet, le geôlier somnole.

— Bonjour, dit Fleuridor.

— Que veux-tu ? sursaute l'homme au nez en forme de fraise mûre.

— Des nouvelles d'une dame amenée ici par erreur.

— Par erreur, ça m'étonnerait.

— Tu t'en souviens certainement ! Elle est très belle !

— Ah ! La comtesse avec des habits magnifiques !

Fleuridor sourit. Il est toujours heureux qu'on admire sa maîtresse.

— Comment va-t-elle ?

L'homme hésite, paraît faire un bref calcul, une étincelle perfide passe dans les yeux durs.

— Elle est fatiguée. Si tu lui apportais du chocolat, cela lui ferait du bien. Surtout, elle aura besoin d'un manteau pour l'hiver. Un manteau bien chaud. En fourrure, si possible.

— En fourrure ! s'exclame l'amoureux, affolé par la dépense.

Le geôlier craint d'avoir trop demandé :

— Ou en bon tissu de laine, cela suffira.

Fleuridor pousse un soupir de soulagement. Enfin il pourra améliorer la vie de son amante. Il lui faut gagner de l'argent, beaucoup d'argent, pour acheter une fourrure. Il jouera au billard tous les jours.

Réconforté par cette perspective, il se dirige vers le Palais-Royal, résidence de Monsieur, frère du roi. Non loin, se trouve la salle de billard qu'il préfère, parmi toutes celles autorisées par Louis XIII. Il entre dans un bâtiment où l'on s'exerce au jeu de paume au rez-de-chaussée et au billard au premier étage. Autour des trois tables au tapis vert, une quinzaine d'hommes attendent leur tour ou admirent les joueurs.

Je les battrai tous, se promet Fleuridor.

17

LA CACHETTE

Toujours manœuvre, Timoléon transporte encore des pierres. Maintenant, on démolit le rempart édifié par Louis XIII. Le Roi-Soleil veut remplacer cette enceinte, devenue inutile, par une longue promenade qui s'étendra de la Bastille au faubourg Saint-Honoré et sera plantée de quatre rangées d'ormes.

Timoléon n'est plus que le fantôme de lui-même. La réclusion de sa sœur le ronge. Il se sent coupable. Lorsqu'il a découvert la double identité de Maronville, il pensait faire le premier pas vers la liberté, ce fut le premier pas d'Armande vers l'enfermement. Pourquoi a-t-il parlé à Fleuridor ? Comment a-t-il cru que ce colporteur de la rumeur serait capable de garder un secret ?

La réaction d'Armande était prévisible. De nature franche et courageuse, elle s'est indignée de la malhonnêteté de son époux, et le lui a fait savoir. L'époux a vite trouvé le moyen de la faire taire pour toujours.

Timoléon s'est informé sur la Salpêtrière. Entourée de centaines de misérables malades, sa sœur, si belle et si joyeuse, coud toute la journée avec, pour toute

nourriture, une soupe claire et un verre d'eau par jour !
Comment survivra-t-elle ?

La journée de travail terminée, il se rend pour le repas du soir à la gargote *Au Juste Prix*, proche de son chantier. Sa compagnie est sinistre. Ayant honte du passé, et n'envisageant pas d'avenir, il ressent une haine silencieuse à l'égard de tous les clients.

Un soir, Fleuridor revient triomphant et jette sur la table deux pièces d'or à l'effigie du roi.

— Regarde ce que j'ai gagné en deux jours au billard.

— C'est déshonorant de gagner de l'argent en jouant, grommelle son ami.

Quoique agacé par la constante mauvaise humeur de Timoléon, Fleuridor s'efforce d'être gentil.

— Avec ça, j'achèterai un manteau pour Armande.

Timoléon hausse les épaules, et d'un ton exaspéré rétorque :

— Ce n'est pas avec un manteau qu'elle s'échappera de la Salpêtrière.

— Au moins elle aura chaud.

Timoléon émet un petit rire.

— Parce que tu t'imagines qu'on lui laissera sa fourrure ! On voit que tu n'as jamais été enfermé, comme je l'ai été au Châtelet. Tu crois qu'Armande se pavane seule dans une pièce confortable, bien que mal chauffée, et qu'un manteau augmentera son confort ? Non, elle est une esclave parmi des centaines d'autres esclaves que l'on fait travailler dans les pires conditions.

Fleuridor se fâche :

— Au moins, moi, je fais quelque chose pour elle.

— Tu l'as surtout renseignée sur son mari. Sans toi, elle ne serait pas à l'Hôpital général.

Fleuridor n'en croit pas ses oreilles :

— C'est toi qui m'as parlé de Maronville ! Tu n'étais pas obligé de m'informer de ta découverte. Tu mourais d'envie d'en parler, qu'on t'admire pour avoir réussi à prouver la malhonnêteté du comte. Et qu'on te plaigne. Que fais-tu pour sortir de ta situation ? Tu poursuis ton existence misérable, te satisfais de gagner huit sous par jour et de venir ici, le soir, manger ta soupe. Je vois déjà ce que sera ta vie : tu vieilliras en changeant quelquefois de perruque et de maquillage et tu finiras mendiant quand tu n'auras plus la force de trimballer des pavés.

Les yeux noirs de Timoléon jettent un éclat glacé. Il se lève en renversant son verre de bière.

— Toi, tu n'es qu'un rêveur qui ne sait que causer, rigoler et jouer, car tu es toujours protégé par ton oncle et ta tante. Un bon à rien qui agite les mains comme une marionnette en faisant tinter des grelots. Armande le sait bien, qui ne t'a pas épousé.

Et il sort. Fleuridor, blessé, se tourne vers Pierrot :

— Tu crois qu'il dit la vérité, pour Armande ?

Pierrot lève une main débonnaire :

— Non, il est malheureux. Il craint de vieillir comme tu l'as dit. Il n'était pas fait pour cette vie de clandestin. Tu es trop sévère avec lui.

Fleuridor reste silencieux à méditer aux divers aspects

de la situation. La terrible phrase : « Armande le sait bien, qui ne t'a pas épousé » lui vrille le cœur.

Timoléon rejoint la cour Saint-Sauveur à la tombée de la nuit. Il se faufile entre les taudis jusqu'à un feu mourant autour duquel sont rassemblés les habitants de *Mon rêve*. Malgré la pénombre, son expression sinistre frappe tout le monde. Gaston en profite pour l'énerver davantage :

— Tu as enfin tué Maronville ! Non ? Pas encore ! Le sieur Batifort n'en a pas le courage. Il ne veut pas devenir un assassin pour laver son honneur... Comme s'il en avait encore ! En réalité, il a peur d'être pendu haut et court.

— Bientôt je te tuerai, toi.

La Marquise intervient avec autorité.

— Cessez cette querelle. Chacun ici a ses chagrins.

Gaston ajoute d'un ton moqueur :

— On va te l'assommer, ton Maronville ! On le roulera dans le sel pour le conserver !

Un jeune voisin renchérit :

— On le ramènera ici pour faire nous-mêmes son procès ! On lui demandera beaucoup d'argent pour qu'il choisisse son châtiment : être brûlé, découpé, égorgé, pendu, ou affamé.

Timoléon hausse les épaules.

— Tout cela ne servira à rien. Car même si Maronville meurt, je reste, moi, condamné aux galères. Pour que je retrouve l'honneur et la liberté, il faut que le comte soit officiellement condamné.

La cachette

Le silence retombe. Ces malfrats habitués aux méthodes expéditives ignorent tout d'une procédure longue, complexe et incertaine.

La Marquise prend la parole :

— Tu ne peux pas continuer à vivre à Saint-Sauveur. Ici on s'habitue à la misère. Peu à peu, on perd la force et même l'envie de s'en sortir. Tu es jeune et tu dois te débrouiller d'une autre façon. Pars. Trouve l'endroit où le comte cache le sel. C'est la seule manière de t'innocenter et de sauver Armande.

— *Ô sainte sagesse*
  dans quelle ivresse...

D'un signe de la main, la Marquise demande au Rimailleur de se taire, ce qu'il fait aussitôt. Il la prend tendrement par l'épaule.

— Tu as raison. Allons nous coucher tous les deux.

Timoléon dort mal. Il sait bien que la Marquise a raison. Il n'a fait que la moitié du chemin en découvrant l'identité de Goussard, et le plus difficile reste à accomplir. Cela ne l'avance à rien de rabâcher qu'il a été stupide d'aller chercher les gardes plutôt que de surveiller la charrette dans la ferme de la Chabotterie et qu'il n'aurait pas dû raconter à Fleuridor les événements de Brouage. Il se sent très seul devant les obstacles qui l'attendent.

Au milieu de la nuit, il aperçoit la Marquise dans son long et vieux manteau, et la rejoint.

— Je me fais du souci pour toi, mon garçon. Ton cerveau tourne en rond comme une sauce gâtée. Bouge. N'attends pas tout de la Providence.

L'or blanc de Louis XIV

— J'ai perdu confiance. Je te pose la question très sérieusement : Timoléon Batifort, condamné, en fuite, sans appuis, sans argent, complice d'une sœur considérée comme folle, pourra-t-il démontrer le crime d'un noble, notaire au Châtelet ? Un noble indestructible, capable de faire enfermer sa femme, si équilibrée, si ambitieuse, si gourmande de la vie ! Pour une fois, Gaston a raison : mon seul avenir est de tuer le comte et d'être pendu en place de Grève. Le Rimailleur fera un poème.

— C'est absurde. En attendant le sommeil, je cherchais à me souvenir de tout ce que tu nous as raconté depuis ton arrestation. Pendant la disette, rue Charlot, tu avais rencontré un certain Potiron qui avait beaucoup de sel à vendre, et qui t'avait parlé de Brouage. Retrouve-le. Tu obtiendras sans doute des indications intéressantes. Je te donne deux sous que j'ai gagnés hier matin. J'ai annoncé à une brunette que le roi la ferait danser un jour, et elle m'a donné ces pièces. Vendre du rêve, c'est un peu mentir, mais cela donne tant de joie. Parfois je me dis que l'Église, dans sa bonté, nous parle du bonheur au paradis pour qu'on supporte l'existence sur terre. (Elle rit :) Je ne raconterai pas cela à monsieur le curé. Il m'accuserait d'être protestante à vouloir raisonner sur la Sainte Bible.

Timoléon sent une grande tendresse pour cette femme attentive et généreuse. Pourquoi a-t-elle échoué dans cet endroit ? Ici, la coutume et le respect empêchent de questionner les habitants sur la raison, généralement déplorable, de leur présence en ce lieu. Toutefois, le relatif silence de la nuit l'encourage à demander :

— Comment es-tu arrivée à Saint-Sauveur ?

— C'était il y a quelques années. Quand le prince de Condé s'est révolté contre le roi et a soutenu les Espagnols, je suivais son armée comme lavandière. J'avais pour amoureux un soldat espagnol. Puis le prince a changé de camp et les deux pays ont signé la paix. J'attendais un bébé. On m'a poursuivie pour traîtrise avec l'ennemi. Le roi a pardonné à monsieur le prince, mais pas aux malheureuses qui aimaient les soldats d'au-delà des Pyrénées... Je me suis alors réfugiée à Saint-Sauveur. Le bébé est mort à la naissance. J'ai rencontré le Rimailleur, toujours de bonne humeur. On a construit *Mon rêve*. Maintenant nous ne changerons plus de vie. À quarante ans, c'est trop tard.

— Et le Rimailleur, pourquoi est-il là ?

— Le Rimailleur a déserté. Il voulait enseigner dans les collèges et devenir jésuite. Tu as remarqué qu'il connaît très bien le latin. Mais l'armée l'a emmené de force. Il a dit qu'il n'était pas fait pour tuer des hommes et s'est caché un temps. Puis il a pensé, car il est très intelligent, que la meilleure façon de ne pas attirer l'attention était de se montrer fréquemment. Il s'est fabriqué avec succès ce personnage de poète boiteux sur le Pont-Neuf. Il n'a jamais été arrêté comme mendiant, ce qu'il est en vérité.

Le Rimailleur sort à son tour de *Mon rêve* en grognant.

— Qu'est-ce qui se passe, Marquise ? Tu ne vas pas bien ?

— Si, si. Nous causons.

— Ce n'est pas l'heure. Reviens. Je ne dors plus quand je ne te sens pas près de moi.

La Marquise se tourne vers Timoléon.
— Fais ce que je t'ai conseillé.

Le conseil de la Marquise redonne espoir à Timoléon. Potiron, pourquoi n'y pensait-il plus ? L'inutilité de son voyage à Brouage et le sort de sa sœur ont anéanti ses espoirs et son courage. Mais maintenant qu'il a un but, il sent sa vitalité renaître. Pour retrouver la piste de Potiron, il se rend rue Charlot, à l'endroit où il a vécu au temps de la disette et du marché noir. Le lieu a retrouvé son usage de remise à bois. Des bûches sont superposées le long des murs pour l'hiver. Un matelas à même le sol et une couverture froissée indiquent que la remise sert de refuge. Timoléon s'étend et commence à somnoler lorsqu'il entend :

— Grégoire !

Le temps de sortir de son assoupissement et de se rappeler son nom d'emprunt, il sourit à un homme mince, visiblement heureux de le revoir.

— Jules, c'est toi qui vis ici ?

— Oui. Je suis bûcheron pour le couvent des Filles du Calvaire[1], derrière les remparts. Elles possèdent une forêt, tout près, dont je coupe le bois pour leur chauffage. Elles me donnent cent cinquante sous par mois et tous les jours de quoi manger pour la journée. Je suis un homme content, et heureux de te revoir. Cela me rappelle le bon temps, si j'ose dire. Quand je songe aux pourritures qu'on a pu manger ! Tu as revu d'autres camarades ?

---

1. Sur l'emplacement actuel du Cirque d'Hiver.

La cachette

— Non. J'ai voyagé. Et toi ?
— Moi j'en ai revu quelques-uns, le dernier fut Potiron. Nous avons bu une bière près de Notre-Dame. Il s'occupe toujours de cochons.
— De cochons ?
— Oui, tu ne te souviens pas ? Il avait acheté un cochon contre du sel.
— C'est vrai. Et où vit-il maintenant ?
— En province, m'a-t-il dit. À une demi-lieue de Paris, après le faubourg Saint-Antoine. Du côté de Vincennes. Non loin d'une gargote qui s'appelle, je crois, la Pipotte, la Pittope, non, la Pissote, au bord de la Seine. Puis il rend des services de-ci, de-là pour gagner quelques sous. Tu te souviens qu'il adore jouer aux cartes et boire du vin.

Et faisant claquer sa main sur sa cuisse, il ajoute :
— Cela fait du bien de retrouver un camarade. Finalement, on s'est bien amusés pendant la disette quand on n'avait pas faim. À présent, je souffre de la solitude, le soir.
— Trouve-toi une gentille petite femme.
— J'y songe. Je fais des économies pour avoir une chambre. Ce n'est pas facile. Et toi, où habites-tu ?
— Chez les uns ou les autres.
— Si tu n'as pas mieux en ce moment, reste avec moi quelques jours, cela me fera plaisir.

Timoléon accepte volontiers et entraîne Jules.
— Pour fêter nos retrouvailles, je t'emmène boire une bière.

Pour une fois, la chance est de son côté. Timoléon sait où et qui chercher : près d'un cabaret nommé *La Pissote*, il y a une porcherie dont s'occupe Potiron. Ce dernier connaît certainement la cachette du sel et il saura le faire parler, comme la dernière fois dans l'égout, près du couvent des Filles du Calvaire. Et la cachette retrouvée, il pourra enfin expliquer au lieutenant de robe courte le nom du véritable faux saunier et le chemin de la contrebande.

Après avoir travaillé trois jours pour s'offrir quelques provisions, il se dirige vers le nord. À la barrière d'octroi de la rue Saint-Antoine, les provinciaux discutent vivement avec les douaniers pour payer le moins de taxes possible. Au-delà du faubourg, Timoléon traverse Vincennes. Encore une demi-heure de marche et il atteint *La Pissote*, au bord de la Seine. Dans les vergers, des enfants cueillent pommes, poires et raisins. Les hommes labourent leurs petits champs en poussant une charrue de bois, ou en l'attachant à un bœuf. Devant une fermette, une femme assise sur un banc, le tablier largement ouvert entre ses genoux, plume une poule. Timoléon la salue :

— Je te donne le bonjour.

Concentrée sur son travail, la femme lève à peine les yeux pour répondre :

— Que ta journée soit bonne.

— Je cherche à acheter un cochon. On m'a dit qu'on en élevait par ici.

La fermière lui sourit :

— On t'a bien renseigné. Il y a une porcherie pas loin. Par vent d'est, l'odeur vient ici, ce qui rend furieux

La cachette

mon mari. Continue ce chemin jusqu'à un calvaire. Là, tu prendras sur la droite. À quelques centaines de pas, tu apercevras un bosquet de chênes. La porcherie y est cachée.

— Je te remercie.

Effectivement, sous les chênes, une vingtaine de cochons reniflent et dévorent des glands avec de brusques grognements. La porcherie est un bâtiment rectangulaire aux murs construits en paille, torchis et fragments de briques. Devant la porte ouverte, un adolescent gringalet alimente un feu mourant en y jetant des bouses séchées.

— Bonjour.

Le garçon lève des yeux suspicieux. Il montre ses oreilles, et ouvre la bouche sans qu'en sorte un seul son.

C'est un sourd-muet, conclut Timoléon. Il ne risque pas de donner des détails sur Potiron.

Il tourne lentement autour de l'étable, tandis que le garçon, un solide bâton à la main, le suit d'un air soupçonneux.

— Tu es seul à t'occuper des bêtes ? demande Timoléon.

À nouveau le gringalet montre ses oreilles et fait non de la tête.

Ce sourd entend très bien, pense Timoléon. Sinon, il ne m'aurait pas répondu. Peut-être parle-t-il aussi. Mieux vaut s'en méfier.

Convaincu que Potiron est sa dernière chance, Timoléon s'installe sur la mousse, au pied d'un arbre, ouvre son sac et en sort un morceau de pain qu'il déguste avec un hareng salé. Le garçon ferme la porte de la porcherie avec une grosse barre de fer verrouillée par un cadenas.

Des jours passent, tous semblables. Au petit matin, le « sourd-muet » rend visite aux cochons. Il s'approche en sifflotant toujours la même chanson que les bêtes reconnaissent. Une bruyante bousculade se fait aussitôt entendre derrière la porte. Dès qu'elle s'ouvre, les bêtes cavalent lourdement vers les chênes et fouillent le sol de leur groin. Au crépuscule, le gringalet rentre le troupeau et tire l'eau du puits pour remplir leur auge.
Avec le froid qui s'installe, l'attente de Timoléon devient éprouvante. Comme au temps de la disette, il se nourrit difficilement. Il se remet à manger des glands. Parfois, il vole une pomme ou une poire, ou trouve un oiseau tué par un chasseur. Potiron ne donne aucun signe de vie. Peut-être s'occupe-t-il d'une autre porcherie, et ne sert-il à rien de rester ici. Il attendra encore, jusqu'à la prochaine lune. D'ici là, si la Providence veut enfin lui être favorable, elle se manifestera d'une manière ou d'une autre. Sinon, il partira, loin, vers le sud de la France, et plus personne n'entendra parler de lui. Auparavant, il trouvera le moyen de dire adieu à Armande.

Un matin, une voix le réveille. Devant lui se dresse Fleuridor.

— Te voilà enfin ! Je t'ai cherché partout, d'après les vagues indications du Rimailleur sur une histoire

La cachette

de cochons dont tu lui avais parlé. On s'inquiétait. La Marquise craignait que la police t'ait arrêté et moi, que tu restes là, à manger des glands et à te transformer en porcelet rose. Je me méfie de tes furieux entêtements. As-tu, pendant ta longue surveillance, remarqué quelque chose d'intéressant ?

— Rien, à part la visite quotidienne du « sourd-muet » qui vient s'occuper des bêtes.

— On ne va pas l'attendre. Allons boire un coup dans une guinguette que j'ai aperçue en venant. *La pisse...*

— *La Pissote.*

— C'est ça. La pinte de vin y est deux fois moins chère qu'à Paris.

Timoléon ne bouge pas, le regard perdu dans le vague. Fleuridor s'énerve :

— Hé ! Lève-toi ! Ce n'est pas ainsi que tu glaneras des renseignements utiles. Sais-tu que tu as l'air d'un fantôme ?

Et il tire son ami par le bras.

Une fumée s'élève au-dessus de *La Pissote*. Timoléon entrouvre la porte et la referme précipitamment.

— Que se passe-t-il ?

— Ils sont tous là : Potiron, un grand maigre du nom de Fenouil, et le gringalet qui n'est pas sourd-muet.

— J'y vais. Cache-toi quelque part. À tout à l'heure.

Fleuridor entre, le sourire aux lèvres. L'atmosphère est chaleureuse mais enfumée, la cheminée bien chargée de bois.

L'or blanc de Louis XIV

— Sois le bienvenu, dit le cabaretier. Que veux-tu ?
— Boire quelque chose de chaud. Un bouillon. Une soupe.
— La soupe n'est pas encore prête. Mais j'ai un bon thé qui vient des Indes. Une boisson rare. Va t'asseoir.
Fleuridor repère les trois « suspects », et s'installe à peu de distance de leur table en leur tournant le dos.
— Il est toujours là, le Timoléon, l'ange gardien des cochons, déclare le faux sourd-muet.
— L'ange gardien des cochons ! s'esclaffe Potiron. Petit, tu as toujours le mot pour rire. Eh bien, l'ange gardien, il est temps qu'il remonte au ciel. Tant qu'il est là, on ne peut pas livrer le sel.
— Oui, à Paris on s'impatiente.
Fenouil, l'air préoccupé, prend la parole :
— Ce Timoléon doit se douter de quelque chose, pour rester là, à surveiller la maison. Demain, je trouve un fusil et je le tue.
— Cela fera du bruit. Quelqu'un pourrait venir et parler ensuite.
— Crois-tu ? À Paris, on assassine sans que nul s'en soucie.
— On n'est pas à Paris ici. Les maraîchers n'aiment pas les désordres et les cadavres. Cela porte malheur aux récoltes.
— Propos de bonne femme !
Après quelques échanges inaudibles, Fleuridor entend un grand bruit de chaises qu'on déplace, et la voix du sourd-muet :
— Alors, on se retrouve après-demain chez les

cochons. Et si l'ange gardien est toujours là, on fait comme on a dit. Vous viendrez comment ?

— Avec des tonneaux dans un chariot.

Ils sortent, un courant d'air froid pénètre dans la pièce. Fleuridor paie sa boisson, leur laisse le temps de s'éloigner et quitte l'auberge à son tour. En l'apercevant, Timoléon s'extrait d'une chaise à porteurs délabrée.

— Qu'est-ce qu'ils ont dit ?

— Je te raconterai tout en chemin. Il ne faut pas traîner. Les grandes manœuvres commencent. À Paris, tu iras chez ta mère pour bien manger et bien dormir. Elle sera contente de te voir après le départ d'Armande, et toi, tu dois être en forme dans deux jours. Voici ce qu'on va faire...

Le Rimailleur, chargé d'exécuter le projet de Fleuridor, n'arrive pas à fermer l'œil. Tandis que les habitants de *Mon rêve*, serrés les uns contre les autres, dorment en se réchauffant mutuellement, le poète s'agite sur son étroite couche.

— Tu as bien compris ce que Fleuridor nous a expliqué ? s'inquiète la Marquise.

Le Rimailleur ne répond pas.

— C'est facile, insiste-t-elle. Tu te rends à la gargote *La Pissote* et tu surveilles les chariots. Dès que tu en vois un transportant des tonneaux, tu demandes au cocher de te ramener à Paris.

— Et s'il ne veut pas !

— Tu te débrouilles. Tu es bien capable d'inventer une histoire. Une fois à Paris, tu repères l'endroit où ces malfaiteurs déposent leur sel.

Le Rimailleur, mécontent de cette mission, pinaille.

— Et si, pendant ce temps-là, quelqu'un prend ma place sur le Pont-Neuf ! Une place que j'ai eu tant de mal à obtenir ! Pourquoi Fleuridor n'y va-t-il pas lui-même !

— Cela n'ira pas avec un petit jeune. Ils lui répondront qu'il a des jambes pour marcher.

— Alors dis-lui de garder ma place sur le pont, au lieu de jouer au billard. Ma place vaut de l'or.

Tous deux réfléchissent dans le silence relatif de la cour des miracles où se répondent miaulements, aboiements, cris, pleurs et chansons d'ivrogne.

Mme Batifort aussi reste éveillée. Pendant la moitié de la nuit, Timoléon lui a conté ses aventures et elle revoit sans fin les événements passés : la vie à la cour des miracles, le voyage à Brouage, l'affreuse découverte de la contrebande du sel organisée par son propre gendre et la cruauté de ce dernier envers Armande. Pourquoi ses enfants ne lui ont-ils rien dit ? Ils craignaient, paraît-il, ses réactions, ses bavardages, ses critiques. Elle, si discrète et délicate, ne comprend pas pourquoi. Maintenant, avec l'énergie qui est le fond de sa nature, elle va les aider. Hier déjà, elle a acheté du quinquina pour fortifier son fils. Pour le surlendemain, elle a commandé à l'hôtellerie Saint-Fiacre un véhicule qui emmènera Timoléon à *La Pissote*. Ses enfants s'apercevront enfin de tout ce qu'ils lui doivent.

Au petit matin, le fiacre dépose Timoléon près de la gargote au bord de la Seine. Il fait beau. Malgré le

La cachette

froid, quelques pêcheurs chantent sur la rive. Le jeune homme traverse les champs vers la clairière entourée de chênes. Il est mécontent de lui. La cachette se trouve dans la porcherie ! Il n'y avait pas pensé ! Ainsi cette vilaine baraque recelait un trésor et il ne l'a pas deviné. Le soin apporté à la fermeture du bâtiment aurait dû l'alerter : une porte épaisse, soigneusement close d'une grosse barre de fer verrouillée par un cadenas. Il a hâte maintenant de voir exactement où le sel est entreposé.

Il palpe les murs de la porcherie, espérant trouver une brèche. Sans succès. Par contre le toit est accessible, constitué de planches de bois verticales, maintenues par une arête de tuiles rondes. Il trouvera un moyen pour s'y faufiler.

En se hissant péniblement, il atteint une planche qu'il jette par terre, puis une deuxième. Pourvu qu'on ne les remarque pas ! Il se glisse à l'intérieur et se rétablit sur le bord du muret. Une fois habitué à la pénombre, il remarque la grosse poutre transversale qui maintient l'écartement des murs et soutient la charpente. Pour la rejoindre, il rampe sur son derrière, contre le toit, jusqu'à la solive.

Si je glisse, songe-t-il, je me retrouverai au milieu des cochons et ne pourrai plus ressortir. Ces derniers, indifférents à sa présence, grommellent, se poussent, se flairent.

Après un temps qui lui paraît très long, il entend un bruit de roues, des voix qui se rapprochent. Le cadenas s'ouvre, la barre de fer grince, et Timoléon s'allonge sur la poutre couverte d'excréments d'oiseaux.

Le soi-disant sourd-muet déclare :

— Allez-y, je surveille les environs. Si l'ange gardien apparaît, je lui tire dans les jambes.

Potiron et Fenouil, une lanterne à la main, un sac à l'épaule, font sortir les cochons. Puis ils farfouillent dans la paille et le purin et dégagent une trappe. Fenouil en tire le gros anneau de fer. Sa lanterne éclaire un escalier étroit, dans lequel tous deux s'engagent. Au fond du trou luit le sel argenté.

Décidément, songe Timoléon, en se rappelant le port souterrain de Brouage, ils se spécialisent dans les sous-sols.

Les deux hommes remplissent leurs sacs puis remontent les vider dans deux tonneaux posés près de la porte. Le manège continue jusqu'à ce que les barriques soient pleines. Le travail terminé, Potiron ordonne au sourd-muet :

— Nettoie la porcherie. Nous avons pataugé dans le purin jusqu'aux fesses. Dépêche-toi de ramasser le fumier et de le revendre comme engrais aux fermiers du coin. C'est la bonne saison pour les labours. Nous partons.

Timoléon a des fourmis dans les jambes et change de position sans attirer l'attention. Le sourd-muet ne se presse pas. Avant de se mettre au travail, il s'assied sur une grosse pierre en guise de tabouret, devant la porte, et s'accorde le temps d'allumer sa pipe. La brise rabat la fumée vers l'intérieur et finit par faire éternuer Timoléon. Alerté, le sourd-muet bondit comme un chat et entre prudemment dans la pièce sombre en clignant

La cachette

des yeux. Lorsqu'il passe sous la poutre, Timoléon saute sur son dos, le renverse et lui enfonce la tête dans le purin. Puis il ferme la porte, installe la barre de fer, clôt le cadenas et emporte la clef.

— L'ange gardien te salue ! crie-t-il.

Enfin, il entrevoit la fin de ses malheurs. Quand il connaîtra tout le circuit du sel volé, il ira en rendre compte au lieutenant. Il imagine déjà le titre de la gazette : « Timoléon Batifort, injustement accusé, découvre un réseau de contrebandiers. » Il sera félicité par Colbert, peut-être même par le roi, pour sa patience, son habileté et son discernement.

Mais il se souvient de ses anciens espoirs si souvent déçus. Pourvu que le Rimailleur prenne bien les tonneaux en filature et ne soit pas distrait par une fantaisie poétique ! S'il perd la trace des voleurs, tout sera à recommencer...

18
UN ESCROC INATTENDU

Près de *La Pissote*, le Rimailleur, boitant plus qu'à l'accoutumée, la béquille sous l'aisselle, fait signe à une carriole chargée d'une dizaine de tonneaux.

— Gentils messieurs, vous n'emmèneriez pas un vieil éclopé comme moi jusqu'à Paris ? Un jeune garçon ferait vite le chemin à pied, mais avec mes trois jambes, je n'en ai pas une seule en bon état.

— On est pressés, répond sèchement Fenouil.

— Je ne pèse pas bien lourd. Votre cheval ne s'en apercevra même pas.

D'un geste, Fenouil énervé lui ordonne :

— Pousse-toi.

— Ne pas aider les miséreux, c'est pécher contre Dieu.

À ces mots, Potiron s'émeut.

— Prenons-le. C'est bientôt le carême de l'Avent.

— Allez, monte, grommelle Fenouil.

Péniblement, encombré par sa béquille, le Rimailleur se hisse dans le chariot et s'installe le dos contre un tonneau.

Un escroc inattendu

La carriole n'avance pas vite, tant la circulation est dense et le chemin rempli d'ornières.

— Pourquoi, avec tes trois mauvaises jambes, t'éloignes-tu de la capitale ? demande Fenouil, toujours méfiant.

— Je suis venu voir ma vieille mère.

— Tu as encore une vieille mère, toi ? s'étonne Potiron en considérant le voyageur au visage creusé de rides, labouré par le vent et le soleil.

— Elle vit ses derniers jours. Dieu va bientôt la rappeler à Lui.

Potiron se retourne vers le passager et le scrute en fronçant les sourcils.

— Ta tête me dit quelque chose... Je t'ai déjà vu ! Ah ! J'ai trouvé : sur le Pont-Neuf ! Tu vends des paroles !

— Je parle, je regarde et j'écoute les passants. Je connais mieux la ville que les gens du Châtelet. Ceux-ci qui ont des offices ne sont même pas capables de retrouver Batifort.

Potiron devient prudent :

— Batifort, l'épouse du comte de Maronville ?

— Non, son frère. Celui qui fait de la contrebande. Personne ne sait ce qu'il est devenu, s'indigne faussement le vieux. Il est mort peut-être.

Fenouil intervient en grognant :

— Ce n'est pas certain. Ces malfaiteurs sont capables de rester en vie, Dieu seul sait comment.

Le poète joue les naïfs :

— Tu veux dire qu'ils continuent à vivre dans l'imposture et la clandestinité ?

— Tu as des mots que je ne connais pas et qui ne m'inspirent pas confiance, réplique Fenouil.

Potiron explique doctement :

— C'est son métier d'avoir du vocabulaire. Il est payé pour causer différemment des autres. C'est un métier moins fatigant que de creuser la terre, tailler la vigne, fouler le raisin, comme nous sommes obligés de le faire. N'est-ce pas, Fenouil ?

— Oui. Nous adorons travailler la terre.

Une fois à la porte de Paris, un garde de la barrière d'octroi leur demande d'un ton soupçonneux ce qu'ils transportent.

— Les tonneaux sont vides. Tu peux vérifier.

Le garde incline un tonneau sur chaque bord, sans toucher ceux du milieu.

— Ce n'est donc pas vous qui m'offrirez un petit verre de vin aujourd'hui, regrette-t-il.

— La prochaine fois, répond Potiron joyeusement.

Aux abords du château de la Bastille, Fenouil tire sur les rênes.

— On te laisse ici. On a des choses à faire.

— Merci. Que Dieu vous garde, dit le Rimailleur en descendant.

La carriole repart cahin-caha.

Le Rimailleur se hâte d'arrêter un gamin en train de jouer à la balle.

— Petit, suis ces marchands. Reviens me dire où ils déposent leurs tonneaux. Je te donne deux deniers pour ta commission et j'en ajouterai deux à ton retour ! Mais prends garde de ne pas me jouer un tour, sinon je te retrouverai et t'emmènerai au Châtelet, où tu seras emprisonné pour vol.

Une heure plus tard, le petit garçon réclame ses deux deniers en tendant la main.

— Ils ont livré seulement deux tonneaux, dans une maison à l'angle de la rue Marguerite[1] et de la rue des Ciseaux. En face de l'abbaye de Saint-Germain-des-Prés. Sur la porte, il y a un fermoir doré, une tête d'animal.

— Quel animal ?

— Je n'en sais rien.

— Bon, voilà tes deux pièces.

Et le Rimailleur, mission accomplie, s'empresse de regagner son emplacement sur le Pont-Neuf.

Le lendemain, sur la rive gauche de la Seine, Timoléon se hâte vers la rue Marguerite. Il y a bien une tête de sanglier sur la porte. Le premier propriétaire de la maison était vraisemblablement un chasseur. En face s'élèvent les trois clochers pointus de l'église Saint-Germain-des-Prés, le monastère des bénédictins, le palais de l'abbé et ses jardins. L'ensemble est clos de murs.

Le quartier est bien choisi pour se fondre dans la foule, tant les passants grouillent : étudiants de la Sorbonne, toute proche, ecclésiastiques qui se rendent à l'abbaye, savants qui vont travailler dans la bibliothèque du monastère, si riche en livres et en archives, sans

---

1. Aujourd'hui boulevard Saint-Germain.

L'or blanc de Louis XIV

compter les provinciaux et étrangers qui logent dans les innombrables hôtels garnis.

L'hôtel du fermoir à la tête de sanglier comprend trois étages et deux portes d'entrée, une sur chaque rue. Il y règne un incessant va-et-vient de domestiques, servantes, cochers et voyageurs. Certains en ressortent avec un petit sac accroché en bandoulière à l'épaule. Ces sacoches, de couleurs et de tissus différents, sont à peu près de même dimension. S'il est avéré qu'elles contiennent des cristaux blancs, la preuve que la maison sert de boutique clandestine pour se procurer du sel sans payer la gabelle sera faite. Pour s'en assurer, Timoléon rejoint une servante, portant coiffe rouge et manteau de drap, qui s'éloigne d'un pas pressé.

— Puis-je vous accompagner ?

— Oh, non, non, non, non, fait la jeune fille, apeurée. Laissez-moi.

Timoléon prend sa voix la plus douce.

— Je vous trouve trop jolie pour vous quitter si vite.

Hardiment, il lui prend le bras. La servante tente de se dégager.

— Monsieur, vous m'importunez !

Timoléon la serre davantage :

— Votre refus me broie le cœur.

— Laissez-moi ou j'appelle à l'aide, se fâche la demoiselle.

En repoussant l'insolent, elle laisse tomber son sac. Timoléon aussitôt le ramasse, l'ouvre, en palpe le contenu. Satisfait de sentir sous ses doigts de menus grains solides, il rend son bien à sa propriétaire.

— Passez une bonne soirée !

Un escroc inattendu

Pour la première fois depuis des mois, il est heureux. Je suis comme un cheval qui sent l'écurie, pense-t-il. Je sais d'où vient le sel, je connais la porcherie où il est caché, la maison où il est entreposé et vendu au marché noir. Bref, tout le trajet de la contrebande. Je n'ai plus qu'à prévenir le lieutenant de robe courte qui reconnaîtra mon innocence. L'arrestation du comte permettra de sortir Armande de la Salpêtrière, et nous ferons une fête avec vins, viandes, poissons, légumes et fruits, afin de célébrer mon honneur retrouvé.

Quand les cloches sonnent pour les vêpres, il entre dans l'église et va remercier Dieu d'avoir exaucé ses vœux.

L'office achevé, il fait encore jour. Timoléon se sent d'humeur vagabonde. Il observe la foule qui se presse dans la rue encombrée de chevaux et de carrosses, lorsqu'il reconnaît, vêtu d'un beau pourpoint long et fermé comme il faut, couvert de larges dentelles et aux manches bouffantes, le lieutenant qui entre d'un pas décidé dans l'hôtel garni. Cette rencontre inattendue laisse Timoléon ébahi. Que vient faire ici le lieutenant sans robe et sans épée ? A-t-il comme maîtresse une soubrette du quartier ? Vient-il acheter du sel de contrebande ? Soudain, en un éclair, la vérité lui saute à l'esprit comme un diable qui sort de sa boîte : le comte et le lieutenant sont complices. Maronville vole le sel à Brouage et le cache dans la porcherie. Ensuite, à intervalles réguliers, il fait déposer de petites quantités des précieux cristaux à cet hôtel dont la double entrée permet de déjouer la surveillance. Le lieutenant, lui, organise la revente et prend au passage un bénéfice qu'il partage avec Maronville. Malgré ce bénéfice, le sel coûte beaucoup moins cher aux Parisiens que celui taxé par la gabelle. Lorsqu'une enquête a dévoilé que Brouage produisait moins de sel que précédemment, Maronville et le lieutenant se sont mis d'accord pour masquer leur trafic et l'ont accusé, lui, Timoléon, parce qu'ils connaissaient son caractère emporté, en espérant qu'il mourrait rapidement dans une galère.

L'ancien apprenti barbier-chirurgien est médusé par sa découverte. Petit à petit, il comprend tous les ressorts de la machination dont il ne voit plus l'issue. Si le comte et le lieutenant sont complices, à qui pourra-t-il s'adresser pour demander justice ? Devra-t-il, sa vie durant, se travestir, transporter des pavés, dormir Dieu sait où ? Connaître la vérité et ne pouvoir la divulguer est un supplice plus insupportable que l'ignorance.

Tandis qu'il descend vers la Seine, alarmé par sa découverte, Timoléon croise Fleuridor qui se hâte, un gros paquet sous le bras.

C'est le fameux manteau de fourrure, devine-t-il. Mon pauvre ami va être bien déçu. Je vais l'accompagner pour qu'il supporte sa désillusion et qu'il m'aide à supporter la mienne.

— J'ai trouvé un manteau pour Armande.

— Je vois cela, répond prudemment Timoléon.

Tous deux suivent la Seine, en discutant de Noël qui approche. Il ne faut guère de temps pour que se dressent devant eux les longs bâtiments de l'hôpital.

— Que c'est grand ! s'étonne Timoléon. Je ne suis

jamais venu aussi loin dans Paris. Il doit y avoir des centaines de femmes, là-dedans.

— Tu crois ? dit Fleuridor, que l'excitation fait courir vers la haute porte d'entrée.

Le geôlier au nez rouge sommeille dans sa guérite, il sursaute à l'approche de Fleuridor.

— Bonjour, dit ce dernier. Je viens pour la comtesse.
— Bon ! dit le geôlier d'un air vague.
— Celle qui est si belle !
— Assurément...
— Elle va bien ?
— À peu près.
— Vous m'avez dit qu'elle aurait très froid cet hiver.
— C'est vrai.
— Aussi, j'ai apporté ce que vous m'avez demandé.
— Tout de bon ?
— Oui, le manteau de fourrure.

Le geôlier sort aussitôt de sa torpeur et de sa loge.

— De fourrure ! Montrez-le-moi.

Fleuridor lui confie aussitôt le coûteux vêtement que le geôlier caresse. Il murmure :

— Elle sera contente. Très contente.

À ce moment-là, une charrette pleine à craquer de femmes debout, gesticulantes, s'engage sous le porche à grand fracas. Le passage est étroit, une malheureuse en profite pour arracher le manteau. Aussitôt, dans la charrette, toutes se disputent le précieux vêtement.

— Je vais le récupérer, leur crie le geôlier en courant après le véhicule qui disparaît derrière un bâtiment.

— Que fait-on ? On attend le geôlier ? suggère Fleuridor consterné à son ami.

— Ce n'est pas la peine.
Fleuridor pourrait se mettre à pleurer.
— Je ne pensais pas...
Sans en dire davantage, il se contente de secouer la tête.
Timoléon voudrait lui expliquer : « Cet homme se moque de toi depuis le début. Il ne sait même plus qui est la comtesse, et ne cherche qu'à revendre ta fourrure pour gagner de l'argent. » Mais il n'a pas le cœur à accabler son ami et préfère l'entretenir de ses soucis.
— Pendant que tu jouais au billard, j'ai découvert la maison où l'on revend le sel.
Il donne tous les détails à son ami jusqu'à sa rencontre stupéfiante avec le lieutenant.
— Je ne sais plus quoi faire, conclut-il.
Fleuridor, qui ne pense qu'à sa déception, répond :
— Moi, je sais quoi faire. Ce portier, il suffit de lui donner de l'argent pour qu'il laisse sortir Armande. Je vais encore gagner au billard.

19

LE MINISTRE ACCOUCHEUR

Eh bien non. Fleuridor perd, tant il a l'esprit accablé par le manteau de fourrure. Un manteau acheté après tant d'efforts et qui ne servira à rien ! Il commence à douter de l'efficacité d'un bon pourboire au geôlier. L'homme serait capable de prendre l'argent et de laisser croupir la jeune femme. Troublé, il pointe avec moins de précision. Son adversaire, constatant ses erreurs de jeu, reprend confiance en lui et réussit des coups difficiles. Dès lors, Fleuridor fait des dettes. De plus en plus de dettes. Sous l'œil goguenard de ceux qui, il n'y a pas longtemps, misaient sur lui. Humilié, il déclare avec hauteur :

— Vous ne serez jamais de grands joueurs, vous ne tenez qu'à votre argent. Or, pour gagner de l'argent, il faut prendre le temps d'en perdre.

Ce discours déchaîne les moqueries de l'assistance. Le vaincu, abattu et furieux, se précipite dans l'escalier.

Dans la rue, il reste indécis sur ce qu'il va faire. Autour du Palais-Royal, dans la lumière brumeuse de décembre, la circulation reste dense. Ils sont nombreux à préparer la fête de la naissance du Christ. Pressés et impatients, piétons, cavaliers et cochers s'apostrophent, en exhalant des nuages de buée qui tournoient dans l'air glacé. Fleuridor erre dans ces embarras de circulation. Une carriole chargée de trois longs rouleaux entourés d'épais draps blancs l'intrigue. Aussitôt, il suit le véhicule. Celui-ci s'arrête devant une maison à un étage dont la lumière brille derrière les carreaux. Les deux emballeurs, en culotte et longue veste de laine, déchargent la marchandise.

— J'emporte Diane, dit l'un.
— Et moi, la biche et la nuit, fait l'autre.
Piqué par la curiosité, Fleuridor s'approche :
— Qu'est-ce que vous apportez ?
— Des tapisseries. On nous a commandé de changer les tapisseries du palais Brion[1] à chaque saison, comme pour les châteaux du roi.
— C'est un château, cette modeste maison ?
Un des emballeurs lui jette un regard narquois.
— Tu veux nous faire parler, petit. Tu n'y arriveras pas.
— La discrétion est au cœur de notre beau métier, ajoute son compagnon.
— Vive la discrétion ! approuve Fleuridor, bien décidé cependant à découvrir le secret de ce supposé palais.

---

1. Il s'agit d'une maison d'un étage, près du Palais-Royal, que Louis XIV acheta, à la mort de son propriétaire, en 1661, pour Louise de La Vallière. On l'appela pompeusement « le palais Brion ».

Le ministre accoucheur

Il attend donc, dissimulé sous un porche, en grelottant.

Peu de temps après, les deux hommes redescendent avec trois autres rouleaux emballés dans les mêmes toiles blanches. Ils allument les lanternes du véhicule et rangent leur chargement.

— Quel froid ! gémit l'un d'eux, en s'emmitouflant dans une couverture. Vite à la maison.

À peine assis, l'autre fouette les deux chevaux, impatients eux aussi de retrouver leur écurie.

Il se passe ici quelque chose de peu ordinaire, se dit Fleuridor. J'en connaîtrai la raison. Et il fait les cent pas en se frappant les bras pour se réchauffer. Peu de temps après, un fiacre s'arrête et un homme de bonne taille, enveloppé dans un manteau noir à col de fourrure, descend et dit au cocher :

— Firmin, attends ici.

L'inconnu pénètre en habitué dans la demeure, après un bref coup sur le heurtoir et sans attendre qu'on vienne lui ouvrir la porte. Fleuridor se hâte de faire la conversation au cocher.

— Il fait froid, ce soir, pour attendre la fin d'une visite.

— Il fait froid aussi pour surveiller une maison. Je te conseille de déguerpir.

— En voilà un discours désobligeant !

— Je ne veux pas d'ennuis. C'est tout.

De plus en plus intrigué, Fleuridor se dissimule à l'arrière du fiacre. La porte s'ouvre. L'homme au manteau noir sort dans la pénombre et tend une missive au cocher.

— À confier seulement à qui tu sais, de la part de qui il sait ! Reviens vite !

Le cocher fouette son cheval et s'éloigne aussitôt. Fleuridor reste seul. Soudain, une fenêtre s'entrouvre et une jeune domestique, sous une coiffe de laine, se penche.

— Firmin, monte immédiatement.

Et elle referme vite la fenêtre et tire les rideaux.

En l'absence de Firmin, que faire ? Monter audacieusement, ou attendre le retour du cocher pour lui transmettre le message ? Fleuridor est trop curieux pour hésiter longtemps. L'occasion est si belle ! Après ses échecs au billard, cet événement imprévu lui rend sa bonne humeur. Il monte quatre à quatre les marches jusqu'à une antichambre bien éclairée par deux chandeliers posés sur une commode ventrue. Sur le mur, la tapisserie représente une biche en pleine forêt. Dans l'entrebâillement d'une porte, Fleuridor voit l'inconnu vêtu de noir, un homme corpulent à l'expression renfrognée et au regard sévère sous de gros sourcils.

— Qui êtes-vous ? demande ce dernier d'un ton brutal.

Fleuridor reste muet de confusion en reconnaissant Colbert, le ministre d'État. Humblement, il s'incline et balbutie :

— Monseigneur, Firmin n'est pas encore...

Colbert ne lui laisse pas le temps de terminer sa phrase :

— Qui êtes-vous ?

— Fleuridor. J'ai travaillé pour le roi à Fontainebleau et...

— Maintenant partez et ne dites rien de ce que vous avez vu.

Colbert s'adresse alors à la femme de chambre qui baisse la tête.

— Si vous faites de nouveau pareille erreur, je vous chasse !

Fleuridor n'a aucune envie de partir. Il tente donc sa chance comme on se jette à l'eau.

— Si je peux rendre service à Monseigneur, je suis son humble serviteur.

Une voix féminine s'élève :

— Mais c'est le joueur de billard que j'entends.

S'avance dans l'antichambre une jeune fille pâle, les traits tirés, les cheveux blonds dénoués et un gros ventre, qui pointe sous le manteau de chambre. À l'éclat de son sourire et à la douceur de son regard, Fleuridor reconnaît la téméraire cavalière, l'amour secret du roi : Louise de La Vallière.

Elle se tourne vers Colbert, impassible.

— Ce jeune homme m'a aidée à Franchart lorsque mon cheval est tombé.

Fleuridor rougit d'émotion et de reconnaissance.

— Oui, vous pouvez nous rendre service, dit-elle. Notre lettre a certainement inquiété Sa Majesté. Allez lui dire que l'étourdissement est passé. Qu'Elle ne se fasse pas de souci. Il vous suffira de dire au premier valet de chambre du roi : « De la part de qui vous savez. »

— Je suis votre serviteur, répond Fleuridor.

Et il dévale l'escalier le cœur battant. Parler au roi, être dans la confidence de son amour secret, quel bonheur imprévisible ! Merci, mon Dieu, pour vos bontés !

En sortant précipitamment dans la rue, il effraie un cheval qui se cabre. Saute alors de sa monture un cavalier à l'aisance admirable, le visage à moitié dissimulé sous une capuche grise d'où s'échappent des boucles châtaines. Les mouvements de la cape laissent apparaître des chausses couvertes de rubans de soie or et des chaussures à talons rouges dont le fermoir est en diamants. Nul doute. Le cavalier est le roi qui s'inquiète pour sa maîtresse et qui entre dans le palais Brion.

Fleuridor est désappointé. Il ne transmettra aucun message à Sa Majesté. Titubant de fatigue, tremblant de froid, il parcourt les rues obscures et désertes. Il croise deux gardes de la compagnie du guet qui, à sa vue, frappent le sol de leur longue hallebarde.

— Que fais-tu ici, à cette heure ?

— Je rentre chez moi.

— Et d'où viens-tu ?

— J'étais avec le roi, explique Fleuridor, qui n'a même plus la force d'inventer une histoire vraisemblable.

Les deux gardes hochent la tête.

— Laisse-le, il a bu, dit l'un.

— Boire sans mesure pendant le carême de l'Avent, quelle honte !

Quand Fleuridor entre sur la pointe des pieds au *Juste Prix*, Pierrot l'attend, assis devant le feu mourant, une couverture sur les épaules, un air mécontent sur sa bonne figure ronde.

— Qu'est-ce que tu fais à traîner la nuit dans Paris ? Tu me donnes du souci et m'empêches de me coucher.

— J'ai perdu au billard et j'ai voulu rejouer.

— Tu as regagné ?

— Non.

Pierrot se lève et assène :

— Maintenant tu cesses de jouer et tu reprends régulièrement la vente de l'eau-de-vie. Tu ne t'amuseras au billard que les jours de congé et te débrouilleras tout seul pour payer tes dettes.

Fleuridor opine sans rien dire. Il aimerait trouver une oreille attentive et compatissante pour partager sa découverte et ses émotions, mais ce n'est pas le moment ! S'il raconte qu'il a rencontré Colbert chez la maîtresse du roi à la veille de son accouchement et qu'il a failli parler à Sa Majesté, tout le monde se moquera de lui. Sa solitude lui paraît affreuse. Seule Armande l'aurait cru et se serait réjouie avec lui. Quand la reverra-t-il ?

Tant qu'à vendre tous les jours de l'eau-de-vie, Fleuridor choisit le quartier du Palais-Royal pour surveiller le palais Brion.

Eau-de-vie ! Buvez de l'eau de la vie !
Rasade l'après-midi
Vieillesse garantie.

L'or blanc de Louis XIV

Il arpente la rue où demeure Louise, pour avoir de ses nouvelles et rencontrer Sa Majesté. Il voit deux amies, dans leur cape doublée de fourrure, monter chez la jeune femme. Puis, chaque jour, le cavalier aux chaussures à talons rouges et aux boucles châtaines saute de son cheval et se hâte dans l'escalier, après avoir attaché la bride de sa monture au heurtoir. Dire que le roi est si près de lui, non pas le roi lointain qui dirige le royaume, mais l'amant dont il connaît le secret, amoureux comme lui. Pourtant, il ne peut l'aborder.

Un après-midi, Fleuridor voit Colbert descendre d'un fiacre. Il tient dans ses mains une corbeille recouverte de taffetas blanc agrémentée d'une ribambelle de petits rubans. Un brusque coup de vent soulève le taffetas et un minuscule bonnet blanc s'échappe et tombe dans la rue. Visiblement contrarié, le ministre ramasse la coiffure et, la voyant salie, la cache dans sa poche. Fleuridor ne peut s'empêcher de sourire. Le prestigieux personnage, craint de tous, se débat avec de la layette ! Quel dévouement sans restriction aux différents soucis du monarque ! Quelle humilité pour satisfaire tous les désirs du prince !

Le lendemain, malgré le froid et le manque de sommeil, Fleuridor reste aux aguets. À minuit passé, le ministre apparaît, suivi par un médecin reconnaissable à son chapeau pointu, son collet de dentelles blanches et son manteau qui lui bat les genoux, accompagné d'une femme en noir, un long foulard sur la tête, la sage-femme certainement.

Le ministre accoucheur

La favorite va accoucher[1], conclut Fleuridor de ces allées et venues.

Lorsque les cloches des églises appellent pour les premiers offices du jour, le médecin sort de la maison. Peu après, Colbert sort à son tour, avec, dans ses bras, un couffin blanc couvert d'un édredon de soie, d'où sortent de petits cris.

Fleuridor ne sera plus d'aucune utilité, il peut renoncer à son espionnage et aller dormir.

Mais la curiosité est la plus forte. Deux jours plus tard, Fleuridor est de nouveau en faction et, cette fois, il frappe à la porte du palais Brion.

— Ah ! C'est encore toi ! Que veux-tu ?

— Voir Mlle de La Vallière, elle doit être triste.

— Tu as raison. Elle est triste.

— Puis-je la saluer ? Dis-lui que je suis le joueur de billard qui l'a aidée à Franchart.

— Non. Elle doit se reposer. Le roi veut qu'elle assiste à la messe de minuit, dans la chapelle des **Quinze-Vingts**[2]. Dans quatre jours.

Fleuridor trouve que le roi est bien exigeant.

— C'est long, la messe de minuit. Elle sera épuisée, commente-t-il.

— L'important est que la reine ne se doute de rien. Ne reviens plus.

---

1. L'accouchement eut lieu dans la nuit du 18 au 19 décembre 1663.

2. Les Quinze-Vingts sont un hospice fondé par saint Louis qui pouvait accueillir « quinze-vingts », soit trois cents aveugles.

— Et l'enfant ?
— Il est élevé par d'anciens domestiques du ministre d'État. Il a été baptisé sous un nom d'emprunt. Ne reviens plus et oublie tout ce que tu as vu et entendu.

20

DES TROUBLES DE MÉMOIRE

Pour des raisons encore inconnues, le roi veut accélérer l'aménagement du chemin qui conduit à Versailles. Timoléon est choisi pour ce nouveau travail.

Le dimanche, après la messe, il se rend au *Juste Prix*, où Pierrot s'efforce de faire brûler dans la cheminée des bûches trop humides. Pierrette épluche des choux, et Fleuridor pile des grains de café.

— Pauvre Louise de La Vallière, soupire-t-il. Sa situation est affreuse. On lui enlève son enfant et on l'oblige à cacher cette naissance. Quelle cruauté !

Timoléon n'est pas d'humeur à s'attendrir.

— C'est mon sort qui est cruel. Lorsqu'elle se rend à Versailles, Mlle de La Vallière, c'est en compagnie du roi, à cheval ou en calèche, dans le seul but de prendre du plaisir. Moi, dans le même chemin, je creuse, je pave et je grelotte. J'en ai assez. Avant la fin de l'année, mon existence misérable sera terminée.

— La fin de l'année est dans quelques jours, rappelle Pierrette d'un ton moqueur.

Timoléon ne prête aucune attention à cette remarque.
— Maintenant que je connais les chemins de la contrebande du sel depuis Brouage jusqu'à l'abbaye de Saint-Germain-des-Prés, j'en informerai Colbert et obtiendrai ma liberté.
— Et s'il te dit : « Timoléon Batifort, vous êtes un prisonnier évadé et recherché. Je vous arrête, les galères vous attendent » ? intervient à nouveau Pierrette.
Timoléon sort de ses gonds :
— Vous ne comprenez pas que je ne supporte plus ma vie ! Je suis à bout de nerfs, de malheurs et d'espoirs. À partir de demain, je m'appelle à nouveau Timoléon Batifort. On verra bien ce qui en résultera.
Fleuridor tente de le calmer.
— Tu recommences à t'emporter. Réfléchis d'abord. À mon avis, il vaudrait mieux écrire au roi.
— Écrire, écrire, cela n'a abouti à rien ! Même avec le soutien de Louise de La Vallière.
Fleuridor se tourne vers son oncle :
— Qu'est-ce que tu en penses, Pierrot ?
— Moi, je pense que notre destinée est écrite dans le Ciel. Quoi que Timoléon dise ou fasse, ce qui est prévu là-haut s'accomplira. Vous autres, les jeunes, vous voulez toujours bousculer l'ordre du monde.

Le lendemain, il gèle à pierre fendre. Sur le chemin de Versailles, les ouvriers ont les mains crevassées malgré les lambeaux de tissu dont ils les entourent. Timoléon, qui se souvient du métier d'apprenti barbier-chirurgien, conseille aux uns et aux autres des herbes et des

Des troubles de mémoire

onguents pour éviter que les gerçures s'infectent, et qu'on ait à couper leurs doigts. Mais ces précautions ne sont guère efficaces.

Sa décision prise, il lui tarde de dénoncer les vrais contrebandiers et de connaître son sort. Par chance, le ministre Colbert vient surveiller le chantier chaque semaine, sans escorte. Il termine son trajet à pied à cause des arbres qu'on abat, des chariots immobilisés, et des tombereaux de terre que l'on déplace pour aplanir le sol. Par ce grand froid, Colbert porte des bottes qui le protègent de la boue et, sous son chapeau, une perruque épaisse qui lui tient bien chaud. D'un pas rapide le ministre rejoint le chef de chantier, vite entouré par les maîtres maçons. Ceux-ci montrent des plans et discutent. Timoléon ne quitte pas Colbert des yeux. Dès que le ministre sera seul, le jeune homme courra le rejoindre et lui dira : « Monseigneur, je suis Timoléon Batifort, recherché par la police depuis de longs mois. On m'accuse de contrebande. Je suis innocent. Je connais maintenant les véritables faux sauniers... » Il répète les phrases, comme un refrain, lorsqu'un cavalier arrive au galop, rejoint Colbert qui s'éloigne aussitôt. Timoléon, cette fois encore, a perdu l'occasion de se justifier.

Un matin, le chef de chantier revient du Louvre, le visage préoccupé. Il fait signe aux maîtres maçons de rassembler les compagnons, apprentis et manœuvres autour de lui. Les hommes délaissent haches, serpes et pelles pour entendre la nouvelle.

— Le roi ordonne que la route de Versailles soit terminée dans quatre mois.

Des murmures courent dans l'assistance.

— Nous ne pouvons travailler davantage ! s'exclame un maître maçon. Nous sommes ici de l'aube au crépuscule.

Encouragées par cette première récrimination, d'autres voix s'élèvent :

— Le camarade a raison. Nous ne pouvons faire plus.

— Si, répond le chef de chantier. Vous resterez plus longtemps le soir.

Timoléon bout d'indignation et lance, sur un ton de défi :

— Si Sa Majesté a le pouvoir de retarder la tombée de la nuit en hiver, nous resterons volontiers plus longtemps.

Le chef de chantier n'apprécie pas la plaisanterie et lui jette un regard furieux.

— Je répète, crie-t-il. Vous travaillerez la nuit !

— Alors nous voulons des torches, des dizaines de torches, pour ne pas avoir d'accident en nous déplaçant dans l'obscurité. Nous n'allons pas risquer nos vies pour satisfaire l'impatience royale, rétorque l'insolent.

Les ouvriers, enhardis par l'audace du jeune homme, le soutiennent :

— Il a raison. Il faudra de la lumière.

— Ce sera un coupe-gorge !

— On nous traite comme du bétail.

Le chef de chantier essaie de calmer la grogne.

— Si vous refusez de travailler la nuit, je vous propose de supprimer la pause de l'après-midi, vous gagnerez une demi-heure ainsi.

Des troubles de mémoire

— Farceur ! s'exclame Timoléon. Crois-tu que nous venons ici pour rire !

La colère se propage, même chez les plus soumis. Chacun parle de son côté.

— Sans repos, on aura des accidents.

— Il y a déjà eu des mains mutilées.

— Hé ! monsieur ! Songez à nos familles !

Timoléon, de plus en plus décidé à faire un esclandre, insulte le responsable :

— Tu n'es qu'un coquin qui veut notre mort !

— Vas-tu te taire ?

— Te fais-je peur ? ironise Timoléon.

Le chef de chantier, exaspéré, ordonne :

— Il n'y aura pas de pause cet après-midi afin de rattraper le temps perdu. Retournez travailler.

— Assassin ! Mes amis, ne cédez pas ! vocifère Timoléon.

Les ouvriers hésitent à prendre un parti lorsqu'ils entendent :

— Si vous ne vous remettez pas au travail immédiatement, je retirerai un sou à votre paye de la journée.

Chaque sou compte. Alors les hommes, tout en maugréant, se dirigent vers leurs outils. Sauf Timoléon. Le chef, à bout de patience, fait signe aux gardes, déjà prêts à intervenir, la main sur le pommeau de leur épée.

— Emmenez cet homme au Châtelet. Dites au premier magistrat que vous rencontrerez qu'il refuse d'obéir. Comment t'appelles-tu ?

— Timoléon Batifort.

— Je m'en souviendrai. Tu subiras le châtiment qu'on réserve à ceux qui se rebellent contre Sa Majesté.

L'or blanc de Louis XIV

Timoléon est satisfait. Quand il sera interrogé, il racontera enfin ce qu'il a si péniblement appris. La fierté d'avoir su déjouer le plan diabolique de la contrebande lui redonne de la fierté. Les mains attachées, encadré par les gardes, il traverse la tête haute la capitale. Son expression joyeuse intrigue. Autour de lui, des passants, des boutiquiers le reconnaissent et les commentaires fusent.

— C'est Timoléon Batifort ! Je le croyais mort !
— Où t'emmène-t-on ? Te faire pendre !

Au Châtelet, l'ombre des tours a déjà gagné la cour. Les magistrats, greffiers, huissiers, notaires, le travail terminé, s'acheminent à pas pressés vers la porte de Paris. Pour lutter contre le vent et le froid, leurs chapeaux sont enfoncés jusqu'aux yeux, le col de leurs manteaux bien remonté. Parmi eux, Timoléon reconnaît le lieutenant, la moustache toujours insolemment relevée. Quelle opportunité inattendue ! Il le suit du regard.

Le lieutenant, se sentant dévisagé, fronce les sourcils. Que lui veut ce prisonnier aux vêtements misérables ? Qui est-il ? Un ancien condamné sans doute. Pourquoi se trouve-t-il ici ? A-t-il quelque chose à lui dire ? La figure ne lui est pas inconnue mais il ne peut l'identifier. Il l'interpelle.

— Je suis certain de t'avoir déjà rencontré.
— Moi aussi, répond Timoléon. Près de l'abbaye de Saint-Germain-des-Prés, dans le bâtiment qui fait l'angle de la rue Marguerite et de la rue des Ciseaux.

Des troubles de mémoire

Le lieutenant, sentant la conversation prendre un tour dangereux, répond vite avec un sourire faux :

— Tu te méprends. Ce ne pouvait être moi.

— J'en suis certain pourtant. Vous portiez un élégant pourpoint et des chaussures à talons, mais c'est à votre moustache et à votre air d'autorité que je vous ai reconnu. J'ai apprécié votre élégance.

Et n'hésitant pas à mentir :

— Mes amis aussi car je n'étais pas seul.

Le lieutenant fait semblant de prendre la remarque à la légère :

— Tu plaisantes, sans doute.

— Pas du tout. Je vous ai vu aussi lors de l'arrestation de la comtesse de Maronville. Vous aviez avec le comte, son mari, un air d'amitié, je dirais même de complicité.

Le lieutenant triture sa moustache et dodeline de la tête. Enfin, il prend un ton plaintif :

— Tu évoques un souvenir douloureux qui me tient éveillé certaines nuits. Il concerne la comtesse. Je ne suis plus entièrement convaincu du bien-fondé de son arrestation. Il se pourrait que le comte ait commis une erreur de jugement. La folie est si difficile à interpréter.

— Dans ce cas, pourquoi ne pas la faire sortir de l'Hôpital général ?

Le lieutenant prend le temps de la réflexion avant de répondre. Avec prudence, il chuchote :

— Cela ne tient qu'à toi.

Cela ne tient qu'à moi ! Sans deviner le but poursuivi par son ennemi, Timoléon comprend que celui-ci se sent piégé. D'ailleurs ses joues tombantes paraissent s'allonger un peu plus et ses yeux s'emplir d'incertitude. On est loin du regard dominateur du lieutenant, trois ans plus tôt, lorsque celui-ci l'a fait monter dans la charrette pour l'envoyer au pilori. Timoléon doit cependant faire preuve de sagacité. Pour contraindre son interlocuteur à dévoiler ses intentions, il joue les imbéciles.

— Je ne comprends pas à quoi vous faites allusion.
— Tu peux connaître des troubles de mémoire.

Il se tait un instant avant d'expliquer rapidement :

— J'oublie que la comtesse est folle, et tu oublies m'avoir vu en face de l'église Saint-Germain-des-Prés.

Timoléon esquisse un imperceptible sourire.

— Cet oubli implique-t-il que la comtesse sortira demain de la Salpêtrière ?
— Je t'en fais le serment. Et toi, me donnes-tu ta parole de garder secrète ma présence rue Marguerite ?
— Quand je vous donnerai ma parole, ce sera celle d'un honnête homme.

Le lieutenant fronce les sourcils.

— Certainement. Que veux-tu dire ?
— Pour que je sois un honnête homme, vous devez retrouver l'ordre de Sa Majesté innocentant Timoléon Batifort.

Le lieutenant ouvre la bouche comme un poisson ahuri hors de l'eau.

— Vous êtes...
— Je suis Timoléon Batifort, qui a vécu une vie de gueux à cause de vous.

Le lieutenant comprend qu'il lui faut changer résolument de camp.

Des troubles de mémoire

— Je vais vous expliquer...
— Ne m'expliquez rien. Je suis au courant de tout. Rendez-moi mon honneur et libérez ma sœur. Et dites aux gardes qu'il est inutile de m'attendre davantage.

Le lieutenant va leur parler, et les deux hommes partent satisfaits. Puis il fait signe à Timoléon de le suivre à l'intérieur.

Dans une petite pièce sombre, dossiers, papiers administratifs, lettres couvrent une table en merisier. Le lieutenant cherche une clef dissimulée sous sa robe. Il ouvre alors un tiroir secret, d'où il sort une ordonnance.

— Lis, dit-il.

De par le Roy, il est ordonné aux magistrats d'annuler la condamnation de Timoléon Batifort, et de le libérer de ses chaînes, là où il se trouve. Car tel est notre plaisir.
Fait à Fontainebleau, le 27 juillet 1662.
Louis.

La joie emplit le cœur de Timoléon. Enfin innocent. Innocent depuis plus d'un an. Un an et demi, exactement. Avec humour, il précise :

— Si cet ordre du roi avait été exécuté en temps et en heure, je n'aurais pas eu besoin de me rendre à Brouage et n'aurais jamais découvert que vous étiez, vous et Maronville, des contrebandiers. Vous avez été lâches et craintifs, ce qui vous condamne maintenant. Dites-moi quand l'ordre de Sa Majesté sera affiché sur les maisons des commissaires.

— Dans quelques jours. Le commis qui a la signature du roi modifiera la date. Il serait fâcheux qu'une

décision royale mît tant de temps à être exécutée. J'en informerai le ministre Colbert.
— Et ma sœur ?
— Elle sera libérée demain.

Après un moment d'émotion qui le rend muet, Timoléon murmure :
— Dieu est juste.

*
* *

Discrètement, dans un fiacre arrêté devant la Salpêtrière, le lieutenant attend Armande. Il a confié à la supérieure un ordre écrit par le préposé chargé d'imiter l'écriture royale. Celle-ci s'empresse d'exécuter le souhait de Sa Majesté et fait chercher Armande dans la salle de couture.

Armande est fort étonnée d'être libérée par celui-là même qui l'avait fait enfermer. Elle est méfiante et, dans l'ignorance complète des motifs de sa délivrance, ne pose aucune question. Le lieutenant ne parle pas davantage et tous deux restent ainsi jusqu'à la rue Saint-Denis. Armande se tourne alors vers l'homme à son côté :

— Mon mari est-il au courant de mon départ de l'hôpital ?
— Non.

Elle sourit, saute du fiacre sans un mot de remerciement et ouvre la porte des *Doigts de fée* en criant :
— Maman, je suis là !

Mme Batifort laisse tomber à terre la belle chemise

de soie blanche dont elle montait le col et serre sa fille dans ses bras.

— Ma petite Armande ! Te voilà enfin ! J'en perdais la santé !

Puis examinant sa fille avec cet air de reproche éternel que sa bonté n'arrive pas à gommer :

— Tu es partie avec ta robe d'hôpital, comme une miséreuse !

— Je ne voulais pas leur laisser le temps de changer d'avis. D'ailleurs, mes vêtements ont été vendus. Que devient Timoléon ?

— Il sera bientôt innocenté.

Armande se demande par quel hasard son frère et elle sont rendus à la vie normale. Elle suppose des manœuvres plus ou moins douteuses et de possibles retournements de situation. Mais le plus urgent est de se rendre chez son époux avant qu'il ne manigance une autre infamie. Elle verra Fleuridor plus tard.

Sa mère devine sa pensée :

— Fleuridor t'a acheté un manteau de fourrure que tu n'as certainement jamais reçu. Sinon, il n'a ni office ni apprentissage. À l'entendre, il a presque accouché Louise de La Vallière. Tu sais comme il se vante facilement...

Armande lui coupe la parole :

— Ne recommence pas, maman, à critiquer Fleuridor. Tu étais emballée par le comte, et tu as vu le résultat. Bon, je me lave, je m'habille et je m'en vais.

— Déjà ! Où vas-tu ?

— Me cacher. Mon mari ne doit pas savoir que je

suis revenue. Je vais d'abord chez les Monterai. Puis je lui rendrai visite.

Mme Batifort se récrie :

— Tu iras revoir ce criminel ! Il te tuera, ma pauvre fille !

Armande s'efforce de prendre un air dégagé.

— Tu préviendras les magistrats si je ne reviens pas. Mais je reviendrai, ne t'en fais pas.

21
UNE VENGEANCE

Dans le palais des Monterai où elle s'est réfugiée, Armande prend un bain, qu'elle apprécie fort après son séjour à la Salpêtrière. Les deux jeunes filles lui posent cent questions sur l'Hôpital général, mais les préoccupations d'Armande concernent sa visite à Maronville. Même si elle pressent le danger de cette entrevue, l'intensité de sa haine envers le comte la protège, comme si sa fureur la rendait invulnérable. Armande croit au pouvoir de l'esprit. Cependant, pour préparer cet affrontement décisif, elle se réfugie dans les plaisirs de la toilette et inspecte la garde-robe des filles de la duchesse, qui foisonne de couleurs et de fantaisie. Armande choisit des assemblages inattendus : bottines roses, corps de robe lilas sur une jupe vert pomme à ramages violets, dentelles parme, des diamants au cou, des pendants d'oreille étincelants, un large chapeau couvert de petits oiseaux d'or.

— Vous flottez un peu dans ma robe, constate Catherine, l'aînée, mais nous n'avons pas le temps de vous en faire coudre une autre. D'ailleurs vous retrouverez vite votre ancienne silhouette.

— Êtes-vous sûre que cette visite s'impose ? demande Thérèse, la cadette, fort soucieuse.

— Oui, répond Armande. Si mon mari apprend que je suis dans la ville, je courrai des dangers encore plus grands.

La jeune femme sort d'une de ses bottines un étui de cuir qui protège un poignard oriental.

— Ne craignez rien. J'ai emprunté cet instrument de combat dans votre salle d'armes.

Les demoiselles, surprises et ravies d'être mêlées à une aventure aussi exaltante, s'écrient en même temps :

— Oh ! Soyez prudente !

La comtesse garde un ton détaché.

— J'ai appris à me défendre à la Salpêtrière. Là-bas, on vous arracherait la peau pour un bol de soupe.

En secret, elle imagine son époux terrorisé, à ses pieds, implorant pour sa vie.

— On croirait vivre un épisode du *Roland furieux*[1], remarque Catherine.

— Pour l'Arioste, « *l'homme est le seul animal qui injurie sa compagne* », dit la cadette. Vous le lui direz, n'est-ce pas ? Enfin si vous n'êtes pas revenue à minuit, nous alerterons les gardes du Châtelet.

Dédaignant cette précision, Armande s'assied dans un fauteuil.

— Je prendrais volontiers du thé. Puis j'irai prier à l'église avant de rencontrer mon mari.

---

1. Le *Roland furieux* est un long poème héroïco-comique de l'écrivain italien Ludovico Ariosto, dit l'Arioste, publié en 1515, et qui connut un immense succès.

Une vengeance

Les demoiselles Monterai s'émerveillent du calme apparent de l'épouse tyrannisée qui va peut-être risquer sa vie.

— Vous êtes extraordinairement courageuse, Armande !
— J'ai la force, répond-elle simplement.

La nuit vient de tomber. Rue Saint-Antoine, quelques rares porteurs de torches raccompagnent des promeneurs attardés. Une lanterne est allumée devant l'hôtel de Maronville. Armande entre par la porte cochère, encore ouverte. Le concierge somnole dans sa loge. Drapée dans un magnifique manteau de fourrure, la maîtresse de maison traverse la cour et secoue le heurtoir de la porte d'entrée. Une fois. Deux fois. Elle entend la voix du valet de chambre :

— Qui est-ce ?
— Ta maîtresse.

Un silence suit cette annonce.

— Dépêche-toi, Paul ! ordonne-t-elle.

Le domestique ouvre la porte, et lorsqu'il découvre la comtesse, amaigrie mais resplendissante, il recule précipitamment jusqu'à l'escalier de pierre.

Armande enlève son manteau et le lui tend :

— Prends-le. Dépêche-toi.

Le domestique s'avance à pas craintifs et saisit le vêtement du bout des doigts.

— Où se trouve le comte ?
— Dans son bureau.

La comtesse monte l'escalier avec lenteur. Par la porte entrouverte, elle aperçoit Maronville, sans perruque, derrière une belle table marquetée. Il est en train d'écrire et lui présente son crâne chauve. Dans la pénombre de la pièce, l'éclat de deux chandeliers fait luire les reliures de cuir de la bibliothèque, et jette une chaude clarté sur la page blanche et l'encrier.

— Bonsoir, Ignace !

Le comte lève la tête et s'immobilise, sidéré. Il reste la bouche ouverte, les yeux écarquillés de stupeur, la main tenant en l'air la plume d'oie.

La joie envahit le cœur d'Armande. Ce moment est inoubliable. Ensuite les paroles, même cinglantes, n'auront plus la perfection de cet instant où son mari ressemble à un homme foudroyé. Peut-être croit-il que je suis une revenante, songe-t-elle. Elle s'assied et, tranquille, lui annonce :

— Je sais maintenant où se trouve la cachette du sel et où s'organise la revente. Me ferez-vous taire comme la dernière fois en me faisant enfermer ? Là-bas j'ai rencontré une femme qui ne parle que de vous. Elle se nomme Mme Goussard.

Le comte retrouve vite ses esprits.

— N'essayez pas de me faire peur. Vous êtes considérée comme folle, et personne ne prendra vos déclarations au sérieux. Je m'étonne d'ailleurs qu'on vous ait laissée sortir. Vous êtes-vous enfuie ? Dans ce cas, on vous retrouvera. Quant à Mme Goussard, elle est malheureusement démente.

Il attend un moment avant de poursuivre :

— Je vous fais une proposition honorable. Plus intéressante pour vous que le retour à la Salpêtrière. Vous êtes belle, ambitieuse et appréciée par les domestiques. Nous savons, tous deux, que vous m'avez épousé pour

Une vengeance

le titre de comtesse, et que moi-même je vous ai épousée pour suivre votre frère et m'assurer qu'il irait mourir à ma place. Croyez-le, j'ai de l'admiration pour vous. Plutôt que de nous acharner à nous détruire, nous pourrions partir ensemble à Londres ou Amsterdam. Ce sont des villes riches où vos talents s'exerceraient avec succès.

— Et quels seraient les vôtres ?

Il feint de ne pas comprendre.

— Vos talents ? précise-t-elle.

— Il existe toutes sortes de contrebandes dans le port d'Amsterdam. Je vous tiendrai au courant, cette fois-ci.

La proposition stupéfie Armande. Ainsi aucun remords, aucune pensée pour les malheurs qu'il a provoqués n'atteint ce cœur de granit. Toutefois elle garde son calme et réfléchit vite.

— J'ai une autre proposition à vous faire. Je vous laisse le temps de partir à l'étranger et vous me signez deux papiers : l'un disant au roi que Timoléon Batifort a été accusé injustement, l'autre qu'à la suite d'une querelle conjugale vous avez déshabillé de force votre femme et l'avez jetée nue dans la rue. Vous attestez qu'elle n'est ni folle ni dévergondée et que seule une colère excessive vous a poussé à écrire le placet.

Un lourd silence s'établit entre eux. Armande soutient fermement le regard de son époux et ajoute :

— Je ne déposerai ces deux messages que dans quatre jours, quand vous serez loin. Je vous laisse la vie sauve, en souvenir de la jeune fille qui vous a épousé de bonne foi. Je vous conseille d'accepter, car le lieutenant qui est venu me chercher à la Salpêtrière a sans doute des projets plus menaçants pour vous.

Derrière un visage impassible, le comte réfléchit vite et mesure la gravité du piège qu'on lui tend. Pourquoi le lieutenant a-t-il délivré Armande ? Dans quel but ? Est-ce une trahison, ou la première phase d'un plan plus compliqué ? Dans ce cas, pourquoi ne lui a-t-il rien dit ? Comment cette garce maligne a-t-elle réussi à le séduire ?

— Le lieutenant ! dit-il en simulant une agréable surprise. Un homme charmant ! Quelle délicatesse de sa part de venir vous chercher.

Soudain, Maronville bondit vers sa femme, lui saisit un bras, le tord, l'oblige à mettre un genou à terre.

— Ne croyez pas être la plus forte. Vous ne sortirez pas vivante de cette maison, je vous tuerai s'il le faut...

Un sourire cruel se fige sur les lèvres d'Armande. De sa main libre, elle sort de sa bottine le poignard et le plante jusqu'à la garde dans le pied de son mari. Celui-ci tressaille mais ne crie pas. Un filet de sang rougit le chausson de brocart et se répand sur le beau parquet de chêne.

— Lâchez-moi, dit-elle, ou j'attendrai ici que vous perdiez tout votre sang.

Maronville desserre le bras d'Armande qui se relève :

— Méfiez-vous, le couteau est empoisonné.

Puis, satisfaite de son mensonge, elle sort et descend l'escalier. Le valet se tient dans l'ombre.

— Paul, apporte-moi mon manteau. M. le comte ne veut pas être dérangé.

Une vengeance

En face de l'hôtel l'attend un carrosse. Les demoiselles Monterai s'empressent d'ouvrir la portière. Armande, frissonnante d'émotion, s'installe sans dire un mot.

— Vous êtes vivante ! Nous avions tellement peur pour vous, dit Catherine.

— Vous n'êtes pas blessée, au moins !

— Racontez-nous tout en détail !

Armande reste muette. Seules ses mains agitées de tremblements trahissent le choc de l'entrevue.

Pendant ce temps, le comte a appelé son domestique qui prend un air effaré.

— Dépêche-toi d'enlever ce couteau et d'arrêter le sang qui coule !

Paul s'exécute, trouve un drap, en déchire un morceau et bande le pied blessé en le serrant très fort.

— Maintenant va chercher le bourreau !

— Le bourreau ! À cette heure-ci ?

— Oui. Tout de suite. Promets-lui deux louis d'or. Et qu'il apporte ses meilleurs médicaments.

Resté seul, le comte de Maronville, malgré la douleur, analyse froidement la situation. L'attitude du lieutenant le préoccupe. Que s'est-il passé pour que son complice vienne au secours d'Armande ? Pourquoi a-t-il changé d'attitude ? Dans quel but a-t-il été délivrer la jeune femme ? Savait-il qu'elle rendrait visite à son mari ? Pour le moment, la sagesse est de s'enfuir. De Hollande, il se renseignera sur les agissements du lieutenant et des Batifort. Il verra ensuite comment se comporter.

Des bruits de pas le tirent de sa méditation. La grande silhouette rouge du bourreau pénètre dans la pièce et l'homme examine la blessure d'un air compétent.

— M'as-tu apporté un médicament qui puisse me guérir ? s'impatiente le comte.

— Je t'ai apporté le meilleur, du magistère de crâne humain. Et d'une qualité exceptionnelle car il provient d'un jeune homme mort il y a seulement deux jours. J'ai juste eu le temps de le vider, de le calciner et de le pulvériser. Mais cela ne servira à rien.

— Alors que faut-il faire ?

— La chirurgie. Dans ton cas, rien ne peut empêcher la gangrène de s'installer. Si tu veux survivre, il faudra qu'on te coupe la jambe.

Pour insensible que soit le comte, la décision lui broie le cœur. Infirme ! Pour toujours. Cependant, très vite, il se reprend.

— Emmène-moi chez toi. Je ne veux pas avoir affaire aux barbiers-chirurgiens qui parleront à tort et à travers. Toi, tu sais garder des secrets car tu pratiques des tortures sans donner les détails. Tu couperas ma jambe et la cautériseras au fer demain. Et tu organiseras mon départ vers la Hollande. Que personne ne soit au courant de mon état et de mon départ pour l'étranger. Je te donnerai l'argent que tu me demanderas.

— Je veux dix louis d'or, car je n'aime pas travailler la nuit, alors que traînent toutes sortes de malfaiteurs. L'opération que tu demandes est pénible et risquée. Je me ferai aider par mon meilleur apprenti. Il saura que s'il parle, je l'empêcherai de devenir bourreau. Donc il se taira. Nous reviendrons te chercher avec une civière avant l'aube.

Le bourreau parti, le comte donne ses ordres à Paul. Il gardera l'hôtel avec Paulinette, renverra les autres domestiques et correspondra avec son maître par lettres. Puis le comte demande un verre et une bouteille de vin rouge.

*
* *

Quelques jours plus tard, Timoléon est convoqué par Colbert au Louvre. Avant de s'y rendre, il a acheté chez le fripier un costume propre, jeté sa perruque et effacé à grande eau les restes de maquillage. Ses yeux noirs brillent toujours avec le même éclat, mais son expression a perdu le charme insouciant de la première jeunesse. Ses cheveux, maltraités par des coupes improvisées, ont des longueurs fantaisistes qui lui donnent un air sauvage.

La cour Carrée est presque achevée, quoiqu'il manque encore les toitures des murs est et nord. Au milieu, s'élèvent deux maisons basses et des baraques destinées aux artistes qui n'ont pas trouvé de place pour présenter leurs œuvres sous les arcades. Autour circulent des serviteurs en livrée, trois mousquetaires qui bavardent gaiement, avec leurs grands chapeaux à plumes et leur baudrier brodé d'or sur leur casaque.

Timoléon monte l'escalier qui conduit à l'appartement du ministre, au deuxième étage du pavillon central.

L'or blanc de Louis XIV

Il croise le lieutenant qui redescend. Celui-ci prend un air gêné en l'apercevant et explique :

— J'ai discuté avec le premier commis du ministre.

— Que lui as-tu dit ?

— Je lui ai détaillé l'organisation de la contrebande à Brouage par Maronville et donné les noms de tous ses complices. Charles Perrault[1] pense que l'arrestation de ces contrebandiers découragera d'autres tentatives.

Traître ! songe Timoléon. Après avoir bien profité du sel, il vend son complice dans l'espoir d'obtenir un jour les bénéfices de sa délation. Si je ne lui avais pas donné ma parole de garder le silence, je dirais la vérité à son sujet.

Le premier commis de Colbert l'accueille avec chaleur.

— Je te salue ! Le ministre va bientôt arriver. Le lieutenant m'a tout raconté sur cette contrebande... Il t'a aidé pour ton enquête ?

— Non, répond Timoléon, sèchement. Pas du tout.

Quoique étonné par le ton de Timoléon, Charles Perrault se garde de poser des questions et le fait attendre dans l'antichambre du ministre. Le jeune homme regarde par la fenêtre la place du Louvre et les toits serrés des maisons et des hôtels qui s'étendent jusqu'au palais des Tuileries. Il sursaute en entendant la porte s'ouvrir, il se retourne et s'incline :

— Monseigneur !

---

1. Charles Perrault, premier commis de Colbert, est surtout connu pour avoir écrit, plus tard, en 1697, *Contes de ma mère l'Oye, ou Histoires et contes du temps passé.*

Une vengeance

— Suivez-moi dans mon cabinet.

Le bureau est encombré de papiers. Des piles d'archives s'amoncellent ; des cartes de Paris, de France, du monde, sont accrochées aux murs. Colbert ne perd pas de temps, et donne aussitôt l'ordonnance à son invité.

— Voici l'ordre du roi qui vous innocente. Il est daté du 12 janvier 1664. Des copies en seront affichées dans les maisons des commissaires. Vous êtes donc libre. Sa Majesté, dans sa grande clairvoyance, sensible à votre ténacité et à votre courage, souhaite que vous travailliez à son service. Elle tient à attacher à sa personne les hommes de mérite, quelle que soit leur origine. En attendant la prochaine réforme de la police, le roi vous affecte à Versailles, pour repérer les escrocs qui profitent des aménagements du château pour s'enrichir frauduleusement. Vous m'enverrez un rapport toutes les semaines. Vous logerez chez l'habitant et toucherez quarante sous par jour. Vous dépendrez directement de moi, et prendrez vos fonctions lundi prochain.

Timoléon répond d'une voix émue :

— Je remercie le roi pour ses bontés. Sa justice...

D'un geste, Colbert coupe court à ces effusions et ajoute :

— J'ai ordonné des enquêtes sur les titres de noblesse. Tous ceux qui ne peuvent prouver qu'ils ont au moins une centaine d'années de noblesse en ligne paternelle, et qui profitent indûment des remises d'impôts que leur confère leur titre, seront sanctionnés. Le mari de votre sœur, dont le véritable nom est Goussard, perd donc la qualité de comte. Votre sœur continuera à s'appeler Maronville, car il existe déjà une Mme Goussard, mais ne sera plus comtesse.

Puis, avec un sourire bourru :

— Profitez bien de votre liberté.

Le bonheur étend ses larges ailes. Timoléon n'aura plus besoin de se déguiser, de se cacher, d'accepter des travaux pénibles, d'obéir à des ordres humiliants. Il se dirige vers le Pont-Neuf, où le Rimailleur, la meilleure trompette de la capitale, l'annoncera aux passants. Les embarras de la circulation s'accompagnent toujours de cris et d'injures et toutes sortes de saltimbanques, installés sur les trottoirs, s'époumonent pour attirer les badauds. Malgré la cacophonie, Timoléon hurle à son ami :

— J'ai retrouvé mon honneur !

Le vieux poète porte sa main à l'oreille :

— Que dis-tu ?

Lorsque le jeune homme s'approche, le Rimailleur se moque.

— As-tu la cervelle brouillée pour crier de si loin ! Je n'ai rien compris à tes paroles !

— J'ai retrouvé mon honneur !

— Où cela ?

— Dans le bureau de M. Colbert !

Le Rimailleur annonce alors de sa voix tonitruante :

Le Batifort s'ébat de joie
Car dans sa sagesse le roi
Alerté sur sa valeur
Avec la vie lui rend l'honneur.

Une vengeance

Et se tournant vers Timoléon, il ajoute modestement :

— Je m'excuse pour mes pauvres vers. L'honneur est une si grande chose qu'il faudrait le talent d'un Corneille pour oser en parler. Donc tu vas quitter la cour Saint-Sauveur !

— Nous ferons une fête. Que vous donnerai-je pour vous remercier ?

— Ton honneur nous suffit et... peut-être un cochon de lait pour nous rappeler la porcherie du « sourd-muet ». Nous le ferons griller avec du romarin et un bon vin de Bourgogne.

Puis il se reprend :

— Nous boirons plutôt un nouveau cru qui vient de Champagne, un vin blanc qui pétille et fait des bulles, inventé par un certain Dom Pérignon. On l'appelle le vin du diable car le bouchon vous saute à la figure.

22

UN CAPRICE ROYAL

Après avoir servi artisans et compagnons venus se requinquer, Fleuridor balaie coins et recoins de la salle du *Juste Prix*. Pierrot s'étonne des va-et-vient de son neveu.

— Qu'as-tu à remuer comme un asticot ? Tu as retrouvé Armande ! Qu'est-ce qui ne va pas ?

— Je réfléchis à ma visite chez Louise de La Vallière.

— Et qu'iras-tu faire chez Louise de La Vallière ?

— Je veux la consoler pour son bébé.

Pierrette s'esclaffe :

— Tu veux dire son bâtard ! Dire que Sa Majesté a déjà un bâtard à vingt-trois ans ! Il repeuplera la France, ce roi-là !

— L'âge ne fait rien à l'affaire, répond Pierrot de son ton paisible. Sa Majesté ressemble à son grand-père, le bon roi Henri. Quant à la demoiselle La Vallière, si tu la connais assez pour lui rendre visite, peu importe le prétexte. Seules comptent les intentions du cœur.

— Je voudrais aussi lui parler d'Armande, précise Fleuridor.

Un caprice royal

— Ah ! Nous y voilà ! s'exclame Pierrot avec un grand sourire. Il s'agit d'Armande, bien sûr ! Que veut-elle, Armande ?

— Elle a des projets.

Pierrette s'amuse :

— C'est une personne qui aura toujours des projets. Elle en veut toujours plus. D'abord un comte, et maintenant...

— Maintenant c'est moi.

— Peut-être. Mais tu devrais aussi avoir des projets, si tu veux qu'elle reste avec toi.

Fleuridor hausse les épaules et, mécontent, sort de la gargote pour se rendre au palais Brion.

Malgré son aisance en société, le vendeur d'eau-de-vie est intimidé de rendre visite à la maîtresse du roi. Il se rassure en se persuadant que Louise sera touchée de l'admiration et de l'amitié qu'il lui porte. Elle connaît la violence de l'amour et comprendra le sentiment qu'il éprouve pour Armande et son désir de l'aider. Si Louise voulait lui commander une robe et un manteau... ?

Trois magnifiques carrosses, attelés de chevaux richement harnachés, attendent devant la porte restée ouverte. En haut de l'escalier, habillé en costume de chasse, un groupe joyeux bavarde. Puis demoiselles et gentilshommes descendent en badinant.

Fleuridor reconnaît le duc de Saint-Aignan, qui passe devant lui sans le voir. Louise marche la dernière, d'un pas plus lent, ses beaux cheveux blond argenté flottant autour de son chapeau. En cherchant dans quel carrosse monter, ses yeux errent au passage sur le vendeur d'eau-de-vie qui lui sourit et fait un pas vers elle. Préoccupée, elle n'y prête aucune attention.

— Venez ici, Louise ! dit Saint-Aignan, en lui tendant la main.

À peine est-elle installée que le duc ordonne au cocher :

— À Versailles !

Fleuridor reste abasourdi. Personne ne s'est intéressé à lui, personne ne l'a remarqué. Déçu, outré, il rumine devant le palais son indignation. Il s'emballe. Voilà ce que sont en vérité les nobles : des monstres d'égoïsme et d'indifférence, qui ignorent le reste de la population, malgré quelques bonnes paroles qu'ils distribuent de temps à autre comme des miettes aux oiseaux. Fleuridor comprend qu'entre la noblesse et le peuple, le fossé est si profond que seule la faveur du roi permet de traverser cet abîme. Le souhaite-t-il ? D'ailleurs, comment l'obtenir ?

Tandis qu'il se fâche en silence, la femme de chambre, profitant de l'absence de sa maîtresse, sort du palais Brion.

— Je te donne le bonjour, Fleuridor, dit-elle aimablement. Tu as constaté que notre demoiselle a retrouvé une bonne santé. Le roi est toujours aussi amoureux d'elle. Elle est si gentille.

Fleuridor, pour rappeler que, quoique méprisé, il est au courant de la naissance du bâtard, demande :

— Et l'enfant ?

La jeune fille fronce les sourcils et répond d'un ton sec :

— Quel enfant ?

Un caprice royal

Elle s'éloigne de quelques pas, puis se retourne :
— Il est mort.

Au *Juste Prix*, Pierrette attend le retour de son neveu.
— Alors ? Que t'a dit Louise de La Vallière ?
— Rien. Elle ne m'a pas aperçu. Le duc ne m'a pas remarqué non plus. J'étais devenu transparent comme une vitre. Transformé en bulle d'air, en zéphyr, en souffle. Les nobles ne nous voient pas. Nous n'avons d'existence que lorsque nous les amusons ou leur rendons service. Le reste du temps, nous sommes comme les cailloux du chemin. Il ne faut pas s'étonner que leurs carrosses nous bousculent, nous renversent, nous écrasent. Ils sont orgueilleux, méprisants et mieux vaut ne pas les fréquenter.

— Pourtant tu les appréciais à Fontainebleau, remarque Pierrot sans méchanceté.

— Je n'avais pas compris leur insolence. Je voudrais ne jamais travailler pour eux ni avoir à supporter leur arrogance. Je suis bien content qu'Armande ne soit plus comtesse. Elle aurait été contaminée par cet esprit de hauteur, la peste de l'âme.

Pierrot ne peut s'empêcher d'échanger avec Pierrette un sourire amusé.

— Demain Timoléon t'emmène à Versailles pour découvrir son nouveau chantier. Tu seras content : vous ne croiserez pas de nobles, seulement des manœuvres et des artisans qui s'épuisent pour satisfaire le roi.

Fleuridor sent bien que son oncle se moque de lui, mais n'en montre rien.

Quatre heures après avoir quitté la capitale, Timoléon et Fleudiror arrivent à Versailles. Dans le petit bourg de cinq cents habitants ils trouvent un cabaret où se restaurer d'une saucisse et d'un plat de haricots. Trois arpenteurs se désaltèrent à côté d'eux, leurs instruments de mesure bien rangés contre un mur.

— Vous mesurez quoi ? leur demande Fleuridor.

— Sa Majesté veut acquérir des terres pour faire un parc d'une étendue considérable. Nous mesurons tout pour qu'elle les achète.

— Le roi désire se divertir à la chasse et courir toutes sortes de bêtes, ajoute un compagnon.

— Il a bien mal choisi son endroit, ajoute un autre à voix basse. C'est le plus ingrat de tous les lieux : sans vue, sans bois, sans eau, sans terre, parce que tout y est sables mouvants et marécages.

Le premier arpenteur s'empresse de corriger ce qui ressemble à une critique du monarque de droit divin.

— Cela n'empêchera pas Sa Majesté de faire des merveilles.

— Avec des montagnes d'or.

Le premier arpenteur élude :

— Et vous, demande-t-il, vous venez travailler dans le jardin, dans la cour, dans le château ?

— Je suis commis par M. Colbert pour surveiller l'honnête déroulement du chantier.

— Tu auras de l'occupation. Le désordre est partout et les malfaiteurs pullulent.

Tandis que le nouveau commis de Colbert bavarde avec les arpenteurs, Fleuridor éprouve une grande tristesse. Il se sent inutile. Timoléon et Armande ont tous deux un métier et, de surcroît, un métier qui permet d'apercevoir le roi. Lui, que fera-t-il ? Il ne va pas vendre de l'eau-de-vie toute son existence. Il a vingt ans, un bon âge pour devenir apprenti. Mais dans quelle corporation ? Aucune ne le tente. Appartenir à la Maison du roi et fréquenter des nobles a été son ambition, mais aujourd'hui un tel avenir lui paraît détestable. Que faire alors pour mériter Armande ?

La demi-heure de repos passée, les arpenteurs repartent au travail avec leur matériel et les deux amis continuent leur visite. Le relais de chasse de Louis XIII est construit de pierre et de brique, « un château de cartes » de trente-cinq mètres sur six, avec deux ailes en retour. Dans la cour, une vingtaine d'ouvriers travaillent pour mélanger le sable et la chaux afin d'obtenir le mortier qui maintient en place les pavés.

— Des pavés, encore des pavés ! soupire Timoléon.

De l'autre côté du bâtiment, dans le jardin, ils sont plus nombreux encore à bêcher, terrasser, planter, arroser pelouses, arbres et bosquets. Au loin, un groupe de quatre personnes aux riches vêtements remonte la grande allée qui relie le bassin des Cygnes au château. Quand les nobles personnages se rapprochent, Fleuridor reconnaît le roi à son air de majesté et aux nombreuses plumes de son chapeau. À son côté marche la douce favorite.

— Timoléon, tu vas voir Mlle de La Vallière dont je t'ai tant parlé. Elle n'a jamais été aussi belle.

En effet, sous une coiffe incarnate garnie de rubans roses, le visage de Louise rayonne de joie. À la gauche du roi, le duc de Saint-Aignan charme ses compagnons par ses remarques spirituelles.

Au passage du roi, Timoléon et Fleuridor s'inclinent.

— Mais c'est le jeune homme qui m'a relevée à Franchart, après la mort de mon cher cheval ! s'écrie la favorite.

Louis regarde attentivement le jeune homme et sourit.

— Nous l'avons rencontré à Fontainebleau, dans le pavillon des Poêles, aux premiers jours de notre bonheur.

Saint-Aignan en profite pour rappeler au souverain un épisode oublié :

— Sire, vous lui devez une partie de billard. Il y a presque deux ans, la naissance du Dauphin a interrompu celle que vous disputiez avec lui. Il doit encore le regretter.

— Je ne voudrais pas que la naissance de mon fils ait peiné un seul de mes sujets. Nous rejouerons cette partie demain soir au Louvre. Avant souper.

Fleuridor implore Louise du regard.

— Et s'il gagne ? dit-elle aussitôt.

Le roi, d'humeur joyeuse, satisfait des aménagements du jardin, répond gaiement :

— Pour vous faire plaisir, Louise, s'il gagne, je le nommerai maître de billard, porteur de la crosse du roi. Cet office manque à ma Maison.

Et à l'adresse du contrôleur général des Jardins du roi :

— En l'honneur de Mlle de La Vallière, nous ferons une grande fête au printemps prochain. Je compte sur

Un caprice royal

vous, monsieur Le Nôtre, pour que le parc soit magnifique. Le duc de Saint-Aignan organisera les festivités.

Dès que le roi est entré dans le château, Timoléon se moque de son ami.

— Je te conseille vivement de perdre la partie de billard. Sinon, mon pauvre Fleuridor, ta vie sera affreuse : ton office t'obligera à fréquenter des nobles.

Dans les yeux clairs du vendeur d'eau-de-vie brillent des larmes de joie. Un sourire triomphant reste accroché à ses lèvres. Il murmure :

— On ne peut rien refuser à l'Élu de Dieu.

ÉPILOGUE
LES PLAISIRS DE L'ÎLE ENCHANTÉE

Au mois de mai 1664, la route de Versailles est assez large pour permettre à deux carrosses de s'y tenir de front. Six cents nobles sont conviés à la fête. Six cents privilégiés, avec les gens de leur maison qui devront trouver, dans le bourg, des logements pour les six jours de divertissement.

Tous savent que la fête n'est pas seulement destinée à la maîtresse du roi, mais au roi lui-même. Un monarque qui leur promet jeux, spectacles et festins s'ils quittent leurs terres provinciales, leur orgueil et leur indépendance, pour se soumettre aux exigences de la Cour.

Pendant les jours qui précèdent les festivités, on répète les pièces, les ballets, on prépare les défilés. Comme pour l'entrée royale dans Paris, quatre ans plus tôt, tous les dieux et héros de l'Histoire sont convoqués pour magnifier Louis XIV.

Près du char d'Apollon, long de huit mètres et haut de six, couvert d'or, Fleuridor se débat avec son déguisement de Python. La peau du serpent, couverte d'écailles d'agate, pèse très lourd et sa longue queue l'empêche d'avancer.

— Je n'y arriverai jamais ! gémit le porteur de la crosse du roi.

Catherine de Monterai, en costume du Siècle d'or, se moque de lui.

— Au contraire. Tu seras tout à fait dans ton rôle. Blessé et vaincu par le dieu du Soleil, tu marcheras en boitant, c'est ce qu'on te demande.

Atlas, qui porte le globe terrestre sur ses épaules, le rassure.

— Je te relèverai si tu roules dans la poussière.

— Merci. Dis-moi plutôt comment tu te sens sur tes échasses. Car j'aurai aussi à monter sur ces bâtons pour figurer un Géant aux yeux rouges.

— Il suffit de ne pas regarder ses pieds pour garder l'équilibre.

Thérèse de Monterai, à l'âme poétique, déguisée en Siècle d'argent, préoccupée par des émotions de la Carte de Tendre[1], intervient soudain :

— Vous comprenez l'amour du roi pour Mlle de La Vallière ? Je trouve qu'elle n'a rien de plus que les autres.

Fleuridor vient au secours de sa chère Louise :

— Le cœur, rien que le cœur. Elle aime Sa Majesté comme s'il n'était pas le roi.

— C'est un cas exceptionnel. Toutes les autres pen-

---

1. Carte d'un pays imaginaire appelé Tendre où sont tracés les chemins de la vie amoureuse.

seront au prestige du pouvoir, commente Atlas, qui connaît bien son monde.

Fleuridor fredonne le refrain d'un ballet de Lully.

*Il n'est rien qui ne se rende
aux doux charmes de l'amour.*

— Ah ! te voilà, Timoléon !

— Bonjour. Je surveille encore une fois les préparatifs, dit le jeune homme, vêtu d'un costume gris. Tu viens avec moi ?

— Si j'arrive à sortir de ma carapace.

Chacun tire à hue et à dia, jusqu'à ce que Fleuridor émerge en crachant de la poussière.

— Je respire mal là-dedans. C'est un piège pour me faire mourir d'étouffement. Maintenant je te suis, Timoléon.

Dans le parc s'active une nuée de jardiniers, danseurs, chanteurs, comédiens, aussi nombreux qu'une petite armée. Parmi toutes les couleurs de leurs vêtements de fête, la tenue noire de Tartuffe[1] attire les regards. Dans l'allée centrale, un théâtre improvisé, fermé par des palissades et couvert par un dôme qui protégera du vent les flambeaux et les bougies, Tartuffe répète :

— *Ah ! pour être dévot, je n'en suis pas moins homme ;* /

---

1. Le *Tartuffe* de Molière, de mai 1664, ne comportait que trois actes. Le lendemain de la première représentation, sous la pression des dévots, Louis XIV interdira la pièce... jusqu'en 1669. Elle fit alors un triomphe.

Et lorsqu'on vient à voir vos célestes appas, / Un cœur se laisse prendre et ne raisonne pas...
Timoléon poursuit :
— *Je sais qu'un tel discours de moi paraît étrange / Mais Madame, après tout, je ne suis pas un ange.* Je connais les pièces de Molière par cœur, depuis que je surveille la préparation de la fête. À propos, quand vas-tu épouser Armande ?
— Nous ne pouvons pas nous marier. L'horrible Maronville a disparu, sans qu'on sache s'il est mort ou vivant. Armande s'inquiète. Elle a peur qu'il revienne un jour se venger. Certaines nuits, dans ses cauchemars, elle le voit surgir sous l'aspect du diable, ses griffes rouges sorties pour l'emporter. Heureusement, grâce au roi et à ceux qui l'imitent, amants et maîtresses sont tolérés, admirés même, sinon il faudrait nous cacher.
Subitement, de tous côtés, on s'exclame :
— Ils arrivent ! Ils arrivent !
Arrivent en effet les six cents invités, avec leurs serviteurs et leurs bagages. Car il faudra changer de tenue plusieurs fois par jour. C'est dire que dans le petit bourg de Versailles, tout est remue-ménage, allées et venues précipitées, ordres, désordres, contrordres. Le duc de Saint-Aignan tente de diriger les uns et les autres avec l'autorité élégante qui lui est coutumière.

Le 7 mai commencent les *Plaisirs de l'île enchantée*. Le soleil, pour remercier un roi qui l'adore, brille de tous ses rayons. Dans l'allée centrale, le long défilé s'ébranle. Un héraut d'armes, magnifiquement vêtu, ouvre l'étourdissante procession. Lorsque éclate la musique triom-

Épilogue

phale de douze trompettes et quatre timbaliers, le roi s'avance sur un cheval au harnais couleur de feu, déguisé en guerrier grec. Sa cuirasse et son casque d'argent sont couverts d'or et de diamants. Sa Majesté éblouit et étonne car Elle porte un masque antique, qui cache son visage et montre en pleine lumière le statut hors du commun de l'Élu de Dieu.

Timoléon, après avoir quitté Fleuridor, se dirige vers les cuisines. Là aussi, tout doit rester enchanté. Les mets, innombrables, sont peints avec un glaçage, les serviteurs déguisés pour figurer les quatre saisons s'avanceront en dansant, les desserts se présenteront sous forme de châteaux ou de statues.

Tout cela pour des convives qui n'ont plus faim depuis longtemps, songe Timoléon. Une vague de tristesse l'envahit tandis qu'il pense à ses amis de la cour des miracles, et il s'éloigne vers le rondeau des Cygnes où se prépare le plus beau spectacle de ces journées merveilleuses.

En chemin, il aperçoit dans l'ombre d'un bosquet la figure molle, le regard sournois du lieutenant. Celui-ci discute avec un partenaire invisible, caché par le feuillage. Timoléon s'avance à pas de loup et entend :

— Ce sera difficile, dit une voix féminine, au timbre grave.

— Non. Si tu suis exactement mon plan, tu ne risqueras rien. Il suffira de bien choisir l'heure. Nous ne pouvons accepter qu'une telle situation se prolonge.

— Tu me paieras quinze louis comme promis ?

— Et je t'obtiendrai une bonne place quelque part.

J'ai de nombreuses connaissances. Mais je te rappelle que ce qui importe dans cette affaire, c'est la justice.

Il semble que la femme hésite :

— Je te donnerai ma réponse la semaine prochaine.

Elle sort du bosquet et s'en va rejoindre les musiciens de Lully qui répètent plus loin. Le lieutenant se dirige vers le Tapis Vert où aura lieu la course de bagues.

Encore un complice que le lieutenant trahira un jour, songe Timoléon. Je découvrirai le piège qui est tendu. Si le lieutenant recrute une femme, Armande pourra peut-être m'aider.

*
* *

Le lendemain, tôt matin, Timoléon rend visite à sa sœur qui a réussi à louer, pour une dizaine de jours, une chambre au deuxième étage d'une auberge. Une petite table, deux tabourets, une chaise, un matelas roulé dans un coin. La pièce sert d'atelier avec l'aide des jumelles assises sur des coussins.

Les nobles dames dont Armande a cousu les robes viennent au dernier moment, en grande précipitation, demander qu'on ajoute un ruban, qu'on déplace une dentelle, qu'on remette un bouton perdu pendant le voyage.

— Ces femmes sont insupportables, explique Armande. Il suffit qu'elles remarquent un détail sur une robe plus originale que la leur, pour qu'elles viennent sans cesse demander des modifications à leur toi-

Épilogue

lette. Je n'ai presque pas dormi de la nuit, et je n'ai bientôt plus de chandelles. Tu pourras m'en apporter ?

— Devine qui j'ai aperçu hier soir ? Ton libérateur : le lieutenant.

Armande prend une expression inquiète.

— Qu'est-ce qu'il fait là ? Il n'est ni noble, ni serviteur.

— C'est ce qui m'intrigue.

— Crois-tu qu'il a des nouvelles du comte ? Qu'ils organisent ensemble une vengeance ? Je crains toujours la cruauté de mon mari. Où est-il ? Que trame-t-il ? Ah ! J'aimerais tant être veuve ! Mais je n'ose le demander au Seigneur.

Timoléon, qui a promis de garder le silence sur la complicité du lieutenant et du comte dans l'organisation de la contrebande du sel, ne dit pas à sa sœur que ces deux hommes sont capables des pires forfaits.

— Ne te fais pas de souci. Je surveillerai le lieutenant, dès mon retour à Paris. J'ai hâte de retrouver la capitale. Je n'aime pas beaucoup cet endroit.

Une élégante jeune femme entre, essoufflée :

— Armande... Regardez ce qui arrive à mon manteau...

Timoléon s'incline devant la jeune noble, sourit à sa sœur :

— Je te ferai envoyer des chandelles. On se retrouvera demain soir pour le spectacle de l'île enchantée.

*
* *

Au troisième jour, tout le monde attend le divertissement nocturne. Saint-Aignan a choisi un épisode du *Roland furieux* de l'Arioste, épisode déjà fameux, dont il a confié la mise en scène à Carlo Vigarani, génial inventeur de décors et de machines spectaculaires. Le thème ? Un seigneur, du nom de Roger, interprété par le roi, est enfermé avec sa suite dans l'île d'une magicienne, Alcine. Celle-ci utilise ses pouvoirs surnaturels pour faire vivre à ses prisonniers une existence de délices. Pourtant, malgré ces plaisirs exceptionnels, Roger, le roi, veut retrouver le monde des hommes et le travail quotidien. Alors Alcine utilise tous ses pouvoirs pour rendre impossible ce départ.

— Je n'arrive pas trop tard ? demande Armande en rejoignant son frère parmi les spectateurs qui entourent, à quelques mètres, le rondeau des Cygnes.

— Non. Fleuridor n'est pas encore arrivé.

Au milieu du vaste bassin s'étendent trois îles : deux réservées aux musiciens de Lully, et au centre celle de la magicienne. Celle-ci est fort en colère. Elle fait s'élever un rocher au milieu de son domaine, au-dessus duquel elle apparaît, chevauchant un gigantesque monstre marin. Puis quatre tours se dressent, surmontées par quatre Géants rouges.

— Fleuridor est sur la tour de gauche, murmure Armande. Il regarde bien en l'air pour ne pas tomber.

— À quoi le reconnais-tu ?

— Même en Géant monstrueux, Fleuridor a un charme irrésistible. Ne vois-tu pas son sourire ?

Quatre nains se joignent aux Géants. À leur suite apparaissent huit Maures qui luttent avec le roi déguisé

Épilogue

en danseur de ballet. Puis surgissent six chevaliers et six monstres suivis par de redoutables démons sauteurs. Roger et ses compagnons n'arrivent pas à vaincre ces ennemis surnaturels avant qu'une autre magicienne glisse une bague au doigt du roi. Alors des fusées volantes montent vers le ciel, d'autres jaillissent de l'eau, des torrents de lumière ruissellent sur la terre et sur le bassin, et, dans un grand fracas, le palais enchanté s'écroule en flammes.

Un silence ébloui suit cette apothéose. Louis XIV se lève dans la loge où se tient la famille royale, et devient aussitôt l'objet de tous les regards.

— Le roi fait briller le soleil, même la nuit, murmure Armande, enthousiaste.

Timoléon préfère examiner les spectateurs qui s'inclinent au passage de Leurs Majestés. Derrière les invités qui se dispersent, rivalisant d'or et de diamants, il aperçoit une silhouette et la désigne à sa sœur :

— Regarde cet homme en noir, là-bas, en bordure des arbres. Ce n'est pas Tartuffe, c'est le lieutenant. Quand le soleil resplendit, les ombres se multiplient...

PRÉCISIONS HISTORIQUES

Personnages historiques

Louis XIV, roi de France.
Jean-Baptiste Colbert, ministre d'État.
Louise de La Vallière, favorite de Louis XIV.
Le comte, puis duc (1663) de Saint-Aignan (François Honoré de Beauvilliers), premier gentilhomme de la Chambre du roi.

Personnages historiques évoqués

Marie-Thérèse d'Autriche, reine de France.
Molière (Jean-Baptiste Poquelin, dit), comédien, auteur et directeur de pièces de théâtre.
Isaac de Benserade, auteur de ballets.
Jean-Baptiste Lully, surintendant de la Musique du roi.
André Le Nôtre, contrôleur général des Jardins du roi.
Charles Lebrun, peintre, décorateur, ordonnateur de fêtes, directeur de la nouvelle Manufacture royale des meubles de la Couronne aux Gobelins en 1663
Jacques Bénigne Bossuet, évêque et prédicateur.
Jules Mazarin, cardinal et homme d'État.
Charles Perrault, premier commis de Colbert et futur auteur de contes.

Événements historiques

L'entrée du roi dans Paris avec la jeune reine : 26 août 1660.
La mort de Mazarin : 9 mars 1661.
L'été à Fontainebleau et les amours secrètes du roi avec Louise de La Vallière : 1661.
La disette pendant l'hiver 1661-1662.
La fête du Carrousel : 5-6 juin 1662.
Les techniques de braconnage des faux sauniers.
Le sermon de Bossuet sur la Providence situé en 1663 (il a été prononcé en 1662).
L'accouchement de Louise de La Vallière au palais Brion : dans la nuit du 18 au 19 décembre 1663.
Les *Plaisirs de l'île enchantée* à Versailles : 7 au 13 mai 1664.

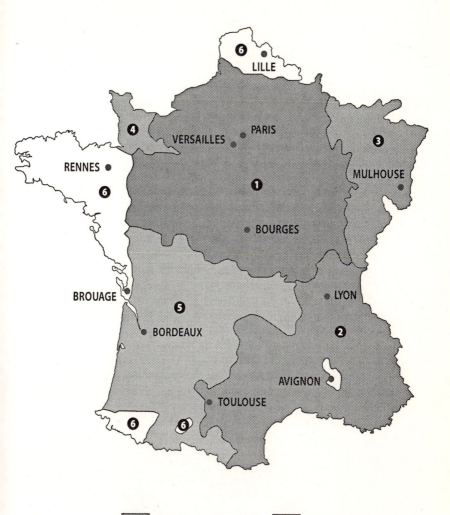

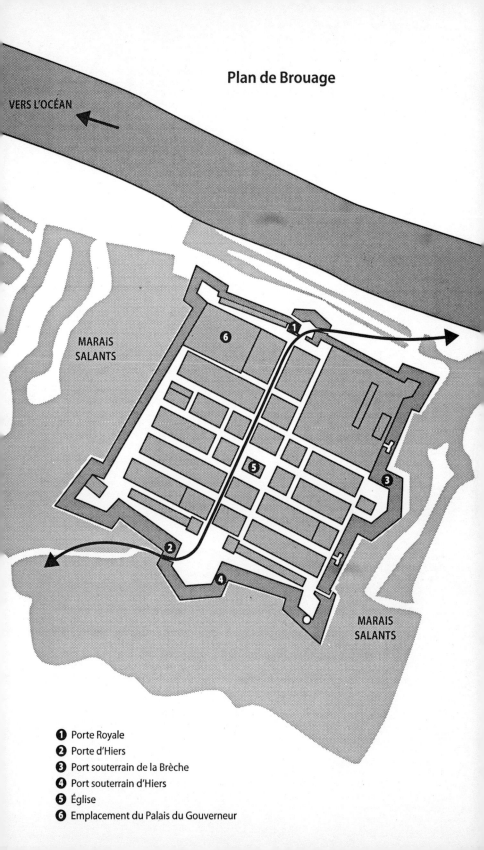

TABLE

Prologue 9

1. Les premiers jours d'un condamné 11
2. La cour des miracles 30
3. Visites imprévues 43
4. Un charivari violent 60
5. Travail au noir 78
6. Déceptions 92
7. Fleuridor s'occupe de tout 111
8. Secrets d'amour 127
9. Luttes acharnées pendant la disette 147
10. Un rendez-vous clandestin 165
11. Une enquête éprouvante 183
12. L'inconnu de Brouage 202
13. Des amis incrédules 219
14. Le comte contre-attaque 234
15. Une dénonciation calomnieuse 250
16. La première épouse 263
17. La cachette 273
18. Un escroc inattendu 292
19. Le ministre accoucheur 301

20. Des troubles de mémoire 311
21. Une vengeance 323
22. Un caprice royal 336
Épilogue – Les Plaisirs de l'île enchantée 345
Précisions historiques 355
Événements historiques 357
Carte de la répartition de la gabelle jusqu'en 1789 . 359
Plan de Brouage 361

Découvrez, du même auteur,
chez Pocket Jeunesse :

L'oasis enchantée
La momie bavarde
Le druide étourdi
Le chien du roi Arthur
Les chevaliers du roi Arthur

Cet ouvrage a été composé par
PCA – 44400 REZÉ

Cet ouvrage a été imprimé
en février 2010 par

27650 Mesnil-sur-l'Estrée
N° d'impression : 98640
Dépôt légal : mars 2010

Imprimé en France

POCKET
jeunesse

12, avenue d'Italie
75627 PARIS Cedex 13